KB275820

그림 파는 남자의 발칙한 마케팅

그림 파는 남자 박정수는 1965년 경상북도 예천군 감천면 천향동에서 태어났다. 영주초등학교에서 시작한 그림 그리기가 세종대학교 서양화과를 졸업할 때까지 이어졌지만 대학 1학년 때 그린 그림 몇 점과 졸업 작품 외에는 그림이 없다. 이후 중앙대학교 예술대학원에서 예술학을 전공했다.

롯데갤러리 큐레이터, (주)종로아트 관장, 『갤러리가이드』편집부장, 『아트앤피플』편집인 등을 역임했고 지은 책으로는 『나는 주식보다 미술투자가 좋다』, 『미술 투자 감상』이 있다.

지금은 현대미술경영연구소 소장, 정수화랑 대표, 『아트피플』편집장으로 그림 팔기, 글 쓰기, 강의 등, 그림을 그리는 것만 빼고 그림과 관계된 거의 모든 일을 한다. SNS 활동도 활발하여 다음 블로그와 페이스북에서 5,000명이 넘는 친구들과 함께 '박정수의 미술시장 이야기'를 엮어나가고 있다.

박정수의 미술시장 이야기

그림 파는 남자의 발칙한 마케팅

1판 1쇄 인쇄 2013년 9월 17일
1판 1쇄 발행 2013년 9월 24일

지은이 박정수
펴낸이 안광욱
펴낸곳 도서출판 비엠케이

편집 상현숙 **디자인** 아르떼203
제작 (주)꽃피는청춘
출판 등록 2006년 5월 29일(제313-2006-000117호)
주소 서울시 마포구 성산동 240-24 화이트빌 101
전화 02) 323-4894 **팩스** 070) 4157-4893
이메일 arteahn@naver.com

값은 표지에 있습니다.
ISBN 978-89-965605-4-8 03600

일원화 공급처 (주)북새통
주소 서울시 마포구 서교동 465-4 광림빌딩 2층
전화 02) 338-0117 **팩스** 02) 338-7161
이메일 bookmania@booksetong.com

「이 도서의 국립중앙도서관 출판시도서목록(CIP)은 서지정보유통지원시스템 홈페이지(http://seoji.nl.go.kr)와 국가자료공동목록시스템(http://www.nl.go.kr/kolisnet)에서 이용하실 수 있습니다.(CIP제어번호: CIP2013017071)」

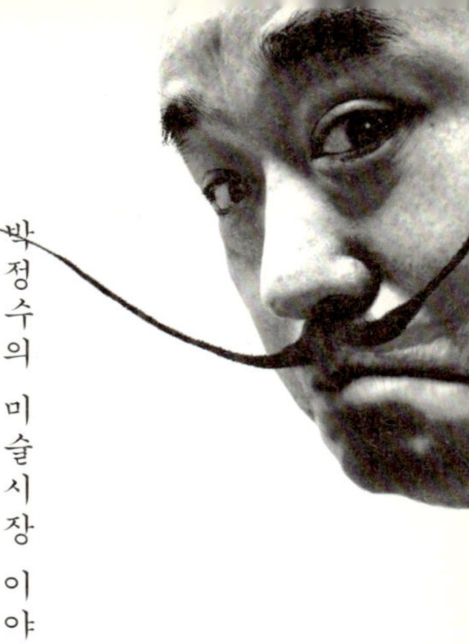

그림 파는 남자의

발칙한 마케팅

박정수 지음

Bmk

2007년 미술시장이 상당히 활황이었을 때 『나는 주식보다 미술투자가 좋다』를 냈고, 2009년에는 『미술 투자 감상』을 냈습니다. 꽤 오랜만에 새로운 책을 선보입니다. 전시와 판매 관련 마케팅 방법과 미술시장의 에피소드들, 화가와 작품, 큐레이터와 구매자들이 있는 미술시장에 대해 이야기했습니다.

뛰어난, 혹은 잘나가는 예술작품은 알라딘의 요술램프 속 지니처럼 '펑' 하면서 솟아나는 것이 아닙니다. 기기묘묘한 마케팅 전략이 필요합니다. 조금은 버르장머리 없고 괘씸해야 합니다. 발칙해야 합니다. 약간 쑥스럽고 얼굴 붉어지는 일일지라도 더 나은 예술 활동에 도움이 된다면 해야 합니다. '발칙한 마케팅'은, 뻔히 다 알고 있으면서도 말하지 않는, 있으면서도 없는 척하는, 속으로는 간절히 바라면서도 폼이나 체면 때문에 점잔 빼는 것들을 뒤집어 그대로 보여주는 '솔직한' 마케팅입니다.

전문가의 세계는 은근합니다. 언제 어디에서 무슨 일을 하는지 베일에 싸여 있습니다. 저는 미술시장 현장에서 20년이 넘도록 활동해왔습니다. 그동안 보고 듣고 생각했던 것들, 성공을 위한 방법들을 솔직하게, 조금은 뻔뻔하게 이야기했습니다. 작가 스스로는 알고 있었지만 실천하기 껄끄러웠던, 쑥스럽거나 머쓱해서 하지 않았던 방법들을 적극 권했습니다. 화가들의 세계, 미술시장 상황, 미술 동네 이야기가 궁금했던 분들은 조금 더 깊숙한 곳을 들여다 볼 수 있는 기회가 될 것입니다.

사실 미술 관련 마케팅에 대해서는, 자신이 직접 해보지도 않았으면서 말로만 무성한 것들이 많습니다. 간혹 전시회를 개최하는 작가들이 TV 등에 직접 나와서 자신의 작품세계를 말하기도 합니다. 저는 제가 아는 미술가들에게는 방송 출연을 자제하라고 합니다.

십몇년 전, 홈쇼핑에서 판화를 판매해본 적이 있습니다. 당시 소위 잘나가는 여성작가의 작품을 판화로 제작하여 판매하였는데 만족할 만한 수량은 아니었지만 손해 볼 정도 또한 아니었습니다. 담당 MD와 저는 약간 욕심을 내어 혼신의 힘을 다하는 작가의 모습을 노출해보기로 하였습니다. 작품세계에 대한 고민과 작품 활동에 대한 열정을 연출하였습니다. 된다고 판단하였지요. 결과는 참담했습니다. 판매량이 확연히 떨어졌지요. 예술가에 대한 신비감이 사라진 것입니다.

아무나 미술시장 이야기를 할 수 있습니다. 마을 어귀에 있는 허름한 유리가게 사장님도 알고 보면 이미 미술 전문가입니다. 웬만한 초보 갤러리스트보다 미술계를 더 많이 꿰뚫고 있답니다. 보수복원 자격증에서부터 오랜 세월 미술품을 살펴온 관록도 있습니다. 미술사를 전공하고 시대별 그림들의 계보를 꿰고 있는 교수님들이 보는 미술시장도 있을 것입니다.

하지만 그분들의 시장과 그림 파는 남자의 시장은 다릅니다. 그분들은 바라보며 이해하는 시장이지만 저에게는 생활이고 생존의 공간입니다. 미술품을 처음 생산하기 시작하는 이들과의 만남도 있고 유명작가로 살다 가신 분들의 작품도 다룹니다.

미술시장에도 종류가 많습니다. 명품숍이 있는가 하면 아울렛 매장도 있습니다. 철 지난 재고 처리 시장마냥 염가할인 시장도 있습니다. 할인마트가 있는가 하면 회원이 아니면 구경도 못 해보는 그들만의 시장도 있습니다.

서점의 미술관련 책들을 보면 항상 잘나고 폼 나는 이들만 나옵니다. 이미 유명한 이들입니다. 저는 이미 유명한 분들에 대해서도 물론 썼지만 유명해질 분, 알려주고 싶은 미술가들에 대해서도 이야기했습니다. 작품 선택의 기준을 다양한 이미지, 여러 의미를 보여줄 수 있는 것으로 삼았습니다. 특별한 규정이나 제한을 두지 않았습니다. 나이도 따지지 않았습니다. 미술가들의 현장을 있는 그대로 보여주고 그들의 작품은 어떻게 감상하는 게 좋을지에 대한 가이드를 해두었습니다.

1장에는 화가들의 이야기가 있습니다. 화가들이 살아가는 방법과 그들의 고민이 펼쳐집니다. 2장과 3장에서는 전시와 관련된 아트마케팅과 미술시장이 소개됩니다. 읽으면서 '맞아, 그렇지' 하며 무릎을 탁 치는 분들도 있을 것이고, '뭘 이런 이야기까지……'라고 하시는 분도 있을 것입니다. 하지만 문화예술은 즐겨야 하고 소통되어야 하기 때문에 조금 면구스러워도 밝혀두었습니다. 4장과 5장에는 미술을 이해하고자 하는 분들을 위한 가이드가 있습니다. 전문적인 부분보다는 교양인이라면 알아두어야 할 미술 이야기가 대부분입니다.

『그림 파는 남자의 발칙한 마케팅』에서는 더 생생한 미술시장 현장의 모습을 보여주려고 했습니다. 고상 떨지만 속으로는 겁나게 작품 팔고 싶어 하는 품위 있는 화가, 돈은 수억 있지만 50만 원짜리 작품 한 점에 손 떨리는 초보 구매자, 미술계에 발 담그고 싶은데 어디서 시작해야 할지 모르는 열정만 한아름인 큐레이터, 그림 좀 보고 싶은데 뭘 봐야 하는지 고개 갸우뚱 하는 교양인, 모두를 위한 가이드북입니다. 천천히 읽으며 미술시장을 직접 겪어보시기 바랍니다.

박정수

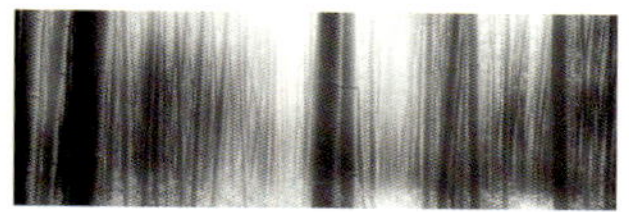

제3장   그림 값, 천천히 올라도 됩니다

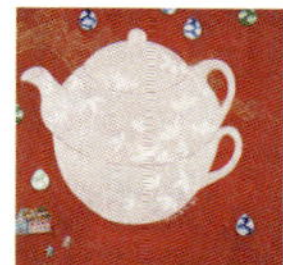

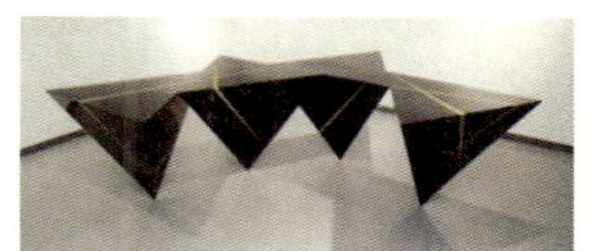

제4장   무엇을 보세요?

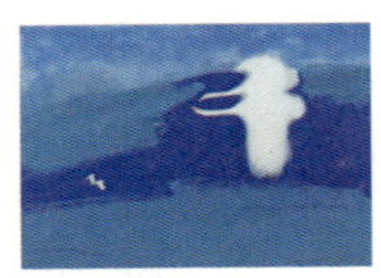

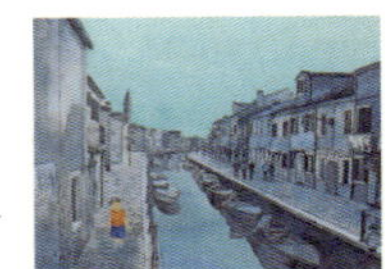

제5장 도깨비? 봤어야 그리지

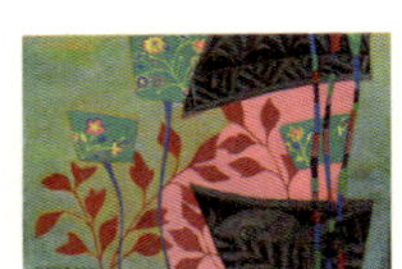

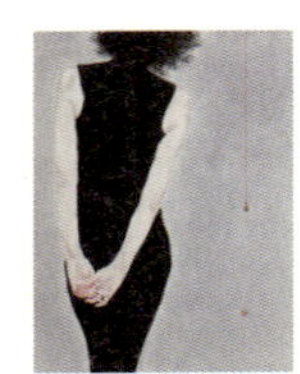

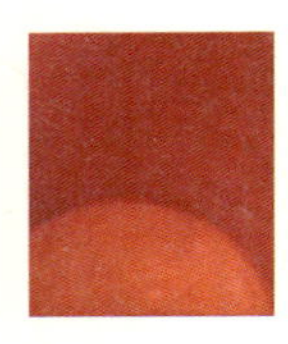

제1장

그림이 말하게 하라

예술가의 위치는 대단한 것이 아니다. 예술을 전달하는 통로일 뿐이다. -몬드리안

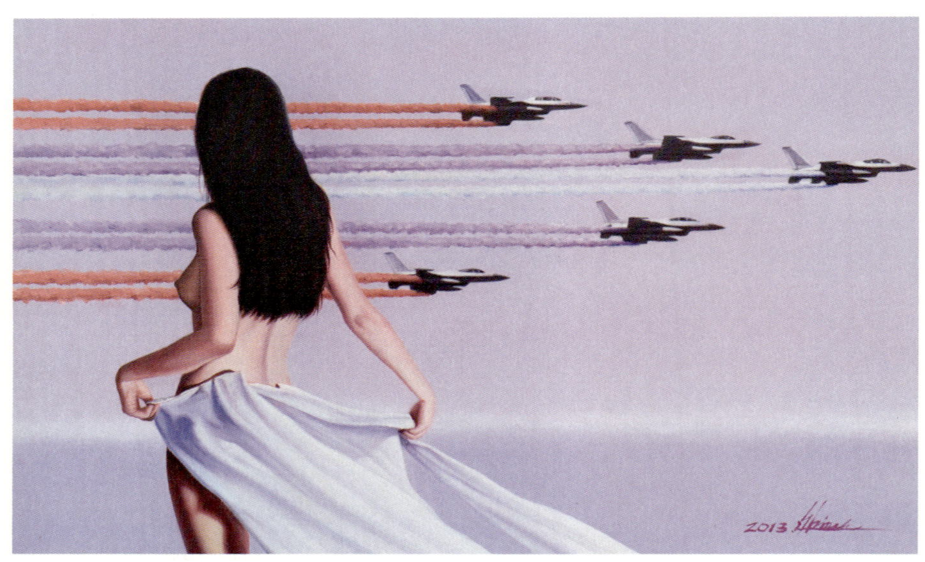

신제남, **천상유희**, 2013, 캔버스에 유화, 33.4x53cm

01. 화가, 멋진 예술가 혹은 배 고픈 가장

SHOW를 하라! "세상은 요지경. 요지경 속이다.……야이 야들아 내 말 좀 들어라 여기도 짜가 저기도 짜가 짜가가 판친다" 하는 노래가 유행한 지 벌써 20년이 지났습니다. 어눌한 춤사위와 우리 사회에 대한 냉소적 풍자로 히트했던 기억이 있습니다. 그때도 가짜가 판을 쳤고 지금도 짜가가 판을 치고 있습니다. 오랫동안 가보처럼, 신주단지 모시듯 했던 도자기 가격이 궁금하여 "진품명품"에 나갔습니다. 가짜랍니다. 진짜로 믿었던 사업자금 대신 받았던 골동품이 "진품명품" 나간 후 갑자기 가짜가 되었습니다. 가보로 모신 지 20년 만에 쫑 났습니다.

예술품, 돈 되는 것만 생각합니다. 자기 가족만 아니라면 화가님들 멋집니다. 철학적이면서 보통사람이 이해할 수 없는 행동을 합니다. 신기합니다. 그러나 정작 본인이나 본인의 가족은 쉬운 길이 아님을 잘 알고 있습니다. 예술가의 생활과 근접한 활동을 하는 대중스타를 예인(藝人)이라고 합니다. 연극인과 달리 자신의 본 모습을 숨긴 채 대본이 주는 자리에, 역할이 주는 자리에 자신을 맞춰야 합니다. 자신을 숨기는 것이 아니라 새로운 모습의 자신을 보여줘야 합니다. 그러다 보니 드라마나 영화에서 연인으로 등장한 남녀배우가 실제로 사랑에 빠지는 경우가 있다고 합니다. 최선을 다해 극에 충실하다 보니 감정기복이 심하고 마음의 상처가 많습니다. 예술가 또한 마음의 상처에 민감합니다. "너 보통 사람이지!" 하는 순간 치유하기 어려운 상처를

입습니다. 그러나 한편으로는 경제적 현실에 몹시 흔들리는 것도 사실입니다.

만일 어떤 정신 나간 사람이 미술가에게 "내가 1억 줄 테니 작품 하지 마시오!"라고 한다면 미술가는 콧방귀도 뀌지 않을 것입니다. 여기서 미술가는 화가, 조각가, 디자이너, 행위예술가 모두를 포함합니다. 더 정신 나간 사람이 "10억 줄 테니……"라고 한다면 약간 흔들립니다. 하지만 작품 활동에 무게가 더 실립니다. 그 정도면 작품 팔아서 성공할 자신이 있습니다. 다시 묻습니다. "30억……!" 환장할 일입니다. 혼란에 빠질 만한 돈입니다. 하지만 이런 일 절대 일어나지 않습니다. 세상은 성공한 자와 성공할 자에게 관심을 둘 뿐입니다. 그래서 우리는 오늘도 쇼를 합니다. 미술가의 무대는 전시장이며, 사람들의 무대는 세상입니다. 미술가에서, 예술가에서 갑자기 예인(藝人)이 되기도 합니다. 미술가의 눈에 보이는 다른 미술가는 예인일 수 있습니다.

화가, 듣기 좋고 부르기 좋은 이름입니다. 우리나라에는 무명화가들이 참으로 많습니다. 지역에서 아무리 유명한 화가라고 해도 중앙에 오면 대접받지 못하는 무명이 되고 맙니다. 수많은 화가들이 무명으로 지낼 수 있는 원동력은 무엇일까요? 무명화가의 원동력은 언젠가 세상이 자신의 예술 가치를 알아줄 것이라는 기대에 있는 것이 아닙니다. 오히려 현재 자신이 하고 있는 예술에 대한 열망과 작품 활동에 대한 열정에 있습니다. 잘 나가는 작가는 1년에도 몇 번씩 초대전 제안을 받습니다. 그림 걸기 무섭게 팔립니다. 그것도 비싼 값에 팔립니다. 뜬 작가가 한 명이면 못 뜬 작가는 수백 명입니다. 참으로 고생스러운 시간입니다.

이제는 자신을 알릴 수 있는 길을 찾아야 합니다. 그냥 무작정 작품만 한다고 세상이 알아주는 시대가 아닙니다. 여기에 덧붙여 폼도

나야 합니다. 성질머리 괴팍하고, 지저분하고, 물감 덕지덕지 묻은 옷을 입고 외출해도 좋습니다. 금연을 강요하는 세상이라지만 골초여도 좋습니다. 더 나은 예술작품을 위해서는 우리 사회가 용인할 수 있는 모든 범위에서 용인해주어야 합니다. 이름을 얻지 못한 미술가는 주변의 관심과 나 잘난(?) 맛에 살아가기 때문입니다. 어느 순간 이름을 얻게 되면 폼도 잴 줄 알고, 술값도 잘 냅니다. 이렇게 후덕한 사람이 있을 수 없습니다. 하지만 거기에 이르는 길은 너무나 힘이 듭니다. 국전 입선이면 입신양명의 길인 시절도 있었습니다. 국전 대상이면 4대 일간지에 대문짝만하게 작품과 인물사진이 실렸습니다. 세월이 변해도 너무하게 변했습니다. 이제는 미술공모전 상이라는 것에 별 관심도 없습니다. 이제는 어쩔 수 없이 자신을 스스로 마케팅해야 합니다.

예술가이면서 예인(藝人)이어야 합니다. 다양한 자신의 모습을 만들어 퍼뜨려야 합니다. 스스로를 복제한 미술작품을 많이 만들어야 합니다. 이들 중 한두 작품만 떠도 됩니다. 모양은 비슷해도 성격이 다른 작품을 만들어야 합니다. 작품은 바로 자기 자신입니다. 그래서 미술가는 자신의 작품이 판매될 때 '시집 보낸다'고 말합니다. 미술가가 자신의 모습을 보여줄 수 있는 방법이 무척 다양해졌습니다. 무대도 넓어졌고, 마케팅도 편리해졌습니다. 무료 전시장이나 온갖 아트페어가 생겨났습니다. 온라인 홍보는 돈도 안 듭니다. 다만 한 번에 무엇인가를 기대하지는 말아야 합니다. 첫 술에 배부를 수는 없습니다. 누군가가 벼르고 별러서 십 수 년 저축하고 저축해서 코엑스를 통째로 빌려 개인전을 한다 해도 그것 또한 한 번의 쇼일 뿐입니다. 미술가라면 꾸준히 쉬지 않고 쇼를 해야 합니다. 다시 한 번 말하지만 옷을 허름하게 입어도 좋습니다. 특이한 성격의 소유자라도 좋습니다. 남에게 불편을 끼치지 않는 범위에서 무조건 쇼를 해야 합니다.

한 놈이 뜰 때까지.

　아트페어에 가면 잘 모르는 그림도 많습니다. 이럴 경우에는 팸플 릿을 먼저 보는 편이 좋습니다. 유정진 작가의 작품을 보기 위해서는 'Invisible'이라는 단어에 주목해야 합니다. Invisible은 in(~이 없는) + visible(시각적인)의 합성어로서 '보이지 않는' '드러나지 않은'으로 해 석되는 단어입니다. 이것을 유정진의 작품에 대입해보면 '존재하지만 설명 불가능한' 또는 '무형의 가치'에 대한 접근 정도로 이해됩니다. 간단히 말해서 그녀는 존재하지만 설명 불가능한, 있으나 보이지 않는 어떤 무형의 가치를 유형의 이미지로 드러내는 작업을 시도하는 것입 니다. 작가는, 명확히 있기는 하지만 말로는 설명하기 어려운 것을 시 각적으로 보여주고자 합니다.

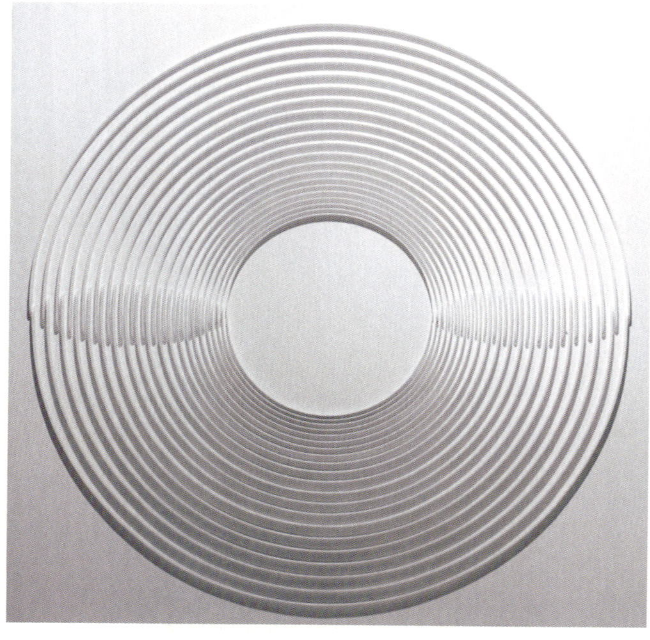

유정진,
invisible Ⅲ-7,
2013,
mixed media,
91x91x4cm

02. 화가의 일생

　　슬프지만 화가의 현실을 이야기해볼까요? 20대에서 30대 중반까지는 그래도 형편이 좀 낫습니다. 개인전 하면 아는 사람에게 강매할 수도 있고, 기획공모전에 응모도 할 수 있습니다. 그룹전이나 여타 초대전에 기웃거리면 끼워주기도 잘 합니다. 그러다 30 중반이 넘어가면 기획공모전에 출품하는 것도 좀 거시기합니다. 개인전이 4회가 넘어가면서부터는 지인을 부르기도 겁이 납니다. 그림가격도 조금 올라서 10호 작품이 200만 원이 넘습니다. 사는 사람도 부담되는 가격입니다.

　　40 중반이 넘어가면 환장하는 나이가 됩니다. 적당한 명성과 적당한 그림 가격, 적당한 작품판매가 있습니다. 늘 조금 부족합니다. 포기하자니 너무 멀리 왔고, 포기를 해도 다른 일을 할 수가 없습니다. 화가의 인생에서 여기가 최대의 고비입니다. 조금만 더 가면 완전 뜰 것 같은데, 그 조금만이 너무나 애가 탑니다.

　　50이 넘어가면 중견소리 들으면서 이곳저곳에서 약간의 예우를 받습니다. 작품보다 명성이 더 높습니다. 작품 활동도 예년보다 더 열심히 합니다. 초대전이 많기는 하지만 작품 판매는 신통치 않습니다. 후배들 만나기도 두려운 나이가 됩니다. 아직도 대 스타가 될 희망이 있습니다. 절대 끈을 놓지 않습니다.

　　화가들의 무명의 시간은 자신과의 싸움입니다. 주변에서의 경제적 유혹도 많습니다. 하지만 "잘 그린 그림 하나 열 스타 안 부럽다"는 말을 신조로 삼습니다. 이들의 열정이 있어야만 사회가 발전하고 역사가 형성됩니다. 주변에 포진하고 있는 무명의 화가들에게 작품 활동의 희망을 주었으면 좋겠습니다. "작품 감상도 좋지만 작품 매입은 더욱 좋습니다."

십 수 년을 함께 살아온 아내가 물어옵니다. "문화 예술이 뭐야? 보통사람들에게는 필요 없잖아, 소용도 없고. 그런데 왜 있어? 오늘 지역 아주머니들과 독서 토론회 하는데 주제는 아니지만 궁금해서……"

많은 이들에게 말했습니다. "님의 부모님이나 형제, 자매, 친지들에게 작품을 판매해보셨나요? 가장 가까운 분들에게 자신의 예술을 설득해야죠. 가족이 사지 않는 작품을 남에게 판다는 것은……" 말로만 했나 봅니다. 저의 주변부터 알려야 하는데 말입니다.

조금 아는 것은 모르는 것과 비슷하다는 말도 많이 했습니다. 시험 볼 때 '고친 놈은 꼭 틀립니다.' 시험보기 전날 평소보다 더 열심히 공부하면 '성적은 반드시 떨어집니다.' 적당히 알면 오류가 많습니다. 알아야 모르는 것이 생깁니다. 경희대학교 서정범 교수는 알다[知]는 알[卵]에서 파생된 것으로 사람의 핵심, 혹은 본질로서의 정신이라 했습니다.

수업시간에 이런 예를 많이 듭니다. 지금 옆 사람에게 사전(모든 언어 포함)에 없는 소리로 '배고프다'를 전달시켜보라고. 몸짓을 제외하고 말입니다. 사전에 없는 소리가 창의의 시작이라고 말합니다. 사랑을 그림으로 그리라고 했을 때 하트를 제외하고 어떤 형식이 만들어지면 창작의 시작이라고 말합니다. 창의와 창작에 의해 글[文]이 만들어집니다. 글은 소통이며 미래입니다. 이를 먼저 장악하는 사람이 창의적인 사람이며 사회를 이끌어갑니다. 예술은 의식주와는 다른 종류의 생존법칙입니다. 정신노동은 실재가 아니기 때문에 사회권력과 함께해왔습니다. 신권(神權)이거나 왕권(王權)이거나 말입니다. 지금 사회는 금권(金權)인가요?

예술은 미래의 인류가치를 만들어갑니다. 과거를 기록하는 방법은 글이나 그림이었습니다. 지금은 사진이나 비디오 등이 포함됩니다. 기록되어 보존될 수 있는 것들을 예술의 범위에 넣습니다. 의식주와 관련된 보존물들은 많은 시간이 필요합니다. 세월이 쌓여야 합니다. 많은 정보를 한 번에 확인할 수 있는 것들을 소중히 여깁니다. 요즘은 값으로 따집니다. 따라서 예술은 정신 진화를 위한 필수 요건입니다.

사람들은 사회에 노동력을 제공하고, 미술가는 사회에 정신을 제공합니다. 예인은 몸으로 세상을 보여줍니다. 여기에 예술작품은 사람들의 미래를 예견합니다. 그래서 오늘도 쇼를 합니다. 어떤 생각이나 이야기를, 작품을, 주인공으로 만들기 위해 미술가는 작품 제작을 위한 무대를 설치합니다. 누구에게는 캔버스가, 누구에게는 자신의 몸이, 누구에게는 커다란 돌덩어리가 무대입니다. 남들이 모르는, 남들이 생각하지도 않는 새로운 생명체를 만들어야 합니다. 작품을 만들면서 미술가는 조물주가 됩니다. 생명을 넣고 성격과 개성까지 주어야 합니다.

그렇다고 그림 그리고 조각품을 만들고 도자기를 구워내어 전시를 하면 미술가가 되는 것은 아닙니다. 다른 수익수단 없이 미술작품만 팔아서 생활하는 이들만 미술가라 한다면 우리나라에 미술가는 몇 명 되지 않을 것입니다. 그러면 미술가란 누구를 지칭할까요? 단순히 미술 전문가 집단이라고 하는 미술협회의 참가자격을 보면 개인전을 3회 이상 해야 한다고 되어 있습니다. 미술대학에서 미술을 전공하지 않았으면 9~12년 이상 미술활동을 했다는 근거를 제시해야 한다고 합니다. 이런 사실을 근거로 하면 미술가로 살기 별로 어렵지 않습니다.

미술가 활동과 작품 활동만 꾸준히 하면 됩니다. 미술가들끼리 모이는 곳에 참석만 잘 하면 됩니다. 회비나 후원금 잘 내면서 협회에서 탈퇴하지 않으면 미술가가 되나 봅니다. 그렇지만 미술협회나 단체에 가입하지 않고 활동하는 유명 미술가도 무척 많습니다.

그림만 그린다고 화가가 되는 것이 아닙니다. 어린아이 그림을 예술작품이라 하지 않는 것은 표현의 보편적 기준이 마련되지 않았기 때문입니다. 사회가 용인하는 예술의 보편성의 첫 번째가 연출입니다. 연출은 이성이며 감정을 다스리는 것에서 출발합니다. 사물의 재현이 아니라 사물을 가지고 대화가 시도되어야 합니다. 초등학생이 그리고자 하는 꽃은 닮음을 따르지만 미술가의 꽃은 표현을 좇습니다. 따라서 미술가로 살기 위해서는 그리는 행위보다는 작품 활동을, 인간적 사회활동과 함께 미술가 활동이 병행되어야 합니다. 그래서 인간을 사회적 동물이라 합니다.

물건을 갖다 놓았는데 팔리지가 않는다? 원인과 이유를 따져 보아야 합니다. 결과는 뻔합니다. '안' '팔' '림'. 미술가의 어떤 물건인지는 중요하지 않습니다. 미술계의 모든 물건은 최상품이며, 특등품입니다. 생산자 스스로 질이 좀 빠진다거나 품질이 낮다거나 경쟁력이 떨어진다는 등의 생각은 전혀 하지 않습니다. 무조건 최상품입니다. 팔리지 않을 경우 생산자는 몇 가지 이유를 들어 자신을 방어하게 됩니다.

1. 난 아직 때를 만나지 못한 것이야.
2. 경기가 너어~~ 무! 안 좋아.
3. 다들 작품 보는 눈이 저렇게 없어서야……
4. 세상이 나를 아직 알아주지 않아.
5. 미술 전문 컬렉터가 나오질 않는군.

6. 좋은 후원자만 만났어도……

7. 국내시장과 맞지 않아! 난 해외용인데……

8. 난 살살거리거나 아부 떨지 못해.

9. 아는 사람한테 팔면 누군 못 파나.

10. 그래! 결심했어. 나도 팔리는 그림 좀 그려봐야지!

세상 그렇게 호락호락하지 않습니다. 운이 없어서 못 팔았다는 생각 접어도 됩니다. 어떤 아트페어든 팔리는 그림은 꼭 있습니다. 그것이 어떤 작품이며, 어떤 유형인지에 대한 통계는 없습니다. 다만 전혀 팔리지 않는 미술시장은 절대로 없다는 것이죠. 그것이 자신이 아니기 때문에 다양한 말들을 하게 됩니다.

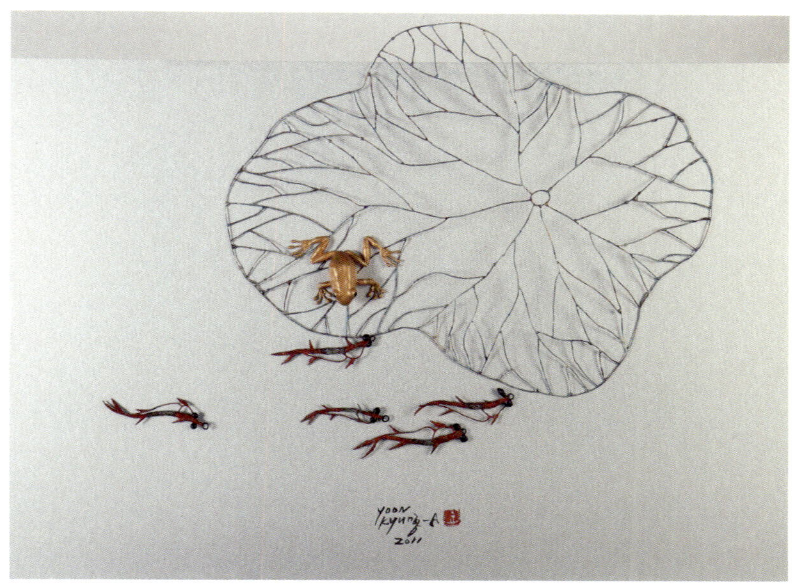

윤경아, **흐르는 물처럼**……, 2012, Copper, 54x111x5cm

　팔리지 않았다면 조금만 좌절해야 합니다. 좌절하지 않으면 오늘과 같은 내일이 되고 맙니다. 그러나 아주 조금만 좌절해야 합니다. 그리고 아주 조금만 화를 내고, 아주 조금만 배 아파 하면 됩니다. 팔린다 안 팔린다로 미술품의 좋고 나쁨을 규정해서는 안 됩니다.

　매일 먹는 밥그릇은 바꾸지 않습니다. 늘 같은 밥그릇입니다. 하지만 오늘은 라면을 담고, 내일은 약밥을 담고, 모래는 잔치국수를 담아 먹어볼 필요가 있습니다. 남들은 뭘 먹는지 잘 모릅니다. 그릇이 같기 때문입니다.

　내용물의 변화는 가치의 변화입니다. 가치가 완전히 다르게 되면 밥그릇을 바꾸게 됩니다. 그러기 전까지는 음식을 바꿔볼 필요가 있습니다. 지금 하고 있는 작품의 내용이 내 몸에 맞지 않는 음식일지 모른다는 의심도 필요합니다. 주변의 전문가에게 조언을 구하는 것도 지름길입니다. 지금 표현하고 있는 형식을 버리라는 이야기는 아닙니다. 지금까지 가장 최선의 길을 가고 있음은 분명합니다. 그것이 화가의 길입니다.

03. 아트페어, 친구인가 적인가?

우리는 어린아이나 후배들, 혹은 나와는 상관 없는 다른 사람들에게 쉽게 말하곤 합니다. "무언가 새로운 것을 배우고 싶다면 어디론가 떠나라"라고 말입니다. 그런데 본인은 정작 집에만 있습니다. 창의에 자신 없는 예술품은 자신이 합리와 정당성을 미리 주장합니다. 왜 이렇게 표현되었는지 구구절절 설명합니다. 때로는 예술작품이 아니라 예술가의 모습이 앞섭니다. 작품보다 권위와 명성을 앞세웁니다. 좋은 예술작품은 작품이 스스로 이야기합니다. 스스로 사람들을 만나고 말합니다. 예술작품과 오랜 시간 동안 함께 보낼 필요가 있습니다. 대화가 되지 않는다면 전달받을 수 있는 방법을 바꿔야 합니다. 자신의 눈에 맞는 예술작품의 경우에는 자신이 이해하는 범위를 넘어가지 않습니다. 이해할 수 없는 예술작품에 관심을 두어야 합니다. 그래야 새로운 이야기를 발견합니다. 지금에 딱 맞는 예술품은 거기까지입니다. 물론 더 나은 입장에서 바라볼 수도 있지만 그것은 어른이 아이를 바라보는 것과 흡사합니다. 스스로를 설득해야 합니다. 지금 알지 못하는 그 무엇에 대한 욕망을 키워야 합니다.

정말 모르는 그림을 대했을 때, 설령 그것이 개인의 암호라 할지라도, 또는 무작위적으로 뿌리고 찢고 난리를 친 작품이라 할지라도 바라봐야 합니다. 지금 자신이랑 통하지 않는다고 회피해서는 안 됩니다. 사람들은 낯선 마을을 여행하기 좋아합니다. 해외 오지에 가서 말 한 마디 통하지 않아도 무엇인가를 얻고 옵니다. 가까운 낯선 세계를 여행해보시길 권합니다. 낯설더라도, 말이 통하지 않는다 할지라도 잠시 거기에 머물러 있기를 권합니다. 내 뜻을 거기에 두면 됩니다. 내 뜻을 거기가 받아주지 않는다 싶으면 그곳을 떠나면 그만입니다. 아무도 관여하지 않습니다.

자본주의 문화에는 돈이 스며 있습니다. 예술과 돈의 관계가 애매모호하여 애정남도 해결하지 못하는 부분이 많습니다. 자본주의 문화라 하지 않고 화가와 작품과 관련하기 때문에 작품문화라고 쓰겠습니다. 작품문화를 이해하지 못하고서는 화랑의 정체성도 없거니와 영업이익과 관련된 예술작품의 선택에 많은 어려움을 겪습니다. 화랑이나 작가가 작품문화를 이해하면 새로운 작품이 만들어졌을 때 화랑에 소속된 갤러리스트의 가족까지 스스로 마케팅에 참여하는 결과를 가져옵니다. 작가 주변의 모든 이들이 여기에 동참합니다. 이것이 작품문화로 존재합니다. 작품문화가 돈과 직결되어 있음은 당연한 일입니다. 작품문화는 화랑이거나 개인이거나 상관없이 자신을 잘 홍보할 수 있는 조건 결합입니다. 문화 속에 돈이 있다는 말은 작품문화가 바로 돈으로 전환된다는 의미는 아닙니다.

작품문화가 우리 사회에 가져다주는 힘은 아주 막강합니다. 시간이 지날수록 문화컨텐츠 사업은 더욱 활성화되어갑니다. 여기에 한편을 차지하는 아트페어가 있습니다.

만일 하느님이 있어 네 소원이 무엇이냐고 물으시면 나는 서슴지 않고, "제 소원은 잘 나가는 작품을 갖는 일입니다" 하고 대답할 것입니다. 그 다음 소원은 무엇이냐고 하면 나는 또, "우리나라에서 제일 잘 나가는 작품을 갖는 일입니다" 할 것입니다. 이것은 화상에게 물어본 것일 뿐입니다. 정말로 저에게 물어온다면 대답할 방도가 없습니다. "낯선 그림이지만 좋은 것과 아닌 것을 판단할 수 있는 능력을 주세요"라고 할까, 아니면 "새로운 것을 잘 표현하는 예술가를 판단할 수 있는 능력을 주세요"라고 할까, 어려운 문제입니다.

화가나 갤러리스트나 딜러나 매니저나 모두들 부자를 꿈꿉니다.

"그림을 그린다고!! 환쟁이가 된다고!! 뭐 먹고 살 건데!!"
"제발 사랑하게 해주세요~~ 돈보다 사랑이 우선 아닌가요~~"

고등학교 때 어머님과 싸운 일이 있었습니다. 사랑 먹고 살겠다고 바득바득 우겼습니다. 지금 아들 녀석이 이렇게 덤비면 환장할 것 같습니다.

모든 사람들은 부자를 꿈꿉니다. 얼마 전 끝난 아트페어에서도 그랬습니다. 모든 관계자들은 누군가의 돈이 필요합니다. 그 누군가가 자신일 수도 있습니다. 그림이 잘 팔리기를 기대합니다. 자신의 영역이 아닌 다른 영역에 대해서 말합니다.

'저런 그림으론 도저히 승산 없어!', '실력은 무슨 개뿔', '다른 직업 갖는 편이……' 행사장을 관람하면서 많은 이들은 이런 말들을 속으로 되풀이합니다. 다른 이들의 영역을 작게 만들어야 자신의 영역이 커진다고 믿습니다. 하지만 입 밖으로 꺼내지 않습니다. 그랬다가는 질타의 대상이 될 수 있습니다.

그림을 그리는 분들은 자신의 작품이 언젠가는 최고의 영광을 누릴 수 있다는 믿음으로 오늘도 작업실에서 물감과 붓을 들고 치열한 예술 싸움에 임하고 있습니다. 자신은 비록 남의 작품을 보고 이런 말을 할지라도 남들은 자신의 작품을 보고 이런 말을 한다는 사실을 꿈도 꾸지 않습니다. 치열한 경쟁의 현장에서 '대박'이라는 말을 수없이 합니다. 우아하고 품위 있는 모습으로 자신의 작품을 구매해줄 누군가를 기다립니다. 하염없이 기다리고 또 기다립니다. 세상이 자신을 알아줄 때까지 말입니다.

미술품을 사고파는 장사행위는 작품 활동의 중요한 영역입니다. 사고파는 것이 싫다면 자본주의를 떠나거나 국가가 예술가를 먹여 살리는 곳에 가시면 됩니다. 그것도 힘이 든다면 이참에 나라를 하나 건설해보면 어떨까요?

화가가 그림 파는 데 능숙해도 곤란하지만 외면해서도 안 됩니다. 아트페어 현장에 가면 화랑을 편하게 하는 작가님과 나 몰라라 하는 분들이 계십니다. 다녀보시면 압니다. 이미 알려져 브랜드가 형성되어 있는 중상위층(작품 판매를 기준으로) 작가님들은 자신의 작품을 위해 최선을 다합니다. 화가가 아트페어 현장에 있으면 도움이 되는 것은 분명합니다.

그러나 일단 작품을 맡기면 모든 것을 화랑에서 책임진다고 생각하는 분들도 많습니다. 이것도 문제가 많습니다. 작가의 인지도가 낮은데 어떻게 화랑에서 모든 것을 책임지나요? 이럴 경우에는 공동책임을 져야 합니다.

작품 자체가 자신의 존재감을 보여주고 영역을 확보하고 있다면 작가는 현장에 없어도 됩니다. 자신의 작품이 아주 위대하고 품위 있다는 믿음은 인정합니다만 그것이 판매로 이어지는 것은 아닙니다. 그러기까지는 시간이 걸립니다. 함께 있어줘야 합니다.

작품 제작하는 데 경비가 들었다고요? 연구시간이 많이 걸렸다고요? 아트페어에서 팔리지 않은 작품은 작가님이 회수해갑니다. 화랑은 부스비와 여타 경비를 씁니다. 한 점도 팔리지 않았다고 원망하지 않습니다. 그것은 그 작품을 제가 선택했기 때문입니다. 저 자신을 탓

합니다.

　이런 경우도 있습니다. 아트페어에 여러 명의 작가를 초대했습니다. 대다수 판매가 되지 않았습니다. 누구는 자신의 작품을 위하여 현장에서 도움을 주었고, 누구는 나타나지도 않았습니다. 다음 아트페어에 누구를 초대할까요? 생각해볼 문제입니다. 모든 아트페어에서 작품이 무조건 팔리면 얼마나 좋겠습니까? 그래서 화랑들은 인지도 있는 작가의 작품을 선호합니다. 처음 참여하면 미술 애호인들은 그저 작품을 지켜볼 뿐입니다. 2~3년을 지켜본 이후 지속적으로 참여하고 가능성을 타진합니다. 여기서 가능성이란 계속 작품활동을 할 것인가에 대한 가능성입니다.

　작가로서 인지도가 낮을 때는 자신의 경비가 들어갑니다. 대다수 아트페어가 그렇지만 자신의 작품 브랜드와 화가로서의 명성을 획득하기 위해서 광고비 지출은 지극히 당연합니다. 여기서 또 다른 문제가 발생합니다.

　아트페어 부스 비가 1천만 원이라 가정해봅니다. 작품 활동만(?) 열심히 해서 작품은 좋은데 판매가 잘 일어나지 않는 작가 5명을 초대합니다. 300만 원을 갹출합니다. 인쇄비 및 기타경비로 지출하면서 처음 시작은 ±0에서 합니다. 여기까지가 소위 말하는 윈-윈 전략입니다. 화랑은 손해 볼 것 없지 않느냐 싶지만 화랑의 브랜드 가치를 위한 홍보비와 활동비, 기타경비를 만회하기 위해서는 아트페어에서 판매가 일어나야 합니다. 본전이 아닙니다. 다만 서로가 서로를 필요로 하기 때문에 누구도 불만이 없습니다.

　아트페어가 시작되었습니다. 수많은 사람이 지나다닙니다. 작품이 그럭저럭 판매된다면 아무 문제 없습니다만, 전혀 관심 없는 작품을 제작한 화가는 은근히 열 받습니다. 관심이 없다는 것에도 화가 나지만 왠지 모르게 화랑주인에게 눈치가 보입니다. 경비를 제공하고 출품했기 때문에 상관없다고 되뇌지만 눈치가 보이는 것은 어쩔 수 없나 봅니다. 지인에게 연락합니다. 한두 작품이라도 팔아야 면목이 설 것 같습니다.

어떤 화랑은 자신이 맘에 드는 작가를 섭외합니다. 자신이 좋아하기 때문에 경비를 제공받지 않습니다. 판매에 최선을 다해야 합니다. 판매 마진도 50%를 갖기 때문에 스스로 자신있는 작가들을 섭외합니다.

행사가 시작되었습니다. 초대받은 작가 중에는 자신의 작품이 아주 우수하다 생각하는 이도 있습니다. 작품이 뛰어나기 때문에 초대받았다 믿습니다. 작품 판매는 전혀 신경 쓰지 않습니다. 화랑이 다 알아서 해줄 것이라 생각합니다. 행사가 끝났는데 한 점도 판매되지 않은 작가도 있습니다. 화랑에서는 최선을 다 했다고 생각합니다. 작품을 바라보는 자신의 눈을 탓합니다. 어느 훌륭한 젊은 작가는 자신의 작품을 고스란히 가져갑니다. 한 점도 못 팔았다고 화랑을 미워하는 눈치입니다. 작품이 안 팔린 것은 화랑 탓도 있고 작품 탓도 있습니다. 화랑 주인 탓도 있고 작가 탓도 있습니다. 결과적으로는 말입니다.

화랑 주인은 심각한 고민을 합니다. 한두 번만 더 선보이면 판매가 될 것 같습니다만 작가의 행동이 맘에 들지 않습니다. 다음번 페어 때는 초대하지 않겠다는 결심을 합니다. 윈-윈이 아니라 제로섬으로 변경됩니다. 누군가 이익을 보면 누군가 손해를 보게 되는 게임입니다.

초대받은 작가는 페어 기간 동안 자신의 작품 무한 홍보에 성공합니다. 작가의 이름이 알려집니다. 인쇄물이나 기타 방법을 통해 인지도도 높아집니다. 자신은 경비를 지출하지 않고 초대받았다고 하는 자궁심도 생깁니다. 반면에 그만큼 화랑은 손해를 봅니다. 초대한 화랑이나 경비를 받은 화랑이나 외형은 같습니다. 오히려 바보 같다는 소리를 들을 수 있습니다. 부스비와 인쇄비, 기타 경비에 대한 지출이 많습니다. 본전 생각납니다. 속으로는 경비 대신에 작품이라도 한 점 주고 갔으면 하는 마음 굴뚝 같습니다. 그렇지만 자존심이 허락하지 않습니다. 한편으로 섭섭하기도 합니다. 여기에 작가님들께 드리는 하나의 팁이 있습니다. 화랑 초대전이나 아트페어에 초대를 받았는데 작품이 판매되지 않았다면 화랑 관계자와 인간적으로 친해지거나 작품 한 점 제공해보는 것도 좋은 방법입니다.

블루칩 작가들이나 작품 가격이 몹시 높은 작가님들은 아트페어에 나올 일이 없습니다. 작가의 작품들이 나타날 뿐입니다. 제가 아는

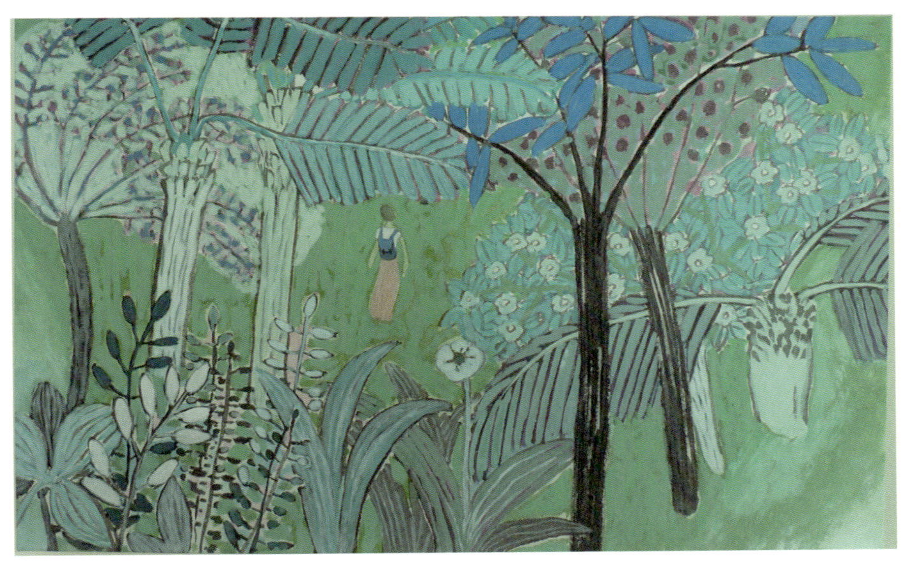

허정숙, **숲소리**, 2012, 장지에 먹 분채, 33x52cm

어떤 분은 1년에 서너 차례 화랑에 초대받습니다. 화랑을 고르기까지 합니다. 그 작가님의 특징은 어디에서 전시를 하건 작품이 판매된다는 것입니다. 화랑에서 전시하면 화랑에서 사용한 금액과 관리비, 기타 등의 비용까지 보전해줍니다. 작품이 잘 팔리기도 하지만 어떤 경우에는 자신이 자신의 작품을 매입하기도 합니다. 화랑에 마진을 제공해야 하기 때문입니다. 언제까지 갈는지는 모르지만 현재는 승승장구하고 있습니다. 이런 분들도 아트페어에 잘 나오지 않습니다. 출품할 이유가 별로 없거든요.

적당한 명성과 적당한 판매와 적당한 인지도를 갖고 작품 판매만으로도 생활이 가능한 잘 나가는 작가들은 아트페어에 경비를 제공하지 않습니다. 반면에 작품 판매가 잘 일어나지 않으면 자신의 지인들을 불러 모읍니다. 어찌 되었건 비용에 대한 책임을 집니다. 화랑에서는 싫어할 이유가 없습니다.

우리나라 화랑계는 무척 좁습니다. 누가 어떤 행동을 했는지 낮말은 새가 듣고 밤말은 쥐가 듣고 있습니다. 작가는 몇몇 화랑을 중심으로 움직입니다. 자신의 가치를 생각해야 하기 때문에 화랑을 옮겨 다니지 않습니다. 자신의 작품과 아트페어에 참가한 화랑에게 책임을 집니다. 하지만 한 가지 잊지 말아야 할 것이 있습니다. 예술은 감동입니다. 지금 당장 자신의 아내와 남편에게, 자신의 부모님께 그림을 보여드린 후에 자신의 예술관을 전달해볼 필요가 있습니다. 본인과 가장 가까운 사람조차 감동하지 않는다면 심각하게 미래를 생각해보아야 합니다. 본인과 가장 가까운 이들이 자신의 그림을 사주지 않는데 누구에게 사라고 하겠습니까? 자신과 가장 가까운 이들에게 자신의 작품세계를 알려야 합니다. 이들은 보통 사람이 아니라 자신을 가장 잘 아는 이들입니다.

어떤 영업이건 실적이 없으면 문제가 됩니다. 영업이익을 최우선으로 하는 것이 상업 활동의 기본입니다. 어떤 예술가는 자신의 전시를 위해 잡지광고를 하고, 언론사 줄타기를 시도합니다. 개인전보다 마케팅 활동이 더 왕성하게 일어나는 곳이 아트페어입니다. 여기에서도 자신의 영업활동을 해야 합니다.

개인전을 하면 마진이 100%이지만 아트페어에서는 50%이기 때문에 활동이 저어된다고요? 그러면 전시장 임대료와 각종 인쇄물, 잡지광고 및 다양한 영업활동에 사용된 비용을 생각하셔야지요. 그 비용은 작품 판매에 대한 노력으로 교환되어야 합니다.

개인의 이미지 광고는 장기적으로 볼 필요도 있습니다. 지금 당장 실적이 오르지 않는다고 실망할 필요 없습니다. 실망은 다만 화랑이 할 뿐입니다. 화가의 이미지만 좋아지고 작품이 판매되지 않는다면 작품에 대한 관심도(사실은 능력)가 떨어지거나(안 좋거나) 영업활동을 하지 않은 결과입니다.

갤러리스트로서 많은 고객과 많은 작가님들, 수없이 많은 작품들을 만났습니다. 아트페어를 이해해야만 자신의 작품에 대한 영업활동을 이해할 수 있고 다양한 마케팅 활동에 영향을 미칠 수 있습니다. 아트페어는 보통의 화랑과 보통의 작가, 보통의 작품과 일상의 영업활동을 위해 존재하는 중요한 시장입니다.

아트페어와 유사하지만 다른 '개인 부스전'이라는 것이 있습니다. 개인 부스전은 주관사에서 화랑을 대상으로 하는 것이 아니라 작가를 대상으로 합니다. 작품 전시 형태와 판매행위는 아트페어와 유사합니다. 차이점이 있다면 작품판매와 관리 등 모든 것을 작가가 직접 책임져야 한다는 것입니다.

작가를 대상으로 아트페어를 열면서 부스비로 행사비를 충당합니다. 그럴싸 하고 폼나는 자리가 아니라면 참여한 작가는 자신의 지인을 잘 초대하지 않습니다. 거기가 아니라도 작품 판매가 가능하기 때문입니다. 그러다 보니 관람객이 적습니다. 관람객보다 참여 작가와 행사 관계자가 더 많은 경우를 경험하셨을 것입니다. 아트페어는 화랑을 대상으로 하기 때문에 화랑에서 다양한 손님들을 초대합니다. 거기에다 마케팅 잘 하시는 작가님들이 자신의 지인들을 불러 모읍니다. 부스전에도 초대작가가 있듯이 자신의 마케팅을 위해 일정금액을 제공하는 것은 비슷합니다. 참여 작가들이 일정 비용을 감내하는 것은 장기적 마케팅 전략이기도 합니다. 아트페어에 지인을 초대하는 것은 상품으로서 작품이 있지만 작품 감상의 즐거운 기회를 가지라는 포장 재료가 있습니다.

　아트페어는 상품으로서 작품을 팔고자 하는 마케팅 기법입니다. 노골적 판매 현장입니다. 자신의 이미지 마케팅이나 홍보를 위한 참여라면 화랑은 절대로 반기지 않습니다. 화랑에서 의견을 제시하면 의견을 수렴하는 것도 좋습니다. 어쨌든 작가보다는 판매 경험이 많으니까요. 비용을 제공했다 할지라도 자신의 뜻만 고집한다면 이후에는 참여가 어려워질 것입니다. 아트페어는 광고비를 받고 작품을 위탁 판매하는 일회성 시장이 아닙니다. 아트페어에서 화랑은 작가의 작품을 홍보하고 판매를 촉진하는 판촉직원으로 변신합니다.

　화가는 자신의 명성 확보를 위해 아트페어를 잘 활용해야 합니다. 스스로 유명하지 않다 생각하신다면 자기 비용을 지출해야 합니다. 개인전보다 화랑이 모이는 아트페어는 자기 마케팅에 유리합니다. 다만 아트페어의 영향력과 비용을 잘 따져볼 필요는 있습니다.

　자기의 이야기를 잘 표현하는 정일모 작가가 있습니다. 그녀는 언제나 즐거운 상상을 합니다. 그 상상이 때로는 비구상처럼, 이상한 그

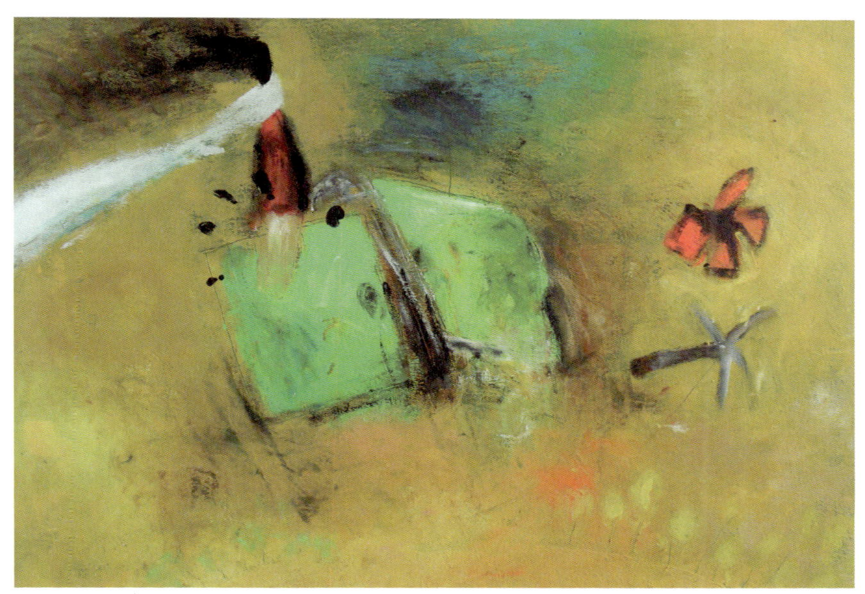

림처럼 보이기도 합니다. 「바람_어디에서 부는지」가 그러합니다. 바람을 그리라고 하면 보통 사람들은 '돼지꼬리 땡야~' 끝에 떨어지는 낙엽을 그립니다. 그러나 그것은 이미 일반화된 표현입니다. 바람은 형체도 없고 색도 없습니다. 아주 희미한 바람이라도 솜털 정도는 흔들어야 바람이라 인정합니다. 머리카락이 날리고 머플러가 흔들립니다. 그림에서 표현되는 머리카락과 머플러는 바람이 아닙니다. 그저 바람의 흔적일 뿐입니다. 바람개비와 총총한 흔적만 있을 뿐입니다. 바람으로 꽉 차 있습니다. 그냥 바람을 그림으로 옮겨내었습니다. 바람이면 족합니다.

04. 잘 팔리는 화가

　　자본주의에 사는 예술가는 돈의 소비자입니다. 자본주의에 사는 예술 애호인들은 작품 이미지의 소비자입니다. 예술가는 생산자인 동시에 소비자가 됩니다. 소비자의 기호는 변화가 많습니다. 무엇을 좋아했다가도 순식간에 변심합니다. 법적 제재도 없습니다. 예술(특히 그림)에는 팔리는 품목이 두 가지 있습니다. 이미지가 팔리거나 작품의 소유권이 팔리는 것입니다. 이미지가 팔린다는 것은 이미지 자체에 가치가 형성되어 있다는 것과 같습니다. 밀레의 「이삭 줍는 여인」이나 「만종」 같은 작품들은 원작의 소유권에 대해 큰 관심이 없습니다. 인쇄된 이미지를 액자로 만들 수 있는 상태만큼 가치를 존중받기 때문입니다. 이러한 작품 이미지에도 자본주의는 파고듭니다. 기왕 복제된 이미지를 가질 바에는 원작과 좀 더 흡사한 상태를 가지라고 종용합니다. 원작과 같을 수는 없습니다. 같다면 그것은 이미 원작입니다.

　　독일의 철학자 발터 벤야민은 기술복제 시대에 '아우라의 파괴'라는 말을 했습니다. 그러나 현실은 기술복제가 워낙 정교하기 때문에 원작에 대한 아우라가 강화되고 있습니다. 원형에 대한 가치가 상실되는 것이 아니라 자본의 속성에 따른 '취득'의 힘에 의해 원작에 대한 아우라가 더욱 확대되고 강화됩니다.

　　사진을 촬영하여 그림을 그린 것처럼 출력할 수 있는 시대입니다.

어쩌면 아이디어가 전부가 되는 세상인지도 모릅니다. 유명작품을 복제해도 진품과 같다는 오인에 의해 원작에 대한 궁금증이 사라집니다. 시대가 흐르면서 몹시 정교한 가짜가 등장합니다. 누구나 가짜임을 잘 알고 있습니다. 원작은 어디 있는지 잘 압니다. 원작의 생김새에 대해 이미 알고 있습니다. 누군가 진짜를 가진다면 몹시 비싼 가격일 것이며, 누가 어떤 작품을 소유하고 있는지가 자연스레 공개됩니다. 이것이 자본의 속성입니다.

진짜와 거의 같은 시대, 혹은 그것 자체가 진짜일지도 모르는 시대에는 진짜가 아님을 밝히지만 진짜인 척(?) 하는 가짜가 힘을 발휘합니다. 미술시장에서는 그것을 에디션(edition)이라는 용어로 이미 수용하고 있습니다. 원작의 아우라가 강화되기 시작하는 시점입니다. 복제품이 원작과 가까워질수록 자본에 의해 더욱 포장되기 때문입니다. 박수근의 「빨래터」 논쟁 또한 여기서 멀리 있지 않습니다. 거래 가격 45억 2천만 원.

많은 분들이 물어옵니다.
"잘 팔리는 그림이 어떤 거죠?"

대답은 너무나 쉽습니다.
"소위 말하는 블루칩 작가죠!"

잘 팔릴 수 있는 그림에 대한 질문은 몹시 난감한 질문입니다. 잘 팔리는 미술품은 생소한 것이 아니라 익히 잘 알고 있으면서 보편성을 유지하고 있는 창작품들입니다. 우리나라 미술시장에서 잘 팔린다는 작품의 가격은 대체로 한 점에 천오백만 원에서 이천만 원 내외에 거래됩니다.

　작품성과 시장성에 대한 검증을 마친 작품들입니다. 그렇다고 이 것이 영원하지는 않습니다. 어제까지 잘 나가던 미술품이 오늘부터 잘 팔리지 않는 이유는 대중의 기호에만 이유가 있는 것이 아닙니다. 작가가 너무 젊은 나이에 작품가격이 오르면 더 오를 수 있다는 기대치가 낮아지기도 합니다. 이들은 작은 작품을 잘 그리지 않기 때문에 호당가격은 별 소용이 없습니다.

　잘 팔릴 수 있는 작품은 블루칩에 속하지 않은 모든 작품이라고 말할 수밖에 없습니다. 이 시점의 작가들의 작품은 지인 판매가 많은 부분을 차지합니다. 이 시기를 슬기롭게 잘 넘겨야 잘 팔리는 작가 반열에 오를 수 있습니다. 예술 소비자들도 이 시점의 작품들을 구매하기가 쉽습니다. 호당 20만 원 하는 작가라 할지라도 50호 작품이 천만 원에 팔리지 않습니다. 적당한 타협이 충분한 시기입니다. 잘만 고르면 크게 성공할 가능성이 가장 큰 시기의 작품들입니다. 이들은 주로 전시와 미디어를 통한 마케팅을 합니다. 과거에는 신문이 주요 매체로 자리했지만 최근에는 SNS가 대세로 자리합니다. 잘 팔릴 수 있는 작품을 판별하는 방법이 있습니다.

1. 자기 마케팅에 적극적이면서
2. 작업량이 많고
3. 매년 10회 이상의 전시를 하며(단체전 포함)
4. 작품 판매에 적극적이며(지인 판매 포함)
5. 노동 집약적인 작품을 제작하며(작품에 대한 책임감)
6. 국내외 아트페어에 적극 참여하는 작가

이 정도면 반드시 작가로 성공하겠죠? 돈이 많아야 한다고요? 무슨 말씀을요. 화랑 관계자(갤러리스트)가 판매에 자신을 갖는 작품은 돈이 들지 않지요. 그래서 자기 마케팅을 1번에 두었습니다. 그러는 한편으로는 작품 이미지의 보관 및 홍보 특성상 팸플릿 등과 같은 인쇄 매체를 중요시해야 합니다. 전시 팸플릿은 단순히 전시를 알리는 매체가 아닙니다. 작품 판매를 위한 보조수단인 동시에 작품 보증서의 기능도 가지고 있습니다. 유명 작가가 되면 '언제 했던 전시의 팸플릿에 작품이 있다'라는 보증이 중요합니다. 개인전을 할 때 리플릿을 만들더라도 모든 작품 이미지를 수록하기를 권합니다.

가급적이면 책자를 만드는 편이 더 좋습니다. 책의 디자인이나 품위를 위해서 작품 수를 제한하기도 하는데 마지막 두 페이지에는 전시되는 모든 작품이 수록되었으면 좋겠습니다. 작품 판매를 위한 홍보수단과 판매 보조 수단, 작품 보증의 수단을 만족시켰으면 합니다. 단일 매체나 한 곳을 고집하는 예술가는 없습니다. 다양한 미술 애호인들이 공존하기 때문에 예술가들도 다양한 방법을 활용해야 합니다.

미술은 타깃 마케팅을 하기에는 어려움이 많습니다. 누군가의 초상화를 미리 그려놓고 그것을 주인공에게 보여주면서 사라고 권하기 어렵습니다. 우리나라 유명 연예인들이나 재벌들 얼굴을 그려놓고 전시하면서 판매할 수 있다면 얼마나 좋겠습니까? 잘못 하면 초상권 침해로 고생만 합니다. 광고 디자인은 어떤 상품을 위한 타깃 마케팅이 가능합니다. 사람이 아니라 사람이 만들어낸 상품이기 때문입니다. 그런데 예술에서는 모든 것에 사람이 중심으로 자리합니다. 그래서 사람을 위한 사람의 예술입니다. 여기서 순수냐 비순수냐를 말하지는 않겠습니다. 순수와 비순수의 차이를 모르기 때문입니다. 미술품에 대한 소비자 그룹을 정하기가 만만치 않습니다. 그래서 무작위 마케팅을 합니다. 텔레비전에 출연하면 좋겠지만 하늘의 별따기입니다. 라디오도 그렇습니다. 가장 쉬운 것이 자기 돈 들여 광고하는 미술잡지입니다.

"안에서 새는 바가지 밖에서라고 안 샐까?"라는 말이 있습니다. 자신이 활동하는 공간에서 먼저 자신의 입지가 만들어져야 합니다. 신문도 있고 잡지들도 많습니다. 트위터나 페이스북을 적극 활용해야 합니다. 한편으로 대형 포털사이트에서 운용하는 블로그 관리도 계속해야 합니다. 예술가의 작품 이미지는 정보입니다. 소비자가 화내지 않을 고급 정보입니다. 소비자가 원하지 않는다 할지라도 예술이라는 이름으로 소비가 가능한 품목입니다. 모든 사람을 대상으로 무작위 정보를 남발해야 합니다.

미술품 구매는 충동구매가 별로 없습니다. 거의 모두가 목적 구매입니다. 다만 작품 이미지는 충동적으로 수용합니다. 소비자들은 스스로 고급 정보라 여기는 예술에 대한 관대함을 가지고 있습니다. 지금 결정해야 합니다. 하루라도 빨리 결정해서 먼저 움직이는 편이 좋습니다. 여기서 말하는 소비자는 이미지를 바라보는 소비자와 작품을 취득하는 소비자 모두를 포함하고 있습니다. 수백 명의 사람들이 어떤 화가의 작품 이미지를 이해하고 있다면 그중에 누군가는 그 작품을 소유하고 싶어 합니다. 이것이 자본의 생리입니다. 아우라의 강화라고 말씀드린 이유가 여기에 있습니다.

문화예술은 인간의 진화를 위해 존재합니다. 그리고 기록될 수 있는 다양한 수단이 예술의 범주에 들어갑니다. 인간은 자신의 과거를 통해 미래를 예측하고, 현재의 삶은 과거로부터 축적된 지식을 활용합니다. 옛날 사람들은 자연의 변화에 아주 민감할 수밖에 없었습니다. 먹고사는 일이 급했기 때문에 날씨를 예견하거나 미리 준비하게 해주는 이들을 존경했습니다. 당시의 누적된 지식이란 나이 많은 분의 경험이었습니다. 그러다가 기록할 수 있는 수단이 발생합니다. 자연현상과 사회활동에 대한 규범과 규칙 탐구가 일어납니다. 한편으로 규칙도 없고 탐구도 불가능한 자연현상은 신성성을 지니게 됩니다. 알 수 없는 그 무엇인가의 중심에 인간의 정신도 포함됩니다. 정신활동에 대한 탐구가 시작되는 시점입니다. 여기에 불가지론이나 형이상학의 개념이 파고듭니다.

신의 영역을 인정한 서양과 달리 동양에서는 자연의 영역을 인정합니다. 동양에서는 인간은 누구나 신선이 될 수 있다는 믿음이 있었습니다. 예술 작품 안에서만큼은 전지전능성을 발휘합니다. 스스로가 위대한 창조자가 됩니다. 동서양의 예술개념이 앞서거나 뒤서거나 상관없이 정신성을 중심으로 한 인간의 활동임에는 분명합니다. 그러다가 어느 순간에는 '예술을 위한 예술', '인간의 영역이 아닌 부분'을 탐구하기도 합니다.

코끼리나 원숭이의 그림이 예술작품이 아닌 이유가 여기에 있습니다. 인형(人形)이란 의인화된 모든 사물을 통칭한다 했습니다. 원숭이의 닮음을 재현한 형(形)은 원숭이 형(形)이지 원숭이 인형이 아닙니다. 풍경을 그리거나 정물을 그리거나 상관없이 거기에는 사람이 있어야 합니다. 사람이 그린 풍경이 아니라 사람이 있는 풍경이어야 한다는…… 들판에 피어 있는 예쁜 꽃을 그릴 때 그 꽃은 사랑하는 이 혹은 누군가의 몫으로 제공되어야 합니다.

05. 사진기가 회화를 죽이지 못한 이유

참 묘합니다. 아트페어나 전시장에서 정말 자신 있는 작품을 소개할 요량으로 구색(?)을 맞추기 위해 별 생각 없이 출품한 작품이 가장 먼저 판매되는 경우가 있습니다. '작품은 주인이 따로 있다'는 말을 많이 듣습니다. 원로 작가님들이나 같은 계통(갤러리스트)의 어른에게서 자주 듣는 말입니다. 어찌 보면 사회의 다양성이라고 말할 수도 있지만 그것이 다는 아닌 것 같습니다.

보통의 상품은 공장에서 태어나기 훨씬 이전인 연구단계에서부터 타깃이 있습니다. 아이들, 그중에서 미취학 아이, 그중에서 남자아이 혹은 여자아이, 그중에서 중상층이냐 중산층이냐 등으로 세분화됩니다. 세상이 워낙 다양하다 보니 상품 또한 소비자에 따라 세밀하게 타깃을 나누어 개발하고 연구합니다.

예술은 인간의 정신적 진화와 소통을 위해 존재합니다. 그중에서 그림은 정보의 집약과 정보의 순간적 대량 소통을 위한 수단이기도 합니다. 예술작품으로서 어떤 그림이 생산되면 이미지는 사회적 소통이 필요해집니다. 작품은 모든 사람을 타깃으로 삼습니다. 특정한 누구를 타깃으로 삼는다면 예술작품의 범주에 속하긴 합니다만 이미지의 파급효과가 현저히 줄어듭니다. 주인이 있다는 것은 그 작품과 소통되는 누군가와의 교류를 말합니다. 확장된 의미로서 이미지가 생성되었지만 이를 해독하고 수용하는 이들은 특정 부류의 사람일 수 있습니다.

　불특정 다수의 집단에 수용되는 그림이라면 이미 훌륭한 예술가의 반열에 있습니다. 여기에 예술로서 그림의 어려움이 있습니다. 타깃을 거르고 거른 상품이라면 실패했을 경우 돌이킬 수 없는 일이 생깁니다. 정확한 타깃을 목표로 삼았다가 빗나갈 경우를 말합니다. 그 상품은 더 이상 효용가치가 없습니다. 그러나 예술작품으로서 그림은 타깃을 골라낼수록 확장된 의미를 지니게 됩니다. 상품이 타깃 소비자를 만나는 일은 얼음낚시와 비슷합니다. 겨울철 물고기는 좀처럼 자리를 떠나지 않습니다. 춥거든요. 그렇기 때문에 얼음을 깨고 낚시를 드리웠다가 물고기의 입질이 없으면 즉시 옮겨야 합니다. 겨울이니까요. 기다림의 미덕은 빈 어망과 감기를 남길 뿐입니다.

　예술작품은 얼음낚시와 다릅니다. 일반 상품과 다르다는 의미입니다. 타깃을 명확히 줄여나갈수록 이미지의 확장성은 강화됩니다. 상품은 사용 정보이지만 예술품은 저장 정보이기 때문입니다. 예술이 얼음낚시와 비슷한 경우도 있습니다. 얼음 구멍을 들여다보며 물고기를 기다리는 것이 아니라 낚시 그 자체가 목적일 경우입니다.

　세상을 달관하기 위하여 세월을 낚고, 세상 만물에 달관하기 위하여 시간을 지새웁니다. 예술가는 세상사에 적극 개입하지는 않지만 언제나 바라봅니다. 누구나 자신을 제외한 모든 것들과 인과관계를 맺고 있다는 사실을 너무나 잘 알고 있습니다. 예술은 사물이 가진 본래의 의미를 찾는 것이며, 사람 사는 세상의 원리를 이해시키는 것이며 보다 나은 원리의 원인을 제공하는 것입니다. 따라서 예술가 자신의 마음에서 원리를 찾는 것이 자신의 소명을 다하는 것입니다.

　디지털 시대에 예술의 형식은 달라도 그 본질은 비슷합니다. 디지털이라는 기계문명은 인상주의 시절 사진기의 발명과 흡사한 충격을 주고 있습니다. 여러 작가의 이미지를 조합하여 자신의 작품으로 만들

수도 있고, 누군가의 고심을 슬며시 도용할 수도 있습니다. 그것보다
도 더 충격적인 것은 자신의 작품을 디지털 세상에서 구현한 후 값싸
게 공급하겠다는 예술가들도 등장했다는 것입니다.

　사진기가 발명된 후 "회화는 죽었다"고 한 극사실의 대가 폴 들라
로슈의 말이 새롭게 회자되고 있습니다. 그러나 사진술의 발달에도 불
구하고 회화의 가치는 떨어지지 않았습니다. 회화는 사물, 혹은 사실
의 재현에서 그치는 것이 아니라 사물이 재현할 수 없는 정신으로 진

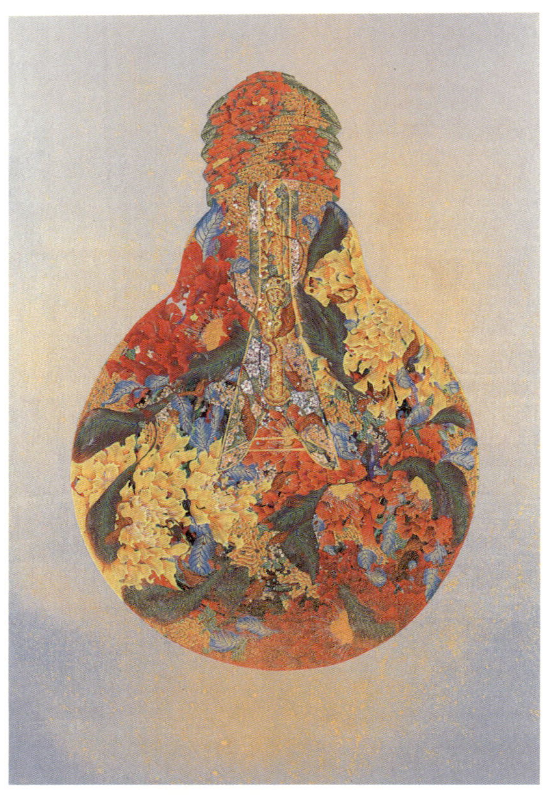

입했기 때문입니다.

디지털 기술이 정신적인 측면을 구현해내고 있기 때문에 회화는 디지털 기술이 흉내 낼 수 없는 다른 방안을 모색해야 합니다. 실재 물감을 사용하지 않은 프로그램으로 그림을 그리고 그것을 출력해도 미술작품이 되고 있는 한 이를 수용할 것인가 말 것인가에 대한 논의는 무의미합니다.

장자에 이런 이야기가 나옵니다. "북쪽 바다에 물고기가 사는데 그것을 곤(鯤)이라 한다. 그 물고기는 무지하게 큰데 그것이 변신을 하면 붕(鵬)이라는 새가 된다. 붕은 등짝 넓이만 몇천 리가 넘는다. 한번 날면 구름보다 크고, 바다의 기운을 느끼면 바다[南冥]로 옮기려 한다. 이 바다가 바로 천지이다."

정말 재미있는 말입니다. 꿈꾸는 삶[理性]이 거대한 천지의 일부가 될 수 있다는 말일 것입니다. 그것을 바라보던 매미와 비둘기가 이런 말을 했답니다. "우리는 힘껏 날아 나뭇가지에 오른다. 가끔씩은 거기에 오르지 못하고 중간에 떨어지기도 한다. 그런데 무엇 때문에 구만 리 하늘 높이 올라 남해바다에 가려고 하는가?"

매미와 비둘기의 속 좁음이나 생각의 차이를 말하는 비유가 아닌 것 같습니다. 새로운 생각으로 자신을 돌아보고 창의적 정신으로 사회를 바라보라는 말입니다. 자신의 위치에서 발견된 생각을 작품으로 제작해야 합니다. 이것이 창의에 대한 최초의 접근입니다. 장자가 살던 기원전 4세기 무렵은 문자가 만들어지고 새로운 사회적 가치가 만들어지던 시대입니다. 예술은 새로운 사회의 가치를 만들어내고 새로운 삶의 가치를 만들어내는 일에 적극적으로 동참해야 합니다. 사물의 재현이 무조건 하위는 아닙니다. 재현된 모습 속에 사람이 나타나고 인간의 가치가 구현된다면 충분히 가치 있는 일입니다.

김병규, 돌에서 찾는 정신의 권위

사람은 무엇인가를 끊임없이 만들어냅니다. 만드는 것 자체가 본능이어서가 아닙니다. 만들어진 것으로 소통하고 사회 발전에 기여하고 싶어 합니다. 화가들은 평면으로 만들고, 조각가는 입체로 만들어냅니다. 조각가는 돌이나 나무와 같은 자연에서 획득된 입체 구조물에서 어떤 의미를 찾아냅니다. 돌을 자유롭게 다듬고 만들어내는 김병규라는 조각가가 있습니다.

김병규의 조각은 오히려 돌로 만들어낸 회화작품이라고 할 수도 있습니다. 현대미술에 와서 입체와 평면의 구조가 무너지기는 했습니다만 조각가와 화가의 소재는 엄연히 다를 수밖에 없습니다.

김병규의 조각 작품에서는 돌에 대한 인간의 권위와 권능이 느껴집니다. 돌이 가지고 있는 딱딱한 성질을 초월하여 마음을 담아내고 있습니다. 여기에 사람들의 감정을 교환할 수 있는 터를 만들기까지 합니다. 돌 사이로는 빛이 새어나옵니다. 빛은 사람들의 마음이며, 생명입니다. 돌은 기하학적으로 잘렸다가 다시 특정한 형태를 만들어냅니다.

문양에 숨겨진 빛과 공간이 김병규가 말하고자 하는 생명의 근원입니다. 생명의 근원이 있는 돌 틈과 공간은 자연이 지닌 권능을 상징합니다. 우주를 향하는 시작점입니다. 빛을 돌로 감싸안습니다. 빛을 품은 돌은 이미 우주입니다. 이것이 작품에 내재된 생의 시작을 알리는 구성 원리입니다.

그는 공간과 빛과 같은 추상적 의미를 연구대상으로 삼고 있습니다. 공간을 초월하여 영원성이라는 관점 아래에서 빛과의 공존을 시도합니다. 숨겨진 빛은 돌로 만들어진 공간에서 시간을 망각합니다. 시간의 망각은 현실의 망각으로 이어져 빛이라는 생명과 생명을 보호하는 태반만 존재하게 됩니다.

기하학적 문양으로 조밀하게 짜여진 구조물 안에는 사람이 있습니다. 사람은 우리 자신의 모습이면서 현실을 항변하는 삶입니다. 조각난 석재 퍼즐이 맞춰지는 중심에는 돌이 본래 지니고 있었을 역사가 내재되어 있습니다.

돌이 빛을 품은 것과 마찬가지로 역사는 인간을 품고 있습니다. 역사는 특정한 형체가 없습니다. 자연의 돌 또한 특정의 형체를 지니지 않습니다. 역사를 나누는 것이나 돌을 나누는 것이나 비슷합니다. 특별한 형식은 없지만 사람에 의해 특정한 모양으로 다듬어집니다. 돌을 빚어 뒷면에 빛을 장치합니다. 빛은 생명의 시작임과 동시에 무한을 상징합니다.

빛이 있으므로 공간이 있음을 알게 됩니다. 빛이 사라진 순간 공간 또한 사라집니다. 사실은 사라지는 것이 아니라 존재하지만 인식에 관여하지 않게 되는 것입니다. 따라서 빛은 굳이 무엇인가를 제공하려 들지 않습니다.

돌은 역사입니다. 아주 오랫동안 그 자리를 지켜온 돌 속에는 사람의 접근을 불허하는 자연의 섭리가 있습니다. 빛이 돌을 가르고, 빛줄기가 돌길을 조성합니다. 틈을 비집고 나오는 빛은 자연이 만들어낸 소리이며, 예술가가 의도하는 창의적 그림이 됩니다.

김병규는 여기에서 어떤 가치를 만들어냅니다. 두드리고 쪼개면서 다듬어지는 조합에 자신의 삶을 비춰봅니다. 자연에서 발견되는 돌이 아니라 인위적으로 구성하면서 시간과 공간에 대한 조형적 의미를 갖춰나가는 것입니다.

사각형과 원형, 삼각형과 기하학적 형태의 석조물을 보면서 다양

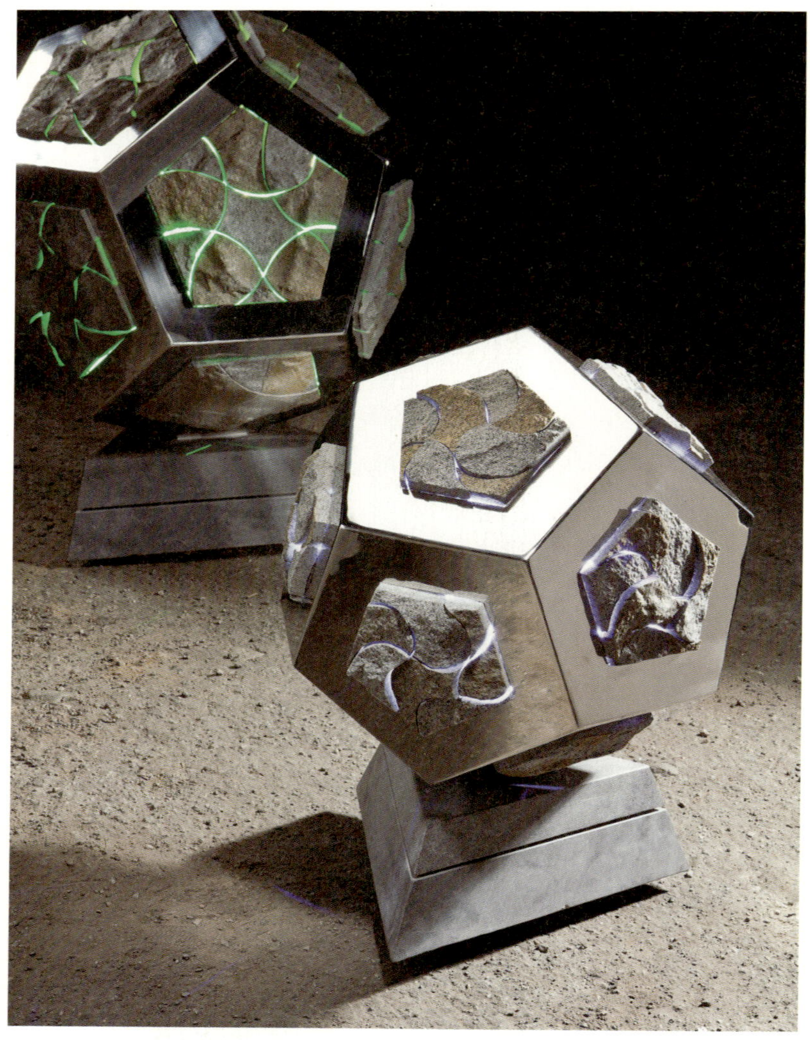

김병규, **Space Eye**, 2012, 가변설치, 스테인리스스틸, 대리석, LED

김병규

서원대학교 미술학과와 성신여자대학교 대학원 졸업. 네 번의 개인전, 두 번의 해외 아트페어.
2012 중국국제 심포지엄(K-sculpture to the world, 이탈리아 피렌체 등), 국제전 및 단체전 80여 회.
경남대학교, 진주교대 강사 역임, 현재 성신여대 출강중.

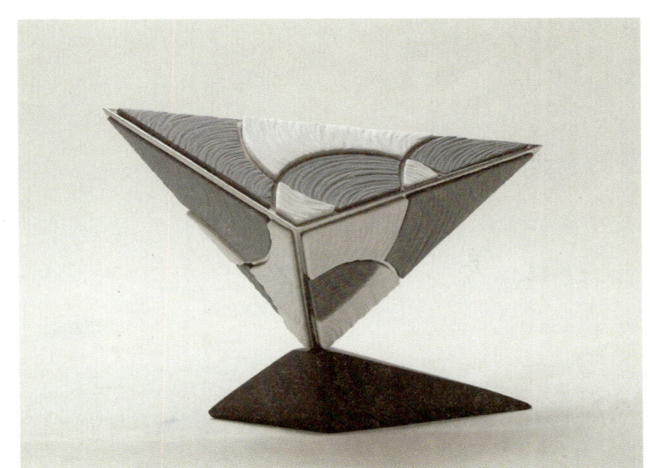

김병규,
Space Eye,
2013,
스테인리스, 대리석,
450x450x400mm

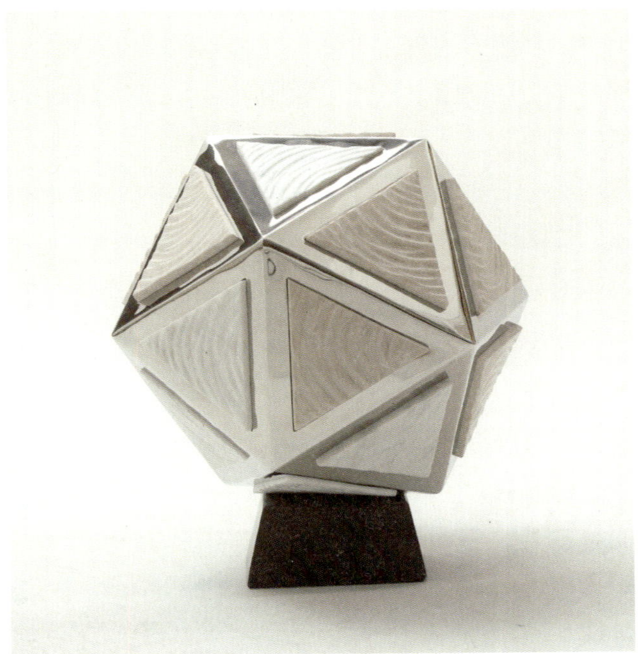

김병규,
Space Eye,
2013,
스테인리스, 대리석,
350x350x400mm

한 상상을 할 수 있게 합니다. 거기에 빛이 있고 생명의 근원이 있습니다. 문명과 자연을 포괄하는 가상의 형태가 실재로 만져지고 인식할 수 있는 구성으로 변화됩니다.

자연에서 돌은 움직이지 않습니다. 돌은 가만히 있지만 돌과 함께하는 공간은 언제나 변화무쌍합니다. 돌은 역사이며 생명의 출발점입니다. 돌은 견고함의 절대성과 신성성이 가미된 질료입니다. 무한의 역사를 지키는 관조자입니다.

이러한 돌은 김병규에 의해 선택적인 이미지로 선정됩니다. 고정된 자리에서 움직이는 역사의 일부로 전환됩니다. 움직이는 자유로움이 만들어집니다. 새로운 질서로서 새로운 생명을 잉태하는 모태가 됩니다. 이것은 역사의 본성이며 자연의 영속성을 지니는 것으로서 소멸되지 않는 탄생을 의미합니다. 어머니의 뱃속에서 느끼는 엷은 빛과 같습니다.

스스로 빛을 내고 있기 때문이기도 하지만 생성의 본성으로 자리할 뿐입니다. 스스로가 실체이기 때문에 또 다른 실체를 선택할 수밖에 없습니다. 여기에 작품이 의미하는 코드가 숨겨져 있습니다.

자연에서 발견되는 아름다움과는 다른 색다른 자연스러움을 찾아냅니다. 자신의 감정을 절제하면서 인위적으로 연출합니다. 개개의 기하학적 개체들은 모나고 투박해 보이지만 결집된 덩어리에서는 다듬어지고 정갈한 하나가 됩니다. 자연물이 가지고 있는 존재 자체를 인정하는 범위 안에서 혼돈의 과정을 겪은 후의 안정입니다. 대지의 빛이 돌에 담깁니다. 아무것도 없었던 태초에 대한 철학적 접근이 시도됩니다.

예술가의 권능과 무한의 창의로 조성된 작품들은 자신의 조형적 체험으로 시작된 조형 이미지의 본질적 요소를 찾아갑니다. 돌을 쪼으고 가르는 작업들이 자르고 붙이는 유희와도 같습니다. 편하다는 의미가 아니라 숙련된 생산자의 도구와 같다는 것입니다. 형태와 구조를 정리해보면 원형의 반복성 속에는 멈춤과 머무름을, 사각의 틀에는 흐름과 여유를 숨겨둡니다. 삼각형과 기하학적 이미지에는 작은 틈으로 새어나오는 빛의 투과 현상을 두어 영속성이라는 공간의 개념을 확장시켜내고 있는 것입니다.

어떤 조각가는 빛을 만들어냅니다. 어떤 미술가는 빛을 바라보지만 어떤 조각가는 빛을 품고 있습니다. 보이지 않는 것임이 분명하지만 예술작품에서는 시각적으로 표현되기도 합니다. 그것은 보아서 행복하고 읽어서 즐거운 삶의 소리이며 마음에 닿아 있는 안정감 높은 생명의 품과 같습니다.

06. 그림 그리는 사람, 그림 팔아주는 사람

20여 년 전에는 미술대학이 순수미술과 비순수 미술로 나뉘었습니다. 예술만을 하는 이들과 예술로 돈을 벌고자 하는 이들로 나누어진 것입니다. 순수는 말 그대로 풍경화나 정물화, 인물화나 추상화를 그리는 이들이었고 비순수는 디자인 계열 모두를 말했습니다. 순수는 지저분하거나 술을 많이 먹거나 성격이 조금 이상해도 용인되는 시대이기도 했습니다.

사회를 주도하는 대학이 우리 시대에 살아남아 있습니다. 예술을 주도한 대학이 우리나라 미술대학을 주도하기도 합니다. 시대에 따라 학과명도 많이 바뀌었습니다. 전공이 세분화되기도 하지만 통합되기도 합니다. 대학도 사회상황에 따라 타깃 마케팅을 시도합니다. 내국인을 받아주는 카지노가 생기자 카지노 관련학과가 발 빠르게 생깁니다. 사회가 예술가를 받아주는 성향이 많이 바뀌자 지방에는 그림 그리는 학과의 존폐 위기가 발생합니다.

예술가와 예술 관련자에 대한 구분이 필요하다는 것을 말하고 싶습니다. 순수와 비순수, 또는 순수미술과 응용미술로서 fine art와 liberal arts에 대한 구분법과 관련된 이야기입니다.

제일 먼저 서비스냐 아니냐로 구분하는 방법이 있습니다. 예술가로서 예술작품은 특정한 부류나 대상을 타깃으로 마케팅을 하면 곤란합니다. 세상의 모든 만물이나 사건이 작품의 소재이기 때문에 특정

부류를 대상으로 한 소재를 선택하기란 여간 어려운 일이 아닙니다. 그러나 예술 관련자로서의 마케팅은 특정 대상을 선정해야 합니다. 그래야 파급효과가 확대됩니다. 이것이 서비스입니다. 예술가 스스로가 예술작품 관련자가 되려는 이들도 있습니다. 능력이 출중하여 자신의 작품을 소개하는 화랑을 직접 경영하기도 합니다. 스스로 일선에서 광고나 다양한 이미지 확산을 위해 능력을 발휘하기도 합니다. 이들은 서비스도 하는 예술가입니다. 그러나 장기적으로 보면 잘 하지 못하는 경우가 생깁니다.

서비스냐 아니냐를 가장 잘 구분하는 부류가 중산층입니다. 사회계급으로 이야기하면 인텔리겐차(intelligentia)라고 하고 지식노동에 종사하는 이들을 말합니다. 이들은 전시장을 방문하고 예술에 대해 어렵지 않게 이야기합니다. 예술작품의 잠재 고객이기도 합니다. "김과장 미술관 가는 날"이라는 전시행사도 여기에서 기인한 듯 싶습니다.

이들을 대상으로 마케팅하는 것은 서비스입니다. 예술작품 주변인이 해야 할 일입니다. 이들에게 서비스를 하지 않아도 되는 예술가들이 이들에게 서비스를 생각하는 경우도 있습니다. 잘못된 상식 중의 하나인 가격 문제입니다. 소위 말하는 '소품'을 출품합니다. 이들은 싸다고 매입하는 이들이 아닙니다. 매입의 능력이 다소 부족한 이들이기 때문에 이들의 주변인들을 대상으로 한 마케팅이 필요합니다. 여기에 예술작품 주변인의 역할이 있습니다.

아트페어나 전시기획을 할 때 가장 중요한 것이 '명분'입니다. 사회적 명분을 제공하면 중산층은 거기에 관심을 가집니다. 본인들의 자본이나 본인들의 재화가 아니기 때문입니다. 이들은 국가나 기업과의 연결고리를 찾아주는 중요한 부분입니다.

어느 화가의 개인전이건, 어느 화랑의 초대전이건, 어느 단체의 그룹전이건 상관없이 동호회나 취미집단이 아닌 이상 특정한 명분을 제공해야 합니다. 미술관이나 화랑에서 그룹 기획을 할 때 가장 먼저 생각하는 것이 이 부분입니다. 전시명과 명분이 그럴싸 하면 참여 작가의 수준이 달라집니다. (다른 예입니다만, ○○돕기 바자회 혹은, ○○을 위한 기금마련이라고만 해도 작품 가격 낮아집니다.)

'말 많으면 공산당'이라는 농담이 있지만 누군가를 설득하기 위해서는 무한한 말이 필요합니다. 이념이 되었거나 종교가 되었거나 상품이 되었거나 물건이 좋으면 보여주면 됩니다. 보여주지 못하기 때문에 설득이 필요합니다. 설득은 주어진 것 이상의 효과를 발휘해야 합니다. 문화예술은 중산층을 설득해야 합니다. 이들은 예술 애호인이면서 소비자입니다. 다만 예술작품 취득에는 다소 취약합니다. 지금부터 중산층을 대상으로 어떤 전시에 대한 마케팅을 시도해보겠습니다. 어떤 작품(편의상 그림이라고 해보지요)을 홍보하기 위해서는 그림을 이해하는 부류가 필요합니다. 그림이라는 것은 모든 사람을 다 만족시킬 수 있는 품목이 아닙니다. 이 그림을 몹시 좋아하는 사람이 있고, 싫어하는 사람, 관심 없는 사람, 비슷한 그림을 이미 좋아하고 있는 사람 등이 있습니다.

가장 중요한 것은 최소한 이 그림은 남들에게 내놓았을 때 창피한 그림이어서는 안 된다는 것입니다. 이념을 좋아하는 이들, 풍경을 좋아하는 이들, 사상 없는 추상을 좋아하는 이들 등이 골고루 분포되어 있습니다. 이 가운데 그림을 싫어하는 부류와, 같은 이미지를 이미 좋아하고 있는 이들과, 관심 없는 사람은 제외시켜야 합니다. 타깃 마케팅의 시작입니다.

우선은 그림을 그린 작가의 주변을 살펴야 합니다. 그러한 그림이 그려지는 데에는 이유가 있습니다. 누군가의 관심이나 누군가에 대한 편애도 포함됩니다. 작가 주변의 모든 사람들의 성향을 분석합니다. 그러면 반드시 그 그림에 지대한 관심을 표명하는 이들이 있습니다. 자신의 지적 과시를 위해 다분히 나설 수 있는 사람입니다. 이 사람에게는 품위와 품격과 지식이 제공되어야 합니다. 경제적 이익은 나중 문제입니다.

"이 작품 어때요. 격이 높죠!"라는 인기 드라마 주인공의 말 한 마디면 그 작품을 그린 작가는 지금보다 나은 스타 반열에 오를 수도(?) 있습니다. 뉴스 직전의 광고보다 히트하고 있는 드라마의 간접 광고비가 더 소중한 시대입니다. 고정 시청자를 확보하고 있기 때문에 그만큼 노출 빈도의 중요도가 높습니다. 누군가 능력 있는 화가가 있다면 텔레비전 드라마의 간접광고를 제안해봅니다. 주인공이 지나가는 집 배경 작품에 그치지 말고, 소파 위의 장식도 넘어서야 합니다. 3층 이상에 걸려 있는 간판은 가게 주인과 그 집을 찾아야만 하는 '의무손님' 외에는 아무도 보지 않습니다. 지나가다 보는 일은 거의 없습니다. 미술 관계자나 인테리어에 관심 있는 사람을 제외한 보통의 사람들은 그림이 있었다는 사실조차 인지하지 못한다는 사실을 알아야 합니다. 드라마의 간접 광고에서는 주인공이 한 마디씩 합니다. "냉장고 새로 산 건데 얼음이 그냥 나와"라는 식입니다. 그러기 위해서는 힘 있는 드라마 작가와 친해봄직 합니다. 혹시 압니까? 최불암 씨나 김혜자 씨가 나와서 "이 작품 20년 전에 샀는데 지금은 400배 올랐지"라고 말해 줄는지……

지금은 작가 마케팅보다는 작품 마케팅 시대입니다. 작가는 신비감으로 뒤에 묻혀도 좋습니다. 과거에는 전시 한 번 할라치면 신문광고나 기사가 가장 먼저 걱정이었습니다. 텔레비전 뉴스 시간에 5초만 노출되어도 방문인구가 달라지고, 신문에 껌만한 기사만 나와도 스크

랩하던 시절도 있었습니다. 주요 신문의 목요일이나 금요일에 문화면이 할애되었습니다. 명함크기 기사에 20만 원, 손바닥 크기에 70만 원이 공공연하게 떠돌았던 시대입니다. 보도자료 역시 우편발송보다 직접 만나서 전달했습니다. 신문에 나오느냐 안 나오느냐는 말 그대로 복불복이었습니다. 주요 기사는 돈이었고, 나머지 복불복은 껌 크기 기사가 전부였습니다.

전시제목과 전시장소, 전화번호만 노출되어도 미술 애호인들은 그것을 들고 전시장을 찾았습니다. 지금은 너무나 달라졌습니다. 완전히 딴 세상입니다. 전시홍보에 돈 들일 필요가 없습니다.

신문을 구독시키려면 자전거나 밥솥, 그것도 부족해서 현금을 주어야 합니다. 얼마 전까지만 하더라도 9시 뉴스 직전에 하는 광고가 가장 비쌌습니다. 뉴스만큼은 고정 팬이 있었고 채널을 바꾸지 않았습니다. 그러나 이제 일반 사람들이 자주 접하는 매체가 인터넷으로 바뀌었습니다. 스마트폰의 보급으로 본인이 원하는 정보를 찾아갑니다. 텔레비전과 라디오에서 제공되는 일방적 정보에서 해방되고 있는 것입니다.

과거에는(지금도 그러하지만) 미디어와 기계를 장악하면 세상을 다가질 수 있었습니다. 그러나 지금은 많은 정보를 지닌 자가 세상을 지배합니다. 구글의 검색, 페이스북의 이미지, 트위터의 신속한 정보 전달이 이를 증명하고 있습니다. 자신의 작품 이미지를 마케팅하기 위해서는 트위터와 같은 마이크로 블로그를 활용해야 합니다. 정보 제공자가 경제적 이익을 취해야 마땅하지만 한 작품의 이미지를 수많은 이들이 수용해주어야 하나의 원작이 비싸지는 예술작품이기 때문에 희생이 뒤따를 수밖에 없습니다. 인터넷은 돈을 지불하지 않는 정보 전달 미디어입니다. 네이버와 다음, 파란에 블로그를 개설하여 자신이 지금까지 활동해온 모든 정보를 천천히 수록해야 합니다. "나는 문자도 못 하고 e-mail도 못 해!" 하던 원로 작가님들도 지금은 하지 않으면 안 되는 시대입니다. "나는 슬라이드 필름만 고집해!" 하던 중견 작가님도 몇 번 욕을 듣더니 데이터로 작품 이미지를 전달하고 있는 현실을 상기해볼 필요가 있습니다.

예술가와 예술작품 주변인의 마케팅은 온전히 다른 양상을 보입니다. 전시장 안에서 예술가와 예술작품은 하나로 취급합니다. 교육을 받은 교양인들은 예술가와 돈독한 친분임을 과시하고 싶어 합니다. 아는 사람은 자신이 알고 있는 구매 가능한 인물을 예술가에게 소개시킵니다.

여기에서 애매한 문제가 발생합니다. 예술가와 지식인, 지식인에게 소개받은 그림 살 사람의 관계가 서먹서먹해집니다. 그림을 팔고 싶고, 그림을 사게 하고 싶고, 그림을 사고 싶은 사람들인데 거래가 형성되지 않습니다. 그 썩을(ㅅㅅ) 자존심과 사회적 지위와 체면 때문입니다.

아는 사람은 거래에 개입하고 싶어 하지 않습니다. 고고하고 우아떨어야 합니다. 그림 살 수 있는 사람은 그림 가격을 깎고 싶어 합니다. 그런데 말을 못합니다. 사회적 지위와 체면이 있습니다. 예술가는 깎아서라도 팔고 싶습니다. 그런데 자존심 때문에 얼마 깎아 주겠다는 말을 도저히 못합니다. 서로 눈치만 봅니다.

미술 관련 일을 하는 사람들도 직능 구분이 가능합니다. 미술시장을 사고파는 것으로만 본다면 작품 제작하는 사람, 팔아주는 사람, 사주는 사람이 있습니다. 좀 더 세분화하면 학예사가 있습니다. 미술시장보다는 미술 자체를 연구하고 학문적으로 접근하는 이들입니다. 주로 미술관이나 박물관에 종사합니다. 나머지는 상업과 관련된 이들입니다. 크게 갤러리스트라 칭하기도 합니다. 갤러리와 관련된 사람들입니다. 우선 갤러리 대표가 있습니다. 갤러리(화랑)나 미술관이라는 용어를 구분하지 않았던 시기에는 사설 갤러리도 미술관이라 하였습니다. 지금도 관장이라고 부르기도 합니다. 화'랑'이면 랑장인데 말입니다. 그리고 화랑의 예산과 결산, 전시판매 기획을 하는 '실장'이 있습니다. 주로 큐레이터라 부르지만 우리나라에서는 갤러리와 관련이 있으면 모두 큐레이터입니다. 실장 밑에는 딜러가 있습니다. 손님 접대나 작품 설명을 통해 작품 판매를 전담합니다. 이들 역시 큐레이터라 합니다. 또한 활성화되지는 않았지만 매니저와 컨설턴트가 있습니다. 작가 관리와 고객관리가 주 업무입니다. 이들 또한 큐레이터입니다.

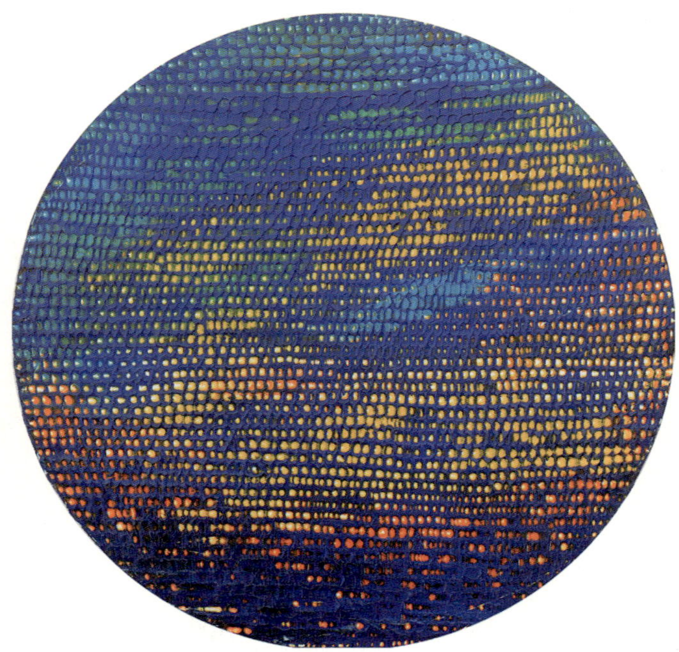

맹은희, borderline_4, 2013, oil on canvas, 53x53cm

07. 내일은 어쩔 거야?

도저히 진지할 수가 없습니다. 그냥 훌떡 벗고 인사동 네거리를 뛰어다니고 싶은 심정입니다. 아무리 작업에 몰두하고 미친 짓을 해도 주변의 따가운 시선과 '내일은 어쩔 거야?'라는 근심 어린 눈빛을 감당하기가 쉽지 않습니다.

이제는 결정해야 할 때입니다. 잘 나가거나 인기 있는 작가가 아니기 때문에 예술가 스스로가 마케팅을 해야 합니다. 화가라면 한 번쯤 공모전에서 떨어진 기억이 있을 것입니다. 주변 사람들에게 얼굴을 들 수 없을 정도로 창피했던 경험이 있을 것입니다. 그런데 친구가 공모전 떨어졌다고 하면 어땠나요? 아마 아무 상관도 하지 않았을 것입니다. '남의 실패에 무관심한 당신, 당신의 실패에 아무도 관심을 두지 않습니다.'

잠시의 무안함으로 3년을 버틸 수 있는 마케팅이 있습니다. 예술가 자신 주변의 특정한 아는 사람(소위 지식인, 교양인이라 말할 수 있는)을 대상으로 그 사람의 관심을 유도해야 합니다. 다만 그들을 내 작업실로 유도할 것인가 그들의 입맛을 따를 것인가에 대한 결정만 남았습니다. 그들의 입맛에 따른다고 주문 제작하라는 것이 아닙니다. 아는 사람이 유지하고 있는 사회구조를 이해하고 그곳에 따르는 개념을 찾아내는 일입니다. 이 역시 쉬운 일은 아닙니다. 예술가만 할 수 있는 일입니다.

우선은 주변의 모든 사람에게 자신이 예술 활동을 하고 있다는 사실부터 알려야 합니다. 정보 제공입니다. 먼저 알아야 할 것은 모든 사람에게 알렸다 할지라도 자신의 작품을 구매하는 이는 한 명도 되지 않는다는 현실입니다. 아는 사람(지식인)의 예술에 대한 관심은 구매와 상관없는 '관심 두기'에 따르는 '지적 허기 충족'이 1번이기 때문입니다. 누구에게 도움을 받거나 도와달라거나 할 수 없습니다. 나눠 먹을 것이 없기 때문에 부탁해도 잘 들어주지 않습니다. 아는 사람이 많을수록 좋습니다.

예를 들면 '종친회 사무국장'님과 먼저 가깝게 지내는 방법도 좋습니다. 작품 활동을 하기 때문에 종친회에 많은 도움을 주지 못하지만 어른들께 '그림 그려진 부채 선물하기'나 종친회관이 있으면 '작품 걸어주기'부터가 시작입니다. 종친회 사무국장님은 지식인만 가능하거든요. '예일 뿐입니다. 오해하지 마세요'

한 명을 대상으로 한 마케팅이 주효하다는 것을 말하고자 하는 것입니다. 우리 사회는 마니아가 대접 받습니다. 아는 사람 모두를 대상으로 그들의 기호를 따르기도 힘들지만 그렇게 되었다 할지라도 홍보 효과만 클 뿐 실제 작품 매입과는 상관 없습니다. 예술가의 작품은 특정 부류의 것입니다. 돈 많다고 그림 사주는 일은 절대 없습니다.

자신의 그림과 작품을 매입해줄 이와의 코드가 맞아야 합니다. 가끔 작가님이 물어옵니다. 자신의 작품 매입해줄 사람 소개해달라고 말입니다. 저도 저의 코드가 있습니다. 많은 시간을 거치면서 제가 좋아하는 코드를 좋아해줄 수 있는 그들을 만나왔습니다. 자신의 코드를 찾아야 합니다. 마케팅은 자신의 예술세계와 코드가 맞는 이를 찾는 것이 목표입니다.

예술가 자신의 주변을 확보해야 합니다. 사돈의 팔촌까지 모든 주소와 전화번호를 확인해야 합니다. "전시하니까 오세요."라는 전시 팸플릿 발송이나 전화는 절대 안 됩니다. 예술가와 선비(지식인)는 습관적으로 친합니다. 시화일률(詩畵一律)이라는 말도 있지 않습니까? 정신세계에 대한 탐구와 사회에 대한 지도적 역할의 개념이 비슷하기 때문입니다. 그냥 한 마디로 그림이나 글씨나, 선비나 화가나 거기서 거기란 말입니다.

작품을 매입할 수 있는 이는 예술가와 직접 만나기를 저어합니다. 고상하고 우아한 대상이기 때문입니다. 작가님은 태생이 귀족이 아니더라도 예술이 귀족이기 때문에 귀족을 생산하는 중요한 신분임을 잊어서는 안 됩니다. 예술가 마케팅은 조금 천천히 가야 합니다. 인기작가가 되기 위한 발판입니다.

현재 우리사회를 돌아볼 필요가 있습니다. 몸이 편하고 마음이 편하면 다 가졌거나 아무것도 없거나입니다. 다 가지는 것과 다 버리는 것은 달관과 체념의 극점일 수 있습니다. 몹시 닮은꼴이기도 합니다. 예전에 식당에 가서 "밥 주세요" 그러면 그냥 국밥에 김치 하나였습니다. 남대문 시장통 식당에 가면 메뉴가 60종이 넘습니다. 식당메뉴가 같은 집이 장사가 잘 될까요, 아니면 자신 있는 메뉴 한두 가지 있는 집이 장사가 잘 될까요?

여기에 함정이 있습니다. 비싸고 맛있는 집은 참 많습니다. 비싸고 맛 없으면 곧 망하고 맙니다. 값 적당하면서 장사 잘 되는 식당 참 많습니다. 메뉴가 많아야 장사 잘 되는 집이 있고 많아도 힘겨운 집이 있습니다. 메뉴가 많거나 적거나 식당 주인의 편리와 불편만 존재할 뿐이지 결국은 '맛'입니다.

예술가는 한두 가지 작품 이미지로 성공하기 힘듭니다. 불특정 다수를 대상으로 한 마케팅이 아닙니다. 예술작품은 이미 특정한 계층만이 취득할 수 있습니다. 불특정 다수는 예술작품의 이미지를 소비합니다. 여기에 이미지 마케팅의 중요성이 있습니다.

우리나라에서 화가로 살기가 참 편하면서도 무척 힘겹습니다. 화가니까 지저분해도 용인되고, 화가니까 술자리에서 술값 덜 내도 되고…… 주변 사람들은 으레 화가가 현금이 없다는 사실을 잘 알고 있습니다. 타박하거나 구박하지도 않습니다. 화가니까요.

한편으로는 몹시 힘겹습니다. 누가 빵 주는 것도 아니고 물감 값 보태주는 것도 아니고, 전시는 해야 되고, 나이 먹으면 후배 화가들 술도 사줘야 하고…… 환장합니다. 그래서 말했습니다. '의도적 착함'이 무기가 될 수 있다고 말입니다.

주변의 많은 사람들에게 '성격 참 좋은 화가님'이란 소리를 들으면 우선은 성공입니다. 지금 말하고자 하는 것은 작품 팔아서 경제활동을 영위할 수 있기 훨씬 이전의 상태를 말합니다. 나중에는 달라집니다. 어떤 작가님은 모 대형 갤러리의 전속도 아니고 스튜디오 입주한 상태인데 전시 한 번 할라치면 그림 보험 들어달랍니다. 작품도 직접 와서 가져가랍니다. 그래서 연락 끊었습니다. 반면에 젊은 블루칩 작가에게는 제가 가서 사정합니다. 작품을 매입하겠다고 해도 줄이 서 있답니다. 이들도 십 수년간 어려움에 힘겨워하던 보통 화가들입니다.

고향 후배 중에 소위 말하는 블루칩 작가가 한 명 있습니다. 마흔이 넘었어도 동향 미술인들 모임에서 제일 막내입니다. 술 심부름, 담배 심부름 다 합니다. 그러면서 갤러리스트 대 화가로 만나면 까칠하기 그지없습니다. 작품 문제에서만큼은 빈틈을 두지 않습니다. 밉지 않습니다. 이 화가도 인간성 마케팅이 있었습니다. 여기에 반드시 수반되어야 할 것이 있습니다. '작품의 양'과 '작업 시간'과 '작품에 대한 열정'은 필수입니다.

사람 좋은 가난한 화가에게는 코드를 맞추면서 접근하는 이들이 반드시 생깁니다. 웰빙시대입니다. 기왕이면 화학조미료 없는 음식을 찾듯이 기왕이면 성격 좋은 예술가를 가까이 두고 싶어 합니다. 화가의 숫자도 예전보다 훨씬 많아졌습니다. 예전에는 한 동네에 한 명의 화가가 있었다면 지금은 열 집 건너 한 집 정도에는 미술 관련자가 살고 있습니다. 그러다 보니 그림을 전공한 대중스타도 많아졌습니다. 대중의 인기에 힘입어 작품도 무척 잘 팔립니다. 배 아픕니다. 그래도 참아야 합니다. '부러우면 지는 겁니다.'

작품활동하면서 글도 쓰는 이상열 선배의 글에 이런 것이 있었습니다. '요즘도 표창 날리는 이들이 있다. 오토바이 달리면서 던지는 표창은 좁은 문틈에 정확히 꽂힌다. 가슴에 표창이 맞기도 한다.' 대충 이런 내용이었습니다. 아침 일찍 사무실을 열면 어김없이 표창이 있습니다. 명함 크기만한 표창에는 '대출해드립니다'라는 글귀가 큼지막하게 적혀 있습니다. 수백 장 날린 중에 한 명만 대출받아도 무조건 이익입니다. 무작위 마케팅임과 동시에 어려운 경제 살림의 아픔을 파고드는 장사기법입니다. 화가는 사회가 어렵거나 풍부하거나 상관없이 사회의 아픔이나 즐거움에 표창을 날려야 합니다. 타깃을 정한 후 무작위 표창을 날려야 합니다. 작업량으로 말입니다. 그러면 반드시 코드가 맞는 이들이 생깁니다.

사심을 부려야 합니다. 사심이 마케팅의 시작입니다. "어휴, 말도 말아요. 처음 시작할 때에는 얼마나 창피했는데요" 어느 화가님 이야기입니다. 34년 전 처음 일본을 방문했답니다. 친구 따라 강남 간다고, 사업하는 친구가 갤러리를 소개해주어서 그림 20여 점 싸들고 무작정 건너갔답니다. 휑한 전시장에 말도 통하지 않는…… 무작정 왔기에 어떤 방법도 없었답니다.

　　저렴한 숙소에서 전시장까지 두 시간 가까이 걸었는데, 어느 날 고급 아파트가 보이더랍니다. 그래서 엽서 크기 종이에 그림과 자신의 소개와 함께 초대한다는 내용을 써서 우체통에 넣었더니 약속한 날짜에 많은 분들이 다녀갔다고 하더군요. 이것이 중요한 것이 아닙니다. 전시 종료를 며칠 남겨두지 않은 날, 전시장을 몇 번 다녀가신 분이 가격을 묻더랍니다.

　　한국에서 호당 15만 원 정도 하니까 그냥 15만 엔이라 했답니다. 환율 차이나 다른 것에 대해서는 아무 생각이 없었고, 그냥 그랬다더군요. 30여 년 전 15만 엔이면 우리나라 돈으로 만만치 않습니다. 설마 살까 하는 생각도 있었답니다. 그랬더니 그때까지 팔린 3점을 제외한 나머지 작품을 다 매입했답니다. 그 작가님은 현재 우리나라보다 일본에서 더 많이 알려져 있습니다. 지금도 2년에 한 번 정도 일본에서 개인전을 하고 있습니다. 그 작가님을 부러워만 해서는 안 됩니다. 부러우면 지는 겁니다.

　　절박한 사심이 곧 마케팅의 시작입니다. 작품을 팔고 싶지 않은 작가 거의 없습니다. 팔고 싶지 않다는 것은 팔리지 않기 때문에 자신을 보호하는 '말 방패'일 뿐입니다. 그것이 아니라면 아주 부자이거나…… 개인전을 할 때, '저 사람, 분명히 작품 사는데…… 그런데 말하기 참으로 거시기……'한 경험 있을 것입니다. 여기에 사심을 발휘해야 합니다. 인사동이나 사간동, 부산이나 대구, 상관없습니다. 전시장에 그림을 걸고 개인전을 한다는 것은 이미 팔고자 하는 사심이 있다는 것입니다. 웬만한 사람이면 그러한 사심을 잘 알고 있습니다. 보통사람들에게는 사심이 아니라 지극히 당연한 사실인데도 예술가는 사심입니다. 그렇기 때문에 사심을 발휘하면 상대는 아무렇지도 않게 받아들입니다.

상대가 부담을 갖는다구요? 부담을 주어야 합니다. 부담이 클수록 언젠가는 그 부담을 떨쳐버리고자 노력하게 됩니다. 작품매입에 관심 없는 이들은 부담조차 없습니다. 부담을 가지는데 작품 매입을 하지 않는다는 것은 '본인의 작품과 코드가 맞지 않는다'는 것이기 때문에 작품매입을 절대 하지 않습니다. 다만 부담만 가지면서 언젠가 기회가 오면 소품 한 점 정도는 매입할 것입니다. 지금 개인전을 하고 있거나 계획중인 작가님이 있다면 최대한 사심을 발휘하기를 권합니다. 아무도 신경쓰지 않습니다. 당연한 것입니다.

전시 한 번 할라치면 돈 무지하게 많이 듭니다. 전시장 임대료와 인쇄비, 액자 및 기타 경비, 여기에 보이지 않는 술값을 합하면 1년 생활비 다 들어간다고 해도 과언이 아닙니다. 돈이 많이 드는데 작품을 감상하는 이들은 돈이 들었다는 생각조차 하지 않습니다. 예술가의 예술 활동이기 때문에 돈이 든다 안 든다에 관심을 두지 않습니다.

만일 전시 한 번 하는 데 돈이 많이 든다는 사실을 알면 아마 작품 감상하러 오지도 않을지 모릅니다. 전시 감상은 돈이 든 것을 소비하는 행위이기 때문에 거기에 응당한 대가를 지불해야 한다는 심리가 저변에 깔립니다. 슬그머니 부담을 갖게 되는 것입니다.

요즘 대형 마트에 가면 와인 값이 무척 쌉니다. FTA 발효로 재고로 가지고 있던 와인을 엄청난 할인폭으로 판매하는 것입니다. 평소에 다소 망설였던 중고가 와인이 80% 이상 할인되어 판매됩니다. 만 원 안팎의 가격으로 구매합니다. 소비자는 싼 가격에 와인을 샀을 뿐이지 절대 싼 와인을 마신다고 생각하지 않습니다. 대형 할인마트의 마케팅이라 생각하지 않습니다. 그러면서 한 마디 꼭 합니다. "난 참 운도 좋아"라고 말입니다.

전시장을 방문한 이들은 작품 감상을 위한 목적 방문자와 화가와의 인간관계를 생각하는 인간적 방문자, 지나다 들른 이들이 전부입니다. 전시장을 찾은 이들에게 '운'을 제공해야 합니다. '참 운도 좋아' 마케팅의 따라쟁이가 되어도 좋습니다. 전시장을 찾은 이에게 그림을 그려주세요. 제주도에서 활동하는 유명 화가의 집을 방문하면 도록에 그림을 그려줍니다. '운도 좋게' 말입니다. 여기에 하나 덧붙여 감상자는 작가와의 대담을 기쁘게 생각합니다만 그림을 구매하고자 하는 이들은 작가를 만나고 싶어 하지 않습니다. 작품가격에 대한 흥정이 어렵기 때문입니다. 이럴 때 작가는 고고하고 우아하고 품위 있는 모습으로 멀리 있어야 합니다.

화가는 자신의 작품 이미지를 이해하는 사람이 많아질 때까지 긴장의 끈을 놓아서는 안 됩니다. 도달률을 높이기 위해 전화를 잘 활용해야 합니다. 전시 오픈하는 날 참여 인원의 숫자는 전화 돌린 횟수의 3/5으로 보면 됩니다. 도달률이 상당히 높습니다. 다만 참여 숫자에서 동종업계 사람 숫자는 제외시켜야 합니다. 작품 감상이나 구매와는 전혀 상관없는 이들입니다.

인사동에는 매주 많은 작가들의 작품이 교체됩니다. 여기에 따라서 전시작가의 관계자 또한 바뀌지만 미술 애호인은 언제나 비슷한 외형을 지니고 있습니다. 지금 자신의 활동 영역을 중심으로 전시 마케팅을 생각해보아야 합니다. 전시 마케팅은 대략 다음의 네 가지로 나눌 수 있습니다.

1. 작품을 판매하기 위한 마케팅
2. 작품 이미지를 확산시키기 위한 마케팅
3. 작가의 인지도 확보를 위한 마케팅
4. 화가로서 인간성 회복을 위한 마케팅(인간관계)

모두를 한 번에 할 수도 있지만 가급적 하나만 선택했으면 합니다. 모두를 다할 수 있다면 '천재'입니다.

사람들은 선택적으로 작가의 작품 이미지를 가지고 싶어 합니다. 사람들의 머릿속을 떠나지 않는 이미지가 되어야 합니다. 지금 전시를 하고 계신 분이 있다면 선택적으로 '운'을 제공하시길 권합니다. 포스터에 사인을 해주는 것도 좋은 방법입니다. 다만 자신의 작품 이미지를 선택한 이들에게만 해야 합니다. 이것이 현장 타깃 마케팅입니다.

작가님, 이렇게 해보세요.

1. 하루 작품 노동이 끝나면 인간성을 발휘해 주변인들과 친해져야 합니다.
2. 같은 직종의 미술가들과 술 마시는 일을 1/10로 줄여야 합니다. 타 직종과 친해야 합니다.
3. 갤러리스트와 인간관계를 쌓아야 합니다. 작품 코드는 나중 문제입니다. 친해지면 코드가 맞는 다른 갤러리스트에게 소개해줍니다. 여기에도 인간성이 작용합니다.
4. 믿음은 신속하게 배신은 아주 천천히. 작품이 뜨면 배신하지 않을 수 없는 상황이 옵니다. 관계자들은 다 압니다. 하지만 천천히 배신하세요.

08. 다를수록 더 좋은 것

　　창의는 세상에 없던 새로운 유형을 만들거나 새로운 조건, 의미를 구성하는 것입니다. 사람 사회에 사람의 역할을 대신하는 법인과 흡사한 없던 조건을 만들어내는 일입니다. 이것은 캐릭터와 비슷합니다.

　　요즘은 인터넷이 대세입니다. 보이지도 만져지지도 않는데 인정합니다. 없는 공간임에도 존재합니다. 여기에는 돈이나 경제적 조건이 함께 합니다. 과거 대다수 정보 사용자들은 정보 획득에 일정 정도의 대가를 지불했습니다. 예전에 공익이라고 하여 광고를 하지 않았던 시절에는 아깝다는 생각을 하면서 텔레비전 시청료를 납부하였습니다. 모든 것이 돈으로 바뀔 수 있는 자본주의 사회에서는 아주 교묘한 방법으로 돈을 받아갑니다. 그중 가장 손쉬운 방법 중의 하나가 묶음 판매입니다. '원 플러스 원'이 가장 원시적인 방법 중의 하나입니다.

　　인터넷+텔레비전+인터넷 전화+휴대전화+패밀리 할인이 하나의 상품으로 묶여 있습니다. 어느 쪽의 비중이 더 큰지는 소비자만 압니다. 판매인은 소비자의 욕구에 따라 여러 가지 중 하나를 주요 상품으로 권합니다. 나머지는 서비스인 척하면서 말이죠. 절대 서비스 없습니다. 묶여 있기 때문에 하나를 제외하고는 다 공짜라고 오해합니다. 대표 상품 하나가 좀 비싸더라도 나머지가 공짜이기 때문에 훨씬 싸다는 생각을 합니다.

　　인터넷에 가입하면서 어느 곳에 돈이 지불되는지 잘 알지 못합니다. 공중파와 케이블티브이 혹은 인터넷, 또는 전화에 분사되어 무작위적으로 제공되는 정보는 공짜라는 착각에 빠져들게 만듭니다. 케이블티브이에서 제공되는 무료 영화도 사실은 무료가 아닙니다. 광고가 끼워져 있고, 시청자는 이미 돈을 내고 있는 상태입니다. 돈이 들지 않는다는 착각을 유도합니다. 회화작품도 이를 벤치마킹할 필요가 있습니다. 회화작품을 감상하는 이들의 입장은 모두 다르다는 사실을 알고 있어야 합니다. 각자의 코드가 있습니다. 최소한의 작품 이미지는 예술가가 독점할 수 있다는 사실도 상기해야 합니다. 독점하고 있는 정보를 돈과 바꿀 수 있는 방법을 찾으면서 감상자에게는 공짜라는 사실을 인식시켜야 합니다.

　　아이를 키우는 집에서는 다 압니다. 지금은 인기가 시들해졌지만 몇 해 전까지만 하더라도 '에그몽'이 난리였습니다. 계란 모양의 초콜릿 안에 조립 장난감이 들어 있는 상품이었습니다. 지금 중학생이라면 에그몽을 무척 좋아한 적이 있다는 사실을 기억할 것입니다. 에그몽은 초등학교 저학년을 대상으로 한 상품으로 그 아이들이 조립하기 조금 어려운, 그러면서 움직이는 장난감이 들어 있었습니다. 가격이 500원이었는데 그것으로 손익을 맞출 수 있을까 싶을 정도였으니까요. 회화작품의 이미지 역시 그것을 필요로 하는 이들을 찾아야 합니다. 그러기 위해서는 가장 우선되어야 할 것이 예술가 개개인의 캐릭터를 만드는 것입니다. 과거에는 산 작가, 물 작가, 하늘 작가, 소 작가라는 이미지를 의도적으로 만들었지만 지금은 특정한 캐릭터가 필요한 시대입니다. 자연의 사물을 사물 자체로 재현한 것은 사물일 뿐입니다. 캐릭터는 별개의 것입니다.

　"미래소년 코난"이라는 TV 만화영화가 있었습니다. 1978년에 제작된 것으로 배경은 2008년입니다. 주인공 코난보다 정감 많은 포비가 보고 싶습니다. 그 녀석은 개구리를 유난히 좋아했습니다. 친구를 위하여 가장 좋아하는 개구리를 양보할 줄 아는 녀석입니다. 본명은 지무시입니다. 제 기억으로는 살아남기 대가였던 것 같습니다. 위험에 처한 코난의 속마음을 대변하듯이 말입니다. 이것을 사심이라 말하고 싶습니다.

　사람들은 자꾸 살아남으라고 말을 합니다. 어디에서 살아남죠? 역설적으로 들립니다. "현재를 포기하고 대충 버티면 돼! 너 그러는 동안 나는 열심히 살고 있을 테니……"라고 하는 말 같습니다. 강한 자냐 살아남는 자냐 하는 이분법에서 벗어나야 합니다. 살아남는 것이 아니라 열심히 살고 있어야 합니다. 지금 그림을 그리는 방법이나 재료에 관심이 집중되어 있다면 그것은 고정관념입니다. 무엇을 그리거나 표현하기 위하여 재료나 방법이 선택되어야 합니다. 비싼 재료나 익숙한 방법을 버리지 못한다면 그냥 살아남는 방법을 취하는 것입니다. 살아가기가 아니라 살아지기와 비슷한……

　많은 이들이 자기 스스로를 창살에 가둡니다. "지금까지 이 가격에 사간 사람들이 있는데 어떻게 그림가격을 내려?" 참 답답합니다. 아이스크림 회사에서는 비슷한 맛의 제품을 이름만 바꾸고서 더 싸게 팔거나 더 비싸게 팝니다. 같은 그림이 아닌데 어떻게 같은 가격이 됩니까? 그러면서 호당가격의 불합리를 이야기합니다. 그림 사시는 분들 누가 얼마에 샀다고 자신이 산 작품 가격과 비교하지 않습니다. 가격 자체를 모릅니다. 잘 나가는 작가의 비슷한 크기의 작품이 어느 때는 5천만 원 어느 때는 3천만 원 합니다. 경기에 따라 시기에 따라 작품내용에 따라 가격이 달라져야 합니다. 고정관념을 버려야 합니다.

그렇다고 작품을 감상하는 애호인을 무시해서는 안 됩니다. 본인이 정한 타깃을 절대로 잊지 말아야 합니다.

지무시(포비)는 변화무쌍합니다. 코난의 속마음일지도 모릅니다. 주인공은 죽지 않기 때문에 무모해도 됩니다. 미술시장의 주인공이 되는 날까지, 무모한 도전에도 죽임을 당하지 않는 그날까지 지무시의 삶을 닮아도 좋을 것 같습니다. 개구리를 먹어가며……

우리나라에는 기능성 갤러리가 별로 없습니다. 어느 화랑은 산 그림, 어느 화랑은 하늘 그림, 어느 화랑은 사람 그림…… 이런 식으로 나뉘면 좋을 텐데 말입니다. 앞으로도 그럴 일은 별로 없을 것 같습니다. 나라가 좁고 미술 애호인 숫자가 적어서 특성화시키면 바로 망합니다. 그러나 조금 더 확장된, 더 넓은 범위의 특성화는 가능합니다. 풍경화 전문화랑, 인물이 들어간 그림 전문 화랑같이 말입니다.

기능성 화가는 참 많습니다. 어느 화가는 산 그림, 어느 화가는 하늘 그림, 어느 화가는 사람 그림…… 이런 식으로 아주 잘 나누어져 있습니다. 앞으로도 주욱 그럴 것 같습니다. 나라가 좁고 미술 애호인 숫자가 적어서 특성화시키면 바로 망할지도 모르는데 말입니다. 그러나 조금 더 확장된, 더 넓은 범위의 특성화는 가능합니다. 풍경화 전문화가, 인물화 전문 화가같이 말입니다. 아무리 그래도 개념이 먼저일 것 같습니다. 산을 산같이 그리는 것도 중요하지만 누군가의 산이어야 하고, 산은 산이요, 물은 물이라 했던 어른의 산, 어른의 물이 중요할 것 같습니다.

누구나 한번쯤 큐빅을 가지고 놀아본 기억이 있을 것입니다. 색면 맞추는 원리를 이해하기보다는 그림으로 그려진 방향 전환을 외워본 기억도 있을 것입니다. 정육면체는 9개로 구분된 각 면을 가지고 있어 이리저리 방향을 틀다 보면 여섯 가지 색이 이리저리 섞여버립니다.

맞추는 법칙을 외우지 못했기 때문에 그림을 보고 따라 맞춥니다. 성질 급한 누구는 분해해서 색면을 다시 맞추기도 합니다. 미술계 불세출의 영웅인 피카소는 뒤섞인 색면과 같이 세상을 바라보았습니다. 세상의 다양한 면을 한 화면에 옮겨냅니다. 큐빅이 그러하듯 큐비즘(입체주의)이 그러하였습니다.

혹 세상을 한쪽에서만 바라보는 것은 아닌지요? 세상이 여섯 면으로만 나뉘어 있다면 얼마나 편리할까요? 그러나 세상은 수십 수만 가지의 색을 가지고 있습니다. 수만 가지의 색면을 지닌 세상인데 한쪽 면만 본다는 것은 상당히 무서운 일입니다. 예술가니까 한쪽만 바라볼 수도 있습니다. 그렇지만 수만 가지가 있다는 사실은 알아야 합니다. 수만 가지를 인정하는 범위에서 하나의 색만 바라보는 것이 '특성화'입니다.

"참 이상해요. 1층의 그림은 작품마다 뭔가를 의미하는 것 같은데, 3층의 작품들은 잘 모르겠어요. 느낌이 다 비슷비슷해요."

예술의 전당에서 열린 어느 아트페어에서 만난 누군가의 말입니다. 예술작품에 대해 깊은 고민을 하지 않은 평범한 이의 미술 감상입니다. 1층의 작품들은 오랫동안 예술 활동을 해온 이들의 작품들로서 그들의 경험과 숙련에 의해 이미지가 만들어졌지만, 3층의 작품들은 의도된 조형에 의해 특별한 감흥을 받지 못한 듯합니다.

오랫동안 작품 활동을 지속하면 그곳에는 삶이 녹아들어 평범함 속에서 비범한 캐릭터를 느낄 수 있습니다. 그러나 일부 젊은 화가들은 자신만의 독특한 캐릭터를 개발하기 위한 노력에 많은 시간을 투자합니다. 과일만을 그리기도 하며 하늘만을 그리기도 합니다. 특정한 무엇을 그린다는 것에 반문하는 것이 아니라 의도적으로 무늬를 그리는 일로서는 예술가의 캐릭터가 형성되기 어렵다는 것을 말하는 것입니다.

　2007년과 2009년의 미술시장에서 작품가격의 등락폭이 많았던 김형근 화백은 단아하게 그려진 소녀의 이미지가 작품을 대변하는 화가입니다. 정물화보다 도회적 감성과 정서가 소녀의 모습에 잘 표현되고 있기 때문일 것입니다. 물방울 화가로 유명한 김창열 화백도 있습니다. 김창열 화백의 물방울은 단순히 물방울만 그린 것이 아니라 물[水]과 물(物)의 관계에 대한 철학적 고찰이 들어 있습니다. 무수히 많은 물[水]방울을 그리면서 세상을 구성하고 있는 물(物)에 대한 접근을 시도합니다. 김형근 화백이나 김창열 화백의 작품들은 단순한 이미지로서의 소녀와 물방울이 아닙니다. 예술에 대한 깊은 고민과 작품활동에서 형성된 캐릭터로 이해되어야 합니다. 중국에는 작품 한 점에 몇십 억이 넘어가는 유에 민쥰(Yue Minjun)이라는 화가가 있습니다. 그는 자신이 웃고 있는 얼굴을 그림으로 그립니다. 마냥 웃고 있는 것이 아니라 자신이 살고 있는 사회에 대한 냉소와 조롱이 섞인 의미 없는 너털웃음입니다.

　캐릭터(character)라는 말은 소설이나 영화 따위의 극이 있는 곳에서 독특한 성격이나 이미지가 부여되어 내용을 이끌어가는 인물을 의미합니다. 이미지가 양산되는 현대사회에 와서는 인물이나 동물의 모습이 디자인에 도입되어 내용을 가진 무늬로 이해되기도 합니다. 대중 스타들은 데뷔 전부터 각자의 캐릭터가 만들어집니다. 대중들에 호소하기 위한 방법입니다. 시간이 흘러 스타의 외모가 변하고, 활동 반경이 달라지면 새로운 모습을 보여주기 위해 잠시 사라집니다. 의도적으로 만들어진 캐릭터는 오래 가지 않습니다.

　개성(個性)이라는 말은 각 개체의 고유한 특징을 이야기합니다. 사람과 사람 사이에서 서로 구별되는 고유의 특성을 이야기합니다. 사

람들은 인간관계에서 형성된 고집과 개성을 잘 구분하지 못하는 경우
가 많습니다. 사전에도 고집이란 '마음에 남아 있는 최초의 심상이 재
생되는 일'이라고 나옵니다. 의견 충돌이 일어나도 절대로 바꾸지 않
습니다. 예술로 이야기하자면 스스로 자신의 감정이 형성되지 않았는
데도 감정이 유입되어 있다고 우기는 경우와 같습니다.

어쩌다 한 번 자신의 감정 표현이 적절하게 이루어진 형식을 주
야장천 고집합니다. 또 그러한 감정이 전달될 것이라는 착각에 빠집니
다. 이때부터 개성이 사라집니다.

개성의 특성화를 창의라는 말로 대신하고 싶습니다. 예술작품은
개개의 특성이 있습니다. 또한 이를 수용하는 입장과 견해에 따라 특
성이 달라지기도 합니다. 이것은 인간관계에서도 일어납니다. 어떤 사
안에 대해 의견 충돌이 아니라 바라보는 관점과 위치의 차이에 의해
입장 차이가 발생합니다.

예술가와 감상자는 작품을 보는 입장과 견해가 다릅니다. 그러나
작품의 근원이 되는 어떤 사안에 대한 내용은 공유합니다. 문화라고
하는 큰 입장에서 보면 하나의 내용에 대해 다각에서의 견해가 나타날
수 있습니다. 다양한 다름이 만들어집니다. 이것이 개성입니다.

만일 문화자산으로서 어떤 예술작품이 특정 대상에게만 제공되
거나 한 가지만으로 해석된다면 미래에 대한 다름은 어디에서 찾을 수
있겠습니까? 그래서 하나의 입장에서 바라보는 물건을 '키치'나 '통속'
의 개념으로 바라보기도 합니다. 예술작품에 대해서는 독점이 불가능
합니다. 작품에 대한 소유권은 가질 수 있을지언정 작품의 이미지나
견해나 감상의 다름은 각자의 몫입니다. 견해의 다름이 많이 일어나는
작품일수록 좋은 작품으로 여깁니다.

요즘 경제가 말이 아닙니다. 이럴 경우에 필요한 것이 인간관계입

니다. 이럴 때 전시하면 팔리지 않아도 작품에 대한 평가를 잘 하지 않습니다. 사가지 않아도 머쓱하지 않습니다. 경기가 어려우면 문화예술이 힘들다고 말합니다. 돈도 안 되는 미술품 구매할 일 없다고 말합니다. 여기에도 많은 이들의 오해가 있습니다. 예술작품을 유형의 자산이라 생각합니다. 액자에 든 미술품이 있기 때문에 유형이라고 할 수도 있습니다만 정말 중요한 작품은 그 물건이 아니라 물건에 담긴 의미와 사상과 개성입니다. 사상과 개성을 유지 관리하면서 소장하는 이들이 컬렉터입니다. 그들이 중요합니다. 무형의 예술 감정과 견해와 다름은 이미 모든 이들의 것입니다. 여기에 개성과 창의가 함께합니다.

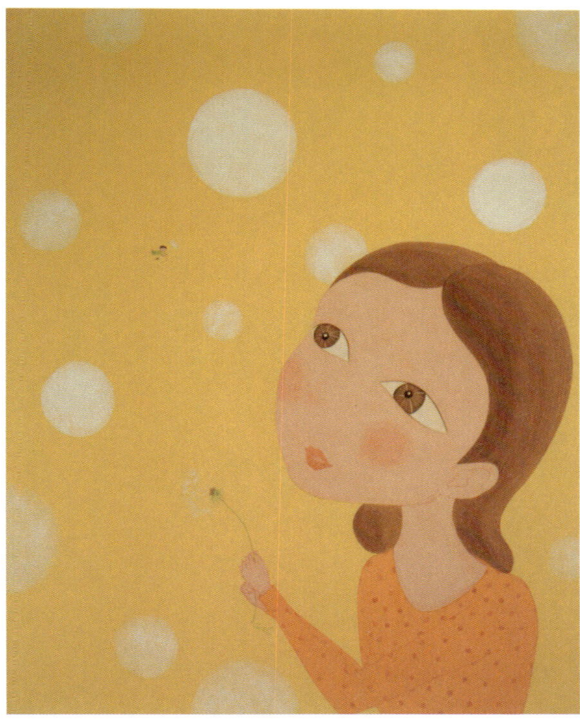

구승희.
동심.
2010,
color on korean paper,
91X73cm

09. 종이 아르바이트

       몇 해 전, 20대 초반의 학생이 문화예술기금을 받았다며 전시장 대관을 문의해온 적이 있습니다. 미술을 전공하지는 않았지만 작품 활동은 꾸준히 해왔다고 했습니다. 아직 배우는 학생이기에 대관료 할인과 편의 제공을 해주었습니다. 전시는 어렵지 않게 진행되었고, 진흥기금에 대한 결과보고까지 무사히 마쳤습니다. 여기까지는 아무런 문제가 없었습니다. 전시기획서의 작품제작용 패널이 공사장에 쓰이는 합판으로 바뀌고, 인쇄비는 초과 보고하고, 전시기간 내 전시장에 한 번도 나타나지 않았습니다(그림도 전시 디스플레이를 하면서 그렸습니다). 거기다가 전시 종료 후 자신의 작품이 그려진 합판을 버려달라는 부탁을 해옵니다. 500만 원 지원금 받아 100만 원 대관료, 20만 원 인쇄비, 제작비 등 기타 100만 원이면 종이 아르바이트로서는 아주 훌륭합니다. 지금은 이런 일이 절대로 일어나지 않는다고 믿습니다. 절대로……

       문화예술에 대한 정부 지원금은 다양한 곳에서 다양한 액수가 마련되어 있습니다. 그중에서 가장 활발한 곳은 한국문화예술위원회와 각 지자체의 문화재단입니다. 많은 문화예술 관련 단체와 개인은 한 푼의 지원금이라도 시급한 실정입니다. 그러나 정작 예술 활동에 최선을 다하는 이들은 지원금이 있는지 지원을 받으려면 어떤 절차를 밟아야 하는지조차 모르고 있습니다. 모른다기보다는 관심이 없다고 보는 편이 좋습니다. 해봐야 안 될 것이고, 그럴 바에는 그 시간에 예술 활동하기 바쁩니다.

예술 활동에 최선을 다하는 이들은 기획서 한 장 꾸밀 줄 모릅니다. 다 그런 것은 아니지만 수억에 달하는 지원 기금은 기획서 잘 쓰는 이들에게, 파워포인트 잘 만드는 이들의 손에 가장 가깝습니다. 또 하나의 문제는 지원비를 '상업'에 써서는 안 된다는 암묵적 규정이 있습니다. 상업적이지 않아야 함을 원칙으로 합니다. 상업적이라는 말은 상품을 사고파는 행위를 통한 이익을 말합니다. 여기서 이익이란 말이 아주 애매합니다.

문화예술 지원기금을 조금 다른 관점에서 바라보면 지원기금은 그 자체가 상업행위라고 볼 수 있습니다. 예술가는 기획서를 팔고 정부기관에서는 이를 매입합니다. 예술가는 판매한 기획서를 바탕으로 전시나 기타 예술 활동을 통해 이익금을 남깁니다. 이러면서 상업이 아니랍니다. 현재와 같은 불합리가 횡행하는 것은 기획서로 공연하고 기획서로 전시가 이루어지기 때문입니다. 결과를 알 수 없는 상태에서 종이 기획서로 정부기금을 수령합니다. 이걸로 끝입니다. 전시에 사용된 비용은 누구도 확인하지 않는 세금계산서뿐입니다. 그러면서 무조건 쓰기만 해야 한답니다. 벌면 안 된다고 합니다.

이와 같은 지원 기금의 불합리성에 대한 해결책 중 하나는 사용된 실재 비용의 일부를 예술 활동 결과에 따라 보전(補塡)해주는 방식입니다. 선지원 확정이 아니라 후보자 선정 후, 공연(전시) 결과에 따른 차등 지원을 하는 것입니다. 기획서와 같은 내용의 공연(전시)이 이루어졌는지를 확인해보아야 합니다. 예술 활동 자체에 대한 가치판단의 기준이 모호하기 때문에 결과심의가 필요하다는 뜻입니다. 어떤 화가가 전시를 위한 창작지원금을 수령한다는 것은 자신의 미래를 위한 경제활동입니다. 예술 활동 지원이라고 하는 것 또한 예술가가 자생적으로 활동할 수 있는 여지를 제공하는 일입니다.

여기에 덧붙여 아트페어와 같은 치열한 상업공간에 정부기금을 활용할 수 있는 방안 또한 모색되어야 합니다. 국민의 세금으로 누군가의 상업활동 공간을 제공한다는 것은 이치에 맞지 않아 보일지 모르지만 모든 예술가는 자신의 예술작품 거래를 통한 생존이 기본입니다. 국가에서 예술가의 생존을 책임질 수 없는 이상 자본주의의 상거래를 용인해주는 것이 마땅하다고 봅니다.

여의도와 청와대에 계신 분들은 거기에 들기 전까지만 인사동이나 삼청동이 보이나 봅니다. 청와대에서 보면 삼청동이 보일 것입니다. 가보지는 못했지만 그럴 것 같습니다. 삼청동이나 인사동에는 화랑이 많습니다. 신사동과 압구정, 청담동에도, 평창동, 일산에도, 분당, 광주, 부산, 대구에도 화랑이 많습니다. 그런데 청와대에선 화랑이 전혀 안 보이나 봅니다. 봐야 할 곳이 너무 많기 때문에 눈 돌릴 틈이 없나 봅니다.

'문화예술진흥기금', 참 좋습니다. 그런데 누가 혜택을 보나요? 누구나 다 압니다. 고기를 잡아주지 말고 고기 잡는 법을 가르치라 했습니다. 그냥 돈 지원하지 말고 장사할 수 있는 터전이나 잘 만들어주었으면 좋겠습니다.

세계미술시장이 뉴욕에서 홍콩으로 옮겨지고 있습니다. 홍콩은 동양과 서양의 중간 지점이면서 미술품 유통과 관련된 면세지역입니다. 각국의 화폐가 통용되고 금융이 자유롭습니다. 최근까지 뉴욕이 현대미술의 중심지였던 이유 중 하나가 미술시장이 금융업과 함께 성장한다는 사실 때문입니다. 아시아 미술시장의 판도가 바뀌고 있습니다. 이참에 우리나라에도 문화특구 하나 만들었으면 좋겠습니다. 드문 드문 문화예술진흥기금 줘봐야 그때뿐입니다. 문화예술에 대한 면세와 관광 상품을 하나로 묶을 수 있는 특단의 조치가 필요합니다. 세종시면 어떻고, 제주도면 어떤가요?

기획서 잘 쓰는 종이 아르바이트는 사라져야 합니다. 예술 활동하는 예술가와 기획서 전문가를 비교하는 것은 그만해야 합니다. 문화예술은 지원이 아니라 그냥 두는 방식을 취해야 합니다. 스스로 자생할 수 있는 여지를 만들어줘야 합니다. 청와대에서 삼청동이나 인사동을 한번만 쳐다봐주시기 바랍니다.

이혜선, 익숙한 것들에 대한 저항

지나간 과거에 대한 기억은 존재했음이 분명하지만 현재는 존재하지 않는 시간과 공간입니다. 조각가로 활동하고 있는 이혜선의 작품이 그러합니다. 작품을 보면 일반적으로 쓰이던 물건이 엉뚱한 장소에 놓입니다.

그 물건은 실재로 쓰던 것임에도 전혀 새로운 장소에서 발견됩니다. 전혀 새로운 물건으로 우리를 맞이합니다. 무엇과 똑같이 복제해낸 그 물건은 복제품이 아니라 이미 새로운 물건이어야 합니다. 그럼에도 익숙하게 보아왔던 그 물건이라는 사실을 버릴 수 없습니다.

아무리 정교하게 만들어도 원본이 지닌 본질을 온전히 재현하기는 힘듭니다. 모양을 재현하거나 쓰임새를 재현하거나 말이죠. 그러고 보면 길가에서 우연히 발견되는 돌멩이 하나라도 그 자리에 있을 이유가 있나 봅니다.

그림에서 보는 바와 같이 작가는 문창살을 이용합니다. 그런데 전

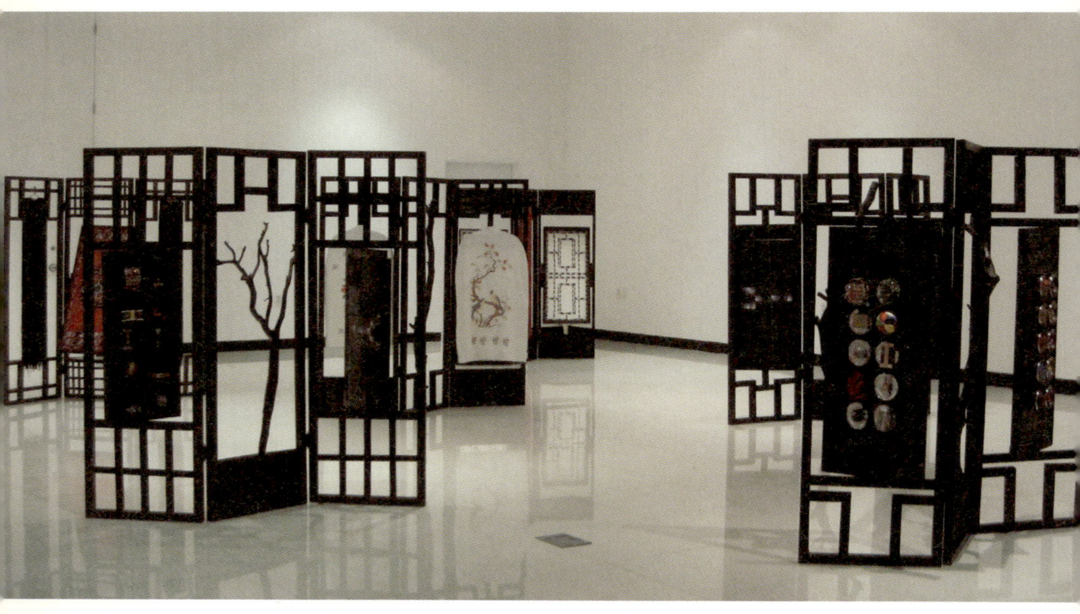

이혜선, **어떤 가치 1**, 2011, 오브제, 나무 가변설치

이혜선
독일 드레스덴 미술대학 마이스터 과정 졸업, 성신여대 조소과, 동대학원 졸업. 개인전 8회.
한국조형작가회 국제, 국내외전, 성신조각회전, 국제 태안 돛대 미술제 등 그룹전 25여 회.
한서갤러리 큐레이터, 성신여대, 협성대, 서울시립대 강사 역임. 한국미술협회, 한국현대조형작가회,
성신조각회 회원, 현재 협성대 강사로 출강중.

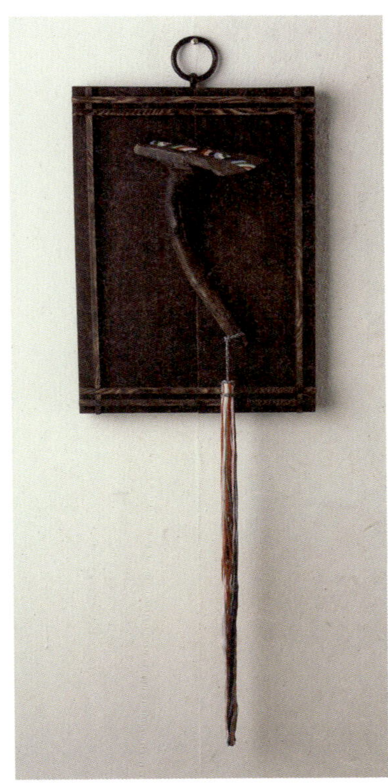

이혜선,
어떤 가치,
2010,
나무, 오브제,
60×25×15cm

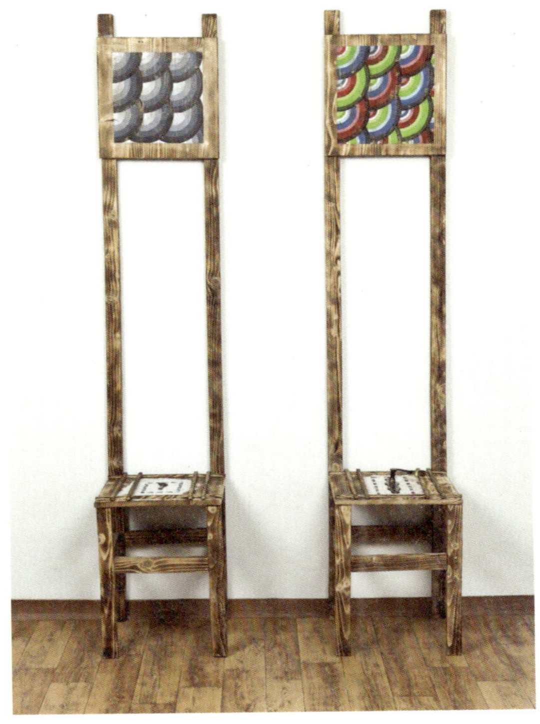

이혜선,
공간의 존재,
2008,
나무, 오브제, 아크릴 컬러,
210x40x40cm

시장에 놓여 있는 문창살은 문창살이 아닙니다. 사회와의 단절을 이야기하는 벽이거나 가정에서 말을 잊은 차단된 인성 같기도 합니다.

창살에는 우리가 흔히 쓰던 밥그릇이 붙어 있습니다. 생활과 관련된 이야기인가 봅니다. 이렇듯 예술가의 눈에 비친 어떤 물건은 보통 사람이 보는 물건보다 확장된 의미를 지닙니다. 이혜선은 무엇인가를 만들고 칠을 하고 무수히 많은 실타래를 단지 안에 넣거나 쏟아붓기도 합니다. 간장이나 고추장이 들어가야만 하는 항아리에 우리네 이불보(囍자와 학 문양이 들어간 약간은 촌스러운)를 덧씌워 배치하면서 무엇인가를 이야기합니다.

피카소는 아들이 가지고 놀던 자동차를 원숭이 머리로 만들어 예술 창작에 대한 폭동을 이야기하기도 했습니다. 보이는 그대로만을 가지고 이해해서는 안 된다는 출입문이 되는가 봅니다. 일상에서 발견되는 보통의 사물을 통해 인간의 욕망을 객관화하거나 상징 기호로 발전시키고 있습니다.

그는 작품들 속에 자신의 역할을 최소화함으로써 작품에 대해 무관심한 관람객을 강제로 참여시키는 방법을 활용합니다. 죽은 나무기둥을 화분에 꽂고 물을 줍니다. 생명이 이미 존재하지 않음에도 시간과 역사라는 자양분을 제공합니다. 단청의 문양이나 이미 익숙해질 대로 익숙해진 색상을 칠하면서 시간과 공간에 대한 저항의식을 보여주고 싶어 한 것입니다.

어디에 쓰였던 물건일까요? 장도리를 닮은 나무는 분명 어디에선가 쓰임새 있던 물건이었습니다. 시간과 사용에 대한 새로운 이야기를 시작하고 있습니다. 어떤 물건이 존재하는 그대로를 말하는 것이 아니라 물건을 차용하여 새로운 의미를 만들어냅니다.

무척 복잡한 과정입니다. 대상을 모방하여 재현하는 것이 아니라 있는 그대로를 두면서 새로운 가치를 부여하는 방식입니다. 죽은 나무 물건 위에 단청문양을 넣었습니다. 통상적 장식이 아니라 전혀 다른 무엇으로 변신을 꾀합니다.

변신된 나무 물건에 실을 동여매고, 매듭장식을 흘러내리게 하였습니다. 도상학적 의미론에 의해 시간과 공간, 삶과 죽음, 예견된 미래 상황을 지시하고 있는 듯합니다.

작품에 등장하는 실재 나뭇가지가 '삶과 죽음'을 이야기하고 흘러내린 매듭 천을 '죽음에 대한 치유' 정도로 이해한다면 작품을 적당히 감상하는 것입니다. 오방색을 칠하고 단청의 무늬를 그려놓고 '이것은 장식할 수 없는 장신구'라는 기초적 단상에 머물러서는 도저히 그의 작품에 접근하기가 어렵습니다.

이혜선에게 오방색과 단청의 문양은 전통을 '흉내'낼 뿐이며 언어기호 또한 전통을 '흉내'낸 기호로서의 '지칭'에 불과합니다. 일반적으로 활용하고 있는 익숙함에 대한 약속일 뿐이지 실제 그가 조성해내는 예술언어 자체를 말하는 것은 아닙니다.

시간과 공간, 자아에 대한 부정과 긍정의 대립관계 속에서 사회에서보다 본질적인 대립의 위반적인 상황을 즐기고 있는 것 같습니다. 현실이라는 가치 속에서 자신이 느끼는 철학적 불합리를 작품으로 끄집어냅니다. 그러한 한편으로는 희망을 만들고, 시간과 공간이라는 추상적 상황을 시각적으로 보여주고 있습니다.

제2장

빨리 가면 먼저 쉰다

예술만큼 세상을 피할 수 있는 것은 없다. 또한 예술만큼 세상과 이어주는 것도 없다. -괴테

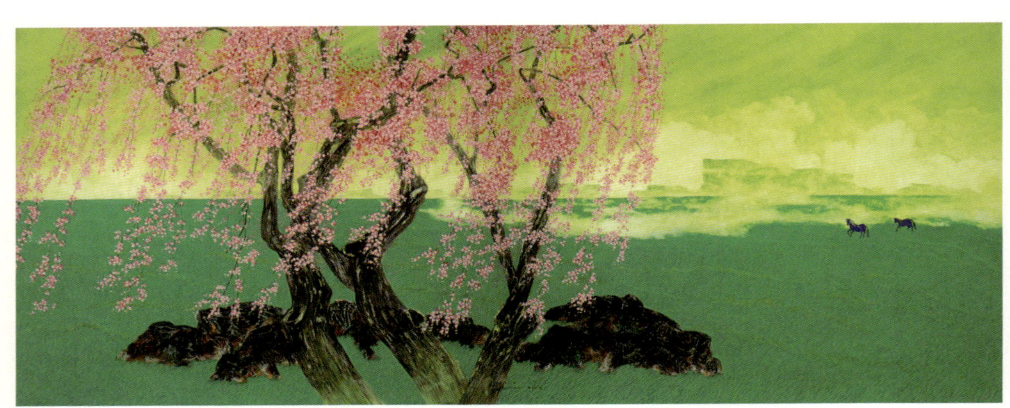

최한동, **어쩐지…봄바람**, 2012, Mixed Media, 130.3×324.4cm

10. 아트 마케팅

　　　　마케팅이라는 것은 물건을 만든 사람 손에서 사는 사람 손에 이르는 전 과정의 경영활동입니다. 사고파는 것만을 말하는 것이 아니라 그와 관련된 모든 활동을 아우르는 용어입니다. 미술계에도 마케팅이 있습니다. 미술품 유통은 일제 강점기부터 있었습니다만 사실 우리나라에서 미술시장이 활성화된 것은 10여 년에 불과합니다. 조선시대나 고려시대에 미술품 거래가 없었다는 말은 아닙니다. 양반이나 가진 자들의 거래 영역에서 일반의 영역으로 활성화된 시기를 말합니다.

　　　　많이 팔리니까 자연스레 판매 기법이나 거래 관련 장소, 거래 형태에 대한 연구가 이루어집니다. 미술 마케팅, 예술 마케팅, 아트 마케팅, 전시 마케팅, 참 말이 많습니다. 이를 통틀어 아트 마케팅이라 하겠습니다. 아트 마케팅은 작품거래를 포함해서 미술과 관련된 모든 마케팅 활동을 말합니다. 일반 마케팅에 상품이 있다면 아트 마케팅에는 미술품이 있다고 보면 됩니다. 다만 일반 마케팅과 달리 미술품은 눈에 보이는 작품 못지않게 정신적인 부분이 크다는 것이 다릅니다.

　　　　아트 마케팅은 크게 이미지 마케팅과 전시 마케팅으로 구분할 수 있습니다. 이미지 마케팅은 작품 없이 작품의 이미지만 사용하는 마케팅이고 전시 마케팅은 실제 작품의 판매와 관련된 마케팅입니다.

　　　　이미지 마케팅은 실물의 미술작품이 아니라 그것이 담고 있는 이미지를 마케팅하거나 혹은 그 이미지를 통해서 다른 무엇인가를 마케팅하는 것입니다. 작품 이미지의 가치를 극대화시키면서 작품을 매개로 홍보·광고·판촉 등을 하는 것 전체를 포괄합니다. 미술작품 자체는 매매가 되었더라도 이미지에 대한 저작권은 미술가가 가지고 있습니다. 은행 카드나 과자, 옷, 화장품 케이스 등에 그림이 들어가는 것, 브랜드나 기업의 이미지에 작품을 사용하는 것 등이 이미지 마케팅입니다. 기업의 상품과 미술가의 작품이 만나는 것을 콜라보레이션(Collaboration)이라고 합니다. 본래 콜라보레이션이라는 말은 합작이나 공동 작업을 의미하는데 우리나라 미술계에서는 기업상품과 미술작품 이미지가 결합할 때 씁니다.

전시 마케팅은 미술가의 생산품, 즉 작품을 어디에선가 보여주고 판매하는 것입니다. 사람들은 무작정 미술작품을 구매하지 않습니다. 전시회나 아트페어, 기타 여러 작품 판매처까지 사람들이 찾아오도록 만들고 사람 많은 곳을 찾아가야 합니다.

작품을 진열하고, 지인에게 알리고, 홍보용 인쇄물과 팸플릿을 제작하고, 보도자료 만들어서 언론사로 이메일 보내기는 전시 마케팅의 가장 기본적인 요건입니다. 그 다음은 조금 더 차원을 높여서 전시 자체를 하나의 생명력을 지닌 대상으로 바라봐야 합니다. 전시를 위한 콘셉트를 파종이라고 하고, 전시 결과를 늦가을 열매의 수확이라고 비교해보면 좋습니다. 해야 할 일이 너무 많습니다. 전시 마케팅에 대한 몇 가지 단상을 이야기해보겠습니다.

1. 전시는 1년 후를 즈음하여 전시장을 결정해야 합니다. 요즘은 온라인의 발달로 위치는 그리 중요하지 않습니다. 다만 알려지는 것과 판매 중의 하나를 선택해야 합니다. 판매가 목적이라면 고객의 편의를 위해 접근성이 우선되어야 합니다. 둘 다 목적이라면 그냥 자기

작업실에서 전시하는 편이 좋습니다. 하지만 그렇게 되면 폼은 나지 않습니다. 어디서 구매하느냐도 중요합니다. 남대문 시장과 백화점에서 판매하는 물건 자체는 같을 수 있지만 누가 구매하는지는 분명히 다릅니다.

2. 전시장소와 일정이 잡혔으면 명함을 바꿔야 합니다. 동문회나 친목 모임에 한 번도 나오지 않던 이가 갑자기 나타나면 의심부터 갑니다. 결혼을 하거나, 뭔가 부조금 거둘 일이 있습니다. 미움 받기 딱입니다. 전시 1년 전쯤에 전시 일정이 적힌 명함을 뿌립니다. 전시에 즈음하여 전화하면 10중 5,6은 참석합니다.

3. 전시도록이나 팸플릿을 최대한 고급스럽게 만들어야 합니다. 싸고 좋은 물건은 없습니다. 엽서는 명함보다 못합니다. 전시도록이 액자보다 우선해야 합니다. 좀 어렵다 싶으면 기존 계획 비용에 작품 한 점 보태서 편집회사 사장한테 사정하는 것이 빠릅니다. 전시 인쇄물은 미술가 자신보다도 더 작품 판매의 얼굴이 됩니다. 여행 가서 남는 건 사진이고 전시 후 남는 것은 도록입니다.

4. 미술잡지를 최대한 활용합니다. 미술가는 작품이 현찰입니다. 어느 정도 기간을 두고 각종 미술잡지 사장을 만나 기사와 작품을 교환해도 됩니다. 쉽지는 않습니다.

이것 말고도 인터넷의 블로그를 활용하는 방안, 신문이나 방송 등의 미디어를 활용하는 방법, 스마트폰의 페이스북이나 트위터 등을 이용하는 법 등 다양한 방법이 있습니다.

아트 마케팅은 미술작품 자체를 하나의 생명체로 보고 시작해야 합니다. 하나의 생명체를 탄생시키는 예술가도 중요하고 예술가를 살아 있게 하는 사회도 중요합니다.

11. 스스로 마케팅

　　전시를 하면 팔리건 안 팔리건 많은 사람의 방문을 기대합니다. 미술 잡지에 광고를 하는 것도 일반 사람들이 봐주기를 기대하기보다는 같은 미술인들의 틈바구니에서 자신의 존재감을 알리는 일이 우선됩니다. 수신제가(修身齊家)라고 끼리끼리도 모르는데 일반 사람들이 알아주기를 바라는 것은 너무 섣부른 일이기 때문입니다.

　　전시를 하면 그림을 문자로 번역하는 일을 합니다. 전시 글, 혹은 평문, 혹은 전시 서평이라고 합니다. 보통사람들이 읽어주기를 기대하며 쓴 글이지만 너무 어렵거나 전문적이어서 의뢰한 작가부터 잘 알지 못하는 경우도 있습니다. 미술 작품에 담긴 정보가 문자정보로 바뀌어 인터넷이나 다양한 매체를 통해 전파됩니다. 얼마 전까지만 하더라도 전시정보가 이메일 전문 서비스로 안내되는 것이 대세였으나 어느 순간부터 전시 메일 서비스가 스팸 취급 당하기 일쑤입니다.

　　정보로 만들어진 전시의 가치가 확산되고 이미지가 판매되는 상황을 극대화하는 것이 전시 마케팅입니다. 전시 마케팅의 기본은 작품 판매를 위한 스폰서십, 작가의 이미지 관리, 딜러의 기용 등입니다.

　　전시 마케팅은 그림이나 화가에게 조금이라도 관심 있는 이들을 대상으로 합니다. 생면부지의 사람들은 무관심합니다. 따라서 기초적 전시 마케팅에는 예술가의 생활습관이나 인간성, 사람들과의 관계, 성격 등도 한몫을 합니다. 그러나 무엇보다도 중요한 것은 그림을 잘 그

리는 일입니다. 여기서 잘 그리는 그림이란 예술적 가치가 부족하더라
도 일반 사람들이 호감을 표할 수 있을 정도를 말합니다.

전시장에서 팸플릿의 빈 부분에 그림을 그려줄 수 있는 쇼맨십과
능력도 마케팅입니다. 보통사람이 조금만 연습하면 그릴 수 있는 꽃이
나 나무를 그리는 것은 제외합니다. 자신의 작품에 등장하는 캐릭터라
면 안성맞춤입니다. 그것도 없다면 대여섯 종류의 캐릭터를 숙련시켜
야 합니다. 보통사람들은 전시장의 예술가를 특별한 존재로 인식하기
때문입니다. 쇼맨십 있는 예술가가 없는 예술가보다 성공할 확률이 더
높습니다.

성공이냐 실패냐의 잣대는 그냥 잘 팔리느냐 그렇지 않느냐로 정
하겠습니다. 아는 사람만 사주느냐, 안면 없는 어떤 이가 사가느냐로
구분하겠습니다. 항상 특별한 무엇이 있는 예술가가 주목을 받습니다.
이들의 생활습관은 예술 활동에 목숨을 걸고 있습니다. 특이하고자 그
런 것이 아니라 한쪽 방면에 모든 정신이 집중되어 있기 때문에 다른
일들에는 다소 부족한 경우가 많습니다. 이들은 변화와 변심과 변동이
극심합니다. 때로는 쓸데없는 생각에 골몰하기도 합니다. 전시를 진행
하기 전에 자신의 심경 변화를 이해해야 합니다.

자신의 작품 이미지가 보통사람에게 각인되기 위해서는 다양한
통로를 통한 잦은 노출이 필수적입니다. 여기에 신화라도 하나 보태진
다면 금상첨화입니다. 붓그림 화가 이정웅의 작품은 장모가 고시 공부
하는 사위에게 선물하는 작품이라는 '설'이 있었습니다. 이정웅의 작
품이 걸리면 고시 패스한다는 신화가 있었습니다. 워낙 인기 작가이기
때문에 사실일 수 있습니다.

작품의 숫자보다는 작품에 숨겨진 이야기가 부각되는 것도 좋습
니다. 사람들의 관심을 끌 수 있는 작가 개인의 이야깃거리가 있어도

좋습니다. '40년 이상 나이 차이 나는 제자와 결혼한 화가'라는 것도 일종의 관심거리입니다. 그렇지만 작품보다 예술가의 가십거리나 기행이 앞서서는 곤란합니다. 이런 것들은 작품의 보조제일 뿐입니다. 예술가의 기행이나 절친 관리 행위가 작품보다 앞설 경우에는 작품을 사는 것이 아니라 예술가라는 상품에 끼워 파는 경품 취급 당하기 쉽습니다. 경우에 따라서는 작품보다 화가를 먼저 보기도 합니다. 문제가 발생합니다. 예를 들면 작가의 타계 후 작품 가격이 내리는 경우가 종종 있습니다. 생전에 작가의 명성 가격이 작품 가격에 포함되어 있기 때문입니다. 타계하면 작품 가격에서 명성 가격이 사라집니다.

그래도 예술가라는 사실을 잊어서는 안 됩니다. 대중스타의 전시장에 가면 작품'도' 궁금할 따름입니다. 우리나라 국민들은 스타의 얼굴을 보러 왔지만 그래도 작품을 감상하는 센스를 지니고 있습니다. 이런 경우에는 작품 감상이 공짜가 됩니다. 아무런 부담을 갖지 않습니다. 작품이 매매되어도 작가의 명성에 끼워 파는 경품이 되고 마는 경우입니다.

예술가는 '스스로 마케팅'에 능해야 합니다. 직접 작품을 매매해야 한다는 의미는 아닙니다. 스스로 마케팅은 예술작품과 함께하는 예술가를 말합니다. 전략적인 특성화입니다.

미술 애호인들이 좋아하는 예술가는 특별합니다. 간혹 예술가가 아니라 '그림 그리는 여성'을 좋아하는 어설픈 남성 미술 애호인이 있기는 합니다만 그것은 무시합니다. '그림 그리는 남성'을 좋아하는 어설픈 여성 미술 애호인은 별로 없습니다. 예술작품도 훌륭한데 예술가를 만나보니 매너도 좋고 잘 생겼으면서 쇼맨십까지 겸비하고 있다면 참 좋은 일이 됩니다. 그렇다고 미술품이 매력이나 매너에 의해 거래되는 품목은 아닙니다. 그럴 수도 있지만 그것은 오래 가지 않습니다.

예술작품을 구매하는 데는 미혼과 기혼, 여성과 남성의 선택폭이 분명히 다릅니다. 그런데 소위 말하는 '블루칩' 작가들의 작품에서는 그러한 선택폭의 기준이 모호해집니다. 달리 말하면 광범위한 선택 기준을 가진 예술작품이 좋은 작품일 수 있다는 것입니다.

거실을 장식할 그림을 구매할 경우에는 '소파색과 비교'해야 하고 '벽지의 분위기'와도 견주어봐야 합니다. 텔레비전 위치와 가족의 분위기를 살핍니다. 아트페어와 같은 미술 상업 공간에서 만나는 이들이 작품을 구매할 때 200만 원까지는 누구와 상의하지 않습니다. 자신의 개인 기호를 따릅니다. 500만 원이 넘어가면 누군가와의 상의가 필요합니다. 장식품으로 구매한다 할지라도 재테크를 생각합니다. 개인 기호에서 상의 기호로 전환됩니다. 앞서 말한 선택폭의 공동화가 시작됩니다. 3,000만 원이 넘어가면 또 다시 상의가 사라집니다. 이미 광범위한 선택기준을 지니고 있기 때문입니다.

장식을 위한 미술품은 예술로 치장된 벽걸이입니다. 개인 혹은 한 가정의 선택 기준이 적용됩니다. 여기에 예술가의 '스스로 마케팅'이 필요합니다. 자신에 대한 지속적인 질문과 대답, 여러 가지 표현방법, 작품에 대한 다양한 기준이 마련되어야 합니다. 선택기준의 다양성이 포함되어야 합니다. 누구도 해결해주지 않습니다. 장식품에서 벗어나고자 한다면 '스스로 마케팅' 중 스스로 구매자가 되어 보길 권합니다. 같은 동료의 작품가격을 생각하기 바랍니다. 남의 작품은 무조건 비싸다고 생각하기 이전에 자신의 작품을 그렇게 바라보는 타인이 되어보는 것도 좋습니다.

노준진, 돌로 써내려간 글씨

미술가는 자신의 작품에 타인의 이야기를 담기도 합니다. 때로는 새로운 형태와 내용을 찾아내어 전혀 다른 의미의 물건으로 전환시키기도 합니다. 조각가 노준진은 거대한 돌덩이에서 붓이라는 색다른 물건을 찾아냅니다. 돌로 쓴 글씨입니다.

거기에는 생명이 있고, 생명을 위한 물길의 발원지가 있습니다. 거북은 발원지를 찾는 여행자가 됩니다. 거북의 걸음에는 사람들이 살아가는 방식이 담겨 있습니다. 삶의 무게 위에 경쾌한 흔적을 싣습니다. 흔적은 바람이 되고 즐거운 기분이 됩니다. 세상의 처음에 서서 그 끝을 향하는 철학적 질문에 응답하는 시작점입니다. 행복하고 즐거운 마음으로 살아가는 사람들의 흔적이 됩니다. 흔적에는 아주 오래된 부족에서 전해지는 전설이 담깁니다.

오늘을 참는 자신의 모습을 대견해하며 그것에 대한 자긍심을 전설로 풀어냅니다. 온갖 감정을 실어 밤새 고민하며 그리는 사춘기 시절의 붓질과도 같습니다. 편지를 써내려가기 위해 먹을 흠뻑 머금은 붓은 거북의 모습으로 자신의 이야기를 풀어갑니다. 우직한 자신의 모습과 닮아 있습니다. 자신의 모습을 만듭니다. 세련되고 도회적인 모습보다는 다소 뭉툭하고 거친, 그러면서 감정이 풍부한 모습으로 구현됩니다. 수많은 연습과 반복되는 감정표현이 숨겨져 있습니다. 한 번에 써내려간 듯한 표현입니다.

작품 「돌_획(劃)으로 거북을 깨우다」를 보세요. 어디엔가 역사를 품은 암석이 있습니다. 암석은 자연을 품고 세상을 담은 채, 녹색의 자연과 계절의 변화에서 자리를 지켜왔습니다. 새벽빛이 돌을 깨웁니다. 웅크린 존재는 누구도 알지 못했던 모습으로 숨을 쉽니다. 새벽을 들이키며 발을 딛습니다. 세상을 여는 붓질의 시작입니다. 먹을 힘껏 머금은 붓은 거대한 획(劃)을 만듭니다. 획은 그어지고 만들어지며, 자르고 쪼개면서 새로운 희망을 만듭니다. 그리고는 천천히 쉬지 않고 걷습니다. 바람을 싣고 달리는 새벽빛과 같습니다. 작품의 형태가 조각이기에 만든다고 하지만 노준진의 작품에서는 긋는다는 말이 더 합당합니다. 그의 획은 생명 자체이며, 생명을 유지하는 도구가 됩니다. 시작과 마지막을 포함한 획은 정점이며, 삶의 완성에 이르는 이상향입니다. 획을 짊어진 거북은 우직함의 대상이라기보다는 작가의 마음속에 있는 형태 그대로의 접근입니다.

특별한 기교가 없는 덩이와 육각형 석조 위에는 화려한 생명이 자라면서 자연의 모습이 형성됩니다. 그렇다고 특정한 이미지가 만들어지는 것은 아닙니다. 달필가가 써내려가는 먹물 흠뻑 머금은 붓질이 지나듯 하다가도 우직하거나 투박한 현실을 이야기하는 이중구조가 만들어집니다. 철학과 현실의 이중주가 됩니다. 획이라는 동질성을 유지하는 범위 안에서 사회의 이야기가 만들어집니다.

노준진이 살아가는 세상에는 누구에게나 그러하듯 보통과 특별이 있습니다. 주어진 상황에 초연할 수 있는 이성과 예견할 수 없는 미래에 대한 불안감이 공존합니다. 여기에 그가 실현하고자 하는 정신세계가 있습니다. 현실을 이해하고 미래를 준비하는 지혜가 시작됩니다. 거북 위에 살아 있는 획에는 순리를 지키려는 온순함과 역경을 감내하면서 성취하려는 분출의 힘이 있습니다. 이중구조의 조각 작품에 자신의 모습이 그대로 투영됩니다. 자신 안에서 형성되고 응집된 삶의 기질이 완성됩니다. 세상을 긍정적으로 바라봅니다. 그 자리에서 자신에게 주어진 삶을 고찰하고 이해합니다.

거북이 세상을 향해 말을 겁니다. 들어주는 이 없어도 무던히 말

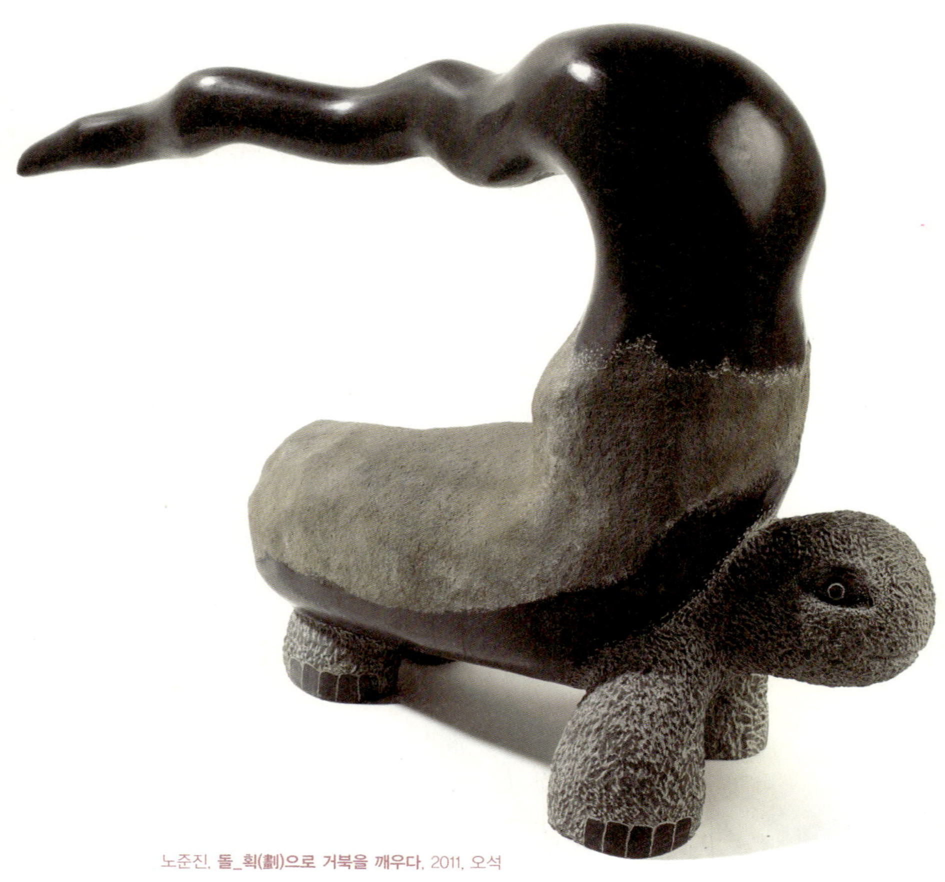

노준진

전주대학교 미술학과와 성신여자대학교 조형대학원 졸업. 개인전 4회.

국제아트페어 중국(청도, 위해), 대만, 터키 등 4회 참가. 중국 청도 서울조각공원 심포지엄(중국 청도).

현재 삶이야기조각회, 전주조각회, 부천조각회, 한국미술협회, 한국조각가협회 회원으로 활동중.

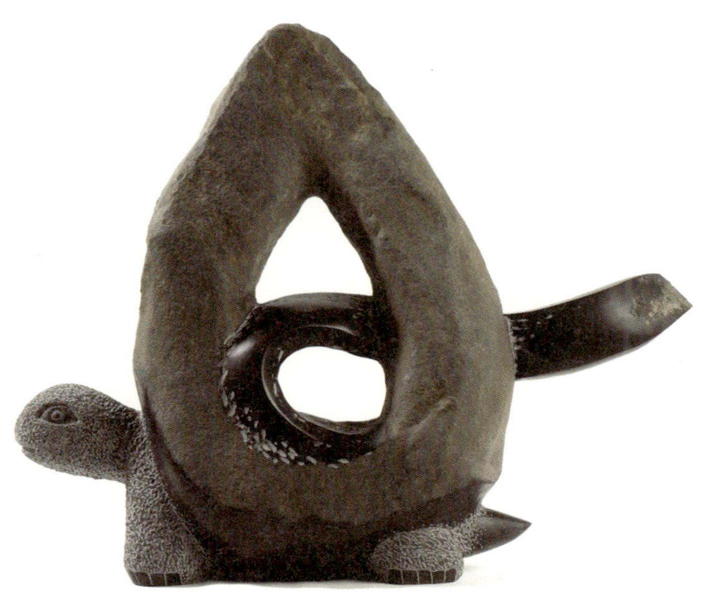

노준진, 돌_획(劃)으로 거북을 깨우다, 2011, 오석

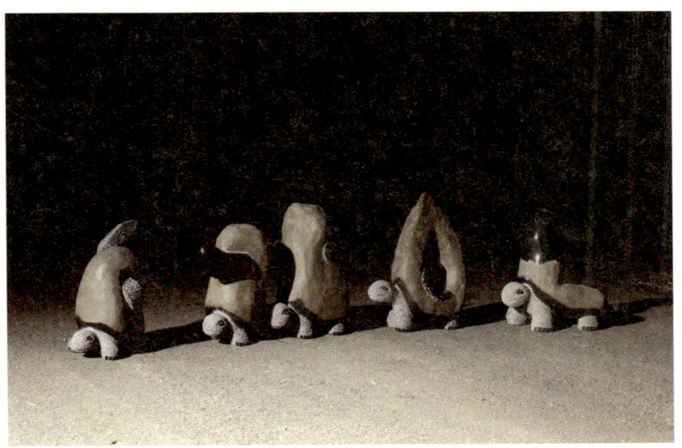

노준진, 돌_획(劃)으로 거북을 깨우다, 2011, 오석, 가변설치

을 거는 거북은 어느새 세상의 한편을 차지합니다. 거기서 생명을 만들고 미래를 준비합니다. 한편으로 거북은 지금의 거북일 뿐입니다. 변화와 적응, 진화를 준비하는 변화무쌍한 마술사가 됩니다. 이전에는 달팽이이거나 곰이거나 산양이었습니다. 자신의 예술가적 삶을 위한 변화일 뿐입니다. 그것은 그가 놀이 삼는 돌덩이와의 술래잡기입니다.

돌덩이와 술래잡기를 시작합니다. 숨어 있는 동무의 옷자락을 핑계 삼아 얼굴을 만들고, 머리카락을 도구 삼아 옷을 입힙니다. 숨어 있는 친구를 찾기 위해 장독대에 다가가거나 장독대를 치우지 않습니다. 친구를 감추고 있는 장독대는 어느새 연필이 되고, 먹물 머금은 붓이 됩니다. 거기에는 이미 생명이 있고 즐거움이 있습니다. 가끔씩은 자신이 숨기도 합니다. 돌덩이 뒤에 숨어 있으면 어느새 새로운 돌은 조각가의 뒤에서 묵묵히 바라봅니다. 들켰다는 당혹감보다는 술래로서 질료 속에 숨어 있는 또 다른 자신을 발견해야 하는 부담감입니다. 그래도 그들은 거기서 서로를 인정하는 사이가 됩니다.

노준진은 조각이 지닌 질료와 매체의 전형성을 따르면서도 현대의 시각예술로 표현되는 감흥과 교감을 위한 독특한 성질을 발현시킵니다. 밀가루 반죽을 만지는 기분과는 전혀 다른 세계로의 접근입니다. 딱딱하고 굳어 있는 매체에서 회화적 감흥을 발견합니다. 우리 사회를 구성하고 있는 다양성에 대한 본질 파악을 위한 접근이며, 자신이 추구하는 정신의 가치이며 예술의 가치입니다. 물질 구조에 대한 설명보다는 시작점과 끝점을 하나로 이어내는 예술로의 표현입니다. 사회적 인간으로서 자신이 지닌 본래의 순수성을 확보하는 범위에서 시선의 즐거움을 제공합니다. 사상과 내재된 삶의 접근입니다. 거북은 여전히 어딘가로 향합니다. 현재에 머물지 않는 발전하는 정신성에 대한 현대적 의미의 접근이 필요합니다.

12. 몸에 좋은 개살구

　　없던 것을 새로 만드는 것이 창조입니다. 창조는 없었던 것이기 때문에 믿을 수 없거나 알지 못했던 일입니다. 사실이 아니라는 사실이죠. 어쩌면 거짓에 가까운 사실일지도 모릅니다. 재미있는 사실은 진짜가 되기 위해서는 가짜가 많아야 한다는 것입니다. 사실은 거짓을 기반으로 형성됩니다. 있다는 것은 없어본 기억이 있어야 알 수 있습니다. 그런데 예술에 대해서는 예술 아닌 것이 무엇인지도 모르면서 예술을 말합니다. 세상에 나쁜 예술, 덜 좋은 예술, 부족한 예술이라는 단어는 없습니다.

　　영화 매트릭스의 거의 마지막 즈음에 스미스가 네오랑 싸우면서 했던 대사 중에 이런 말이 있습니다. '사랑이나 진실, 믿음 등은 인간이 스스로 만들어놓은 최면'이라는 말입니다. 사람들은 실체 없는 것에 대해 많이 궁금해합니다. 존재하지만 지금 당장 보여줄 수 없는, 시간의 경과에 따라 천천히 확인되는 그러한 일들 말입니다. 여기에 예술이 존재합니다. 시간의 경과에 따라 확인되는 것이 아니라 예술작품을 통해 지금 당장 확인할 수 있습니다. 그래서 예로부터 이미 있는 것을 재현하는 방식은 크게 선호하지 않았습니다.

　　사랑을 하트로 그리는 것은 예술을 위한 무늬입니다. 사랑을 누군가 예술로 표현한다면 그것은 무엇이다, 혹은 그것은 어떠하다거나 그것은 어떤 경우에 생기고 발생 과정은 어떠하다는 식의 표현이 중요합니다. 클림트가 가장 잘 표현한 사랑은 과정과 결과를 보여주려 합니다. 사랑에 대한 기표나 기의로서가 아니면서 말입니다.

예술가는 빛 좋은 개살구가 아닙니다. 개살구를 먹어본 일이 있는지요. 날로 먹기는 힘들고 버리기는 아까워 약으로나 써야 하는, 살구보다 빛은 더 좋은 개살구는 관상용과 약용일 뿐입니다. 미술계에는 그냥 먹을 수 있는 맛없는 살구와 그냥은 먹을 수 없는 몸에 좋은 개살구들이 살고 있습니다. 몸에 좋고 맛도 좋은 살구는 정부기관이나 지자체 문화재단에서 다 먹습니다. 우리 같은 개살구는 미술계의 중심에서 겨우 연명만 하고 삽니다.

외로움에 지쳐 말도 못하면서 삽니다. 학사, 석사, 박사까지 했는데 작품이 안 팔립니다. 변심 없이 한길로 10년이면 어떤 일이든 성공한다고 하는데 문화예술계에서는 턱없는 일입니다. 수백만 원 들여 개인전 하고, 회비 내가면서 그룹 활동하고, 작업실에만 있어서는 안 된다고 해서 없는 돈 쪼개가며 지인들과 술도 먹고, 갤러리 사장에게 어색한 웃음 날리고, 어쩌다 만난 후원자에게 철마다 때마다 선물공세 벌이는데도 여전히 어렵기는 마찬가지입니다. 그렇다고 이 일을 그만두지도 못합니다. 지금까지 작품 활동 한 것 아까워서 버리지도 못합니다. 어제는 어떤 화랑에서 해외 아트페어 있다고 같이 가자고 유혹합니다. 돈이 원수입니다. 이것이 우리나라 미술계의 풍경입니다.

재벌과 정치인 사모님이 화랑 주인이 되면 걱정 없습니다. 국세청하고 조금 관련 있으면 더 좋습니다. 여기에 줄 대고 싶은 사람들이 그림을 삽니다. 많이도 삽니다. 줄도 없고 빽도 없는 일반인들은 문화예술에 대한 의무감과 좋아한다는 이유만으로 화랑을 개업했지만 찾아주는 사람도 별로 없습니다. 그림이 좋아서 미대를 갔고, 예술이 좋아서 미친 듯 창작활동을 하지만 아무도 알아주지 않습니다. 소위 말하는 고관대작의 자제들이 좋은 자리 다 차지하고, 사장님 자제분이 개인전 하면 그림 다 팔립니다.

예술은 고상하고 우아하고 품위와 격조가 있고 미래지향적이면서 창의적이기까지 합니다. 그러나 이를 만드는 예술가는 무척 힘이 듭니다. 이들은 보통사람들과 다른 생각과 다른 눈을 가지고 있습니다. 길가에 놓인 벽돌 한 장에서 삶의 근본을 찾기도 하며, 사회에 큰 반항을 일으키는 사건을 보고 전혀 감흥을 느끼지 않기도 합니다.

한참 전 백화점 문화센터가 활성화되었던 시기가 있습니다. 수많은 화가님들이 혜택을 입었습니다. 백화점 문화센터에서 강의를 듣는 것 자체가 사회적 우월감으로 작용하던 시절이었습니다. 요즘 대학원의 최고 경영자 과정과 같지는 않았어도 그 언저리는 갔던 시절입니다. 잘 차려입은 부인네들에게 그림을 교습하면 화가님 개인전 할 때 작품이 많이 판매되기도 했습니다. 지금은 어림도 없습니다. 어느 정도의 시간이 지나면 아무나 화가가 됩니다. 그렇다고 나쁘다는 뜻은 아닙니다. 그래 봐야 프로와 아마추어의 차이는 현격하니까요. 어느 정도 배웠으니 작품 발표에 대한 욕심이 생기는 것 당연합니다. 이후부터는 스승님 작품을 잘 구매하지 않습니다. 사회적 지위와 체면이 있는 부인네 친인척과 지인들이 그들의 그림을 구매하기 시작합니다. 그것을 바라보는 프로는 적당히 배가 아플 뿐입니다.

"아니, 아무리 그래도 그렇지. 겨우 2~3년 문화센터 다녔다고 개인전 하고 화가 흉내를 낸단 말이야. 이거 문제 있어. 아무나 화가 하면 어떻게 해!" 지금은 이런 말 없습니다.

전에는 화가 그룹이 무척이나 많았습니다. 개인전 하기에는 경제적 부담이 큰 이유도 있었지만 많은 화가들이 동시에 전시를 하면 관람객이 많았습니다. 한 번에 많은 화가의 작품을 감상할 수 있었거든요. 요즘 텔레비전을 켜면 미소년 미소녀들이 떼거지로 나옵니다. '떼거지 마케팅'입니다. 이들 중에서 한 명만 떠도 함께 뜹니다. 대신 초기 비용이 많이 들긴 하겠죠.

미술계는 어림도 없습니다. 10명으로 구성된 미술 그룹이 있다 치면 그중 한 명 뜨기가 여간 어렵지 않습니다. 미술품이 히트했다 할지라도 '오직 나 하나만 할 수 있어'이기 때문입니다. "진품명품"에도 나오지 않습니까? 여러 명이 합작한 그림은 가격이 별로 나가지 않는다는 사실이요. 예쁘고 섹시한 어떤 여성작가가 미술품을 잘 판다고 소문이 난 적도 있습니다. 그림 대신에 웃음을 판다고 말입니다. 확인할 길은 없습니다. 어떤 구매자가 여성작가의 미소와 미술품을 교환할까요? 아니라고 봅니다.

최근 명성을 얻기 시작한 어떤 화가는 갑자기 겸손해졌습니다. 나이는 그리 많지 않지만 진심으로 주변에 감사의 인사를 전합니다. 혹자는 말합니다. '잘난 척 하기는'

미술 정치꾼이란 말도 있습니다. 젊은 화가들이 기성 화가들을 그렇게 바라보기도 합니다. 젊다는 것은 이권에 개입되지 않았다는 말도 됩니다. 오래 묵은 화가가 이권에 개입되지 않는 삶을 살아갈 수도 있습니다. 먹고살 만하다면요.

13.　기다림의 무게, 인생의 무게를 재는 사람

빛의 무게를 생각해본 일 있습니까? 빛의 무게는 과연 얼마나 될까요? 누군가를 기다려본 일 있습니까? 가벼운 약속을 한 사람과 몹시 사랑하는 이를 기다리는 기약 없는 약속의 무게는 분명히 다릅니다. 에너지 소모량도 틀릴 것이고 기다림의 지루함도 다릅니다. 이를 측정한다면 얼마나 될까요?

1901년 미국의 맥두걸이라는 의사는 임종 직전과 임종 직후의 사람의 몸무게를 쟀더니 21그램 차이가 난다고 발표한 적이 있습니다. 그것이 영혼의 무게라 하였습니다. 그런데 개의 죽음을 전후해서 무게를 쟀더니 변화가 없더랍니다. 개는 영혼이 없다는 결론을 내렸다는군요. 무게는 중력과 관계가 있습니다. 그런데 빛은 중력의 영향을 받지 않습니다. 그래서 무게를 측정할 수 없나 봅니다. 워낙 빠르게 지나가기 때문인가요?

그렇다면 소리는 무게가 있을까요? 소리는 진동에 의해 전달됩니다. 진동은 에너지를 필요로 하고, 에너지란 물리적 일을 할 수 있어야 합니다. 일을 한다는 것은 에너지의 소비가 필수이며, 에너지가 소비된다는 것은 양을 지니고 있다는 것입니다. 이런 결론이라면 양은 물리적으로 무게를 지녀야 합니다. 물리학자가 아니기 때문에 자세한 내용은 알 수 없습니다만 화가의 작품은 어떤 경우에든 무게를 측정할 수 있다는 것을 말하고자 합니다. 화가의 인생에 대해 말하려는 것입니다.

　화가의 그림에서는 빛이나 소리의 무게뿐만 아니라 기다림의 무게, 인생의 무게, 시간의 무게도 잴 수 있습니다. 인생의 무게를 잴 때는 다양한 방법이 사용됩니다. 전시장에 저울을 가져다 놓는 식은 어린아이 장난과 같습니다. 그 정도는 아무나 할 수 있는 일이거든요. 상상할 수 없었던 기발한 방법으로 '당신이 지닌 인생의 무게는 몇 그램(혹은 톤)입니다'라고 보여줍니다. 개인적 편차에 따라 다름을 인정하는 범위에서 누구든지 느낄 수 있는 무게를 보여줍니다. 그래서 화가가 보는 세상은 보통사람이 보는 세상보다 훨씬 넓습니다.

　매일 아침에 보는 신문의 그림은 점들의 집합입니다. 작은 점들이 모여 글씨를 만들고 작은 점들이 모여 사람의 모습을 만듭니다. 못 믿으시겠다면 배율 높은 돋보기로 확인해보시기 바랍니다. 신문에 나온 컬러 사진도 알고 보면 네 가지 색으로 만들어진 조합일 뿐입니다. 네 가지 색으로 총 천연색을 만들어냅니다. 여기에 화가는 또 다른 눈으로 세상을 바라봅니다. 보통사람들은 불과 네 가지 색으로 만들어진 인물을 보고 잘생겼다 못생겼다 평가합니다. 정말 웃기는 일이죠. 그래서 리히텐슈타인이라는 화가는 "이보쇼들, 당신들이 보는 인쇄매체(특히 만화)는 네 가지색으로 만들어진 별것 아닌 것이오"라고 하면서 만화 이미지를 크게 확대해서 인쇄망점을 직접 보여주었습니다. 점으로 찍힌 리히텐슈타인의 「행복한 눈물」이라는 작품은 대단히 유명합니다. 작가나 작품의 유명세보다 삼성에서 소유한 수십억 원대의 작품이라는 것으로 명성을 얻고 있는 작품입니다. 이렇게 유명한 「행복한 눈물」이 바로 인쇄매체에 좌우되는 군중심리와 정치적 편향을 꼬집은 작품입니다. 잡지의 작은 그림을 확대해서 보면 점으로 만들어진 인쇄물일 뿐임을 리히텐슈타인이라는 화가가 직접화법으로 표현하고 있습니다.

현대인은 인쇄매체의 망점과 인터넷의 픽셀에 의해 감정과 정보의 지배를 받고 있습니다. 인터넷의 정보 역시 가볍지만은 않습니다. 화가는 이런 것을 다른 눈으로 봅니다. 세상에 일어나는 모든 것의 무게를 재거나 가치를 측정합니다. 옳음과 그름을 판단하기보다는 의문을 제시하는 경우가 더 많습니다. 때로는 지극히 개인적인 입장으로,

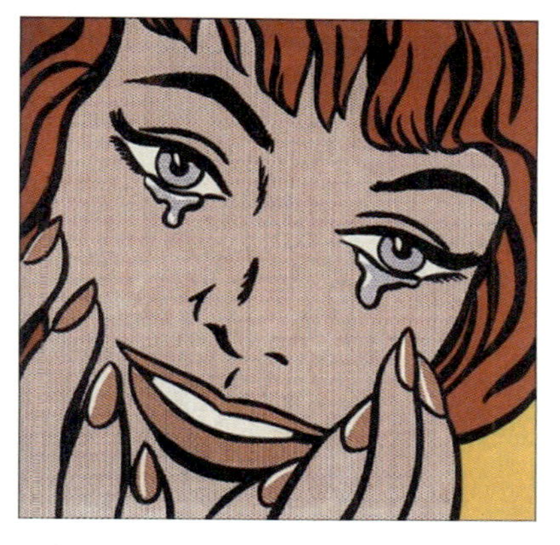

토이 리히텐슈타인,
행복한 눈물, 1964, 캔버스에 마그나, 38x38inch

때로는 지극히 보편적인 입장으로 바라봅니다. 삐딱하게 바라보는 것이 아니라 다른 눈으로 바라볼 뿐입니다. 혹 어떤 이가 자신을 그려준다고 하면 반드시 그림을 받아야 합니다. 나중에 값이 오를 수도 있거든요. 닮지 않았다고 잘 못 그렸다 말하면 곤란합니다. 그가 보는 세상은 우리의 세상과 다르기 때문입니다. 틀림이 아니라 다름을 인정해야 합니다.

요즘 세대를 무슨 세대라고 하나요? X세대, Y세대를 지나 현대는 도트(dot) 세대라 말하고 싶습니다. 혼자서는 특별나지 않지만 그 혼자가 없어지면 전체가 이상해지는 시대입니다. 컴퓨터 모니터에서는 픽셀(pixel)이라고 하고 인쇄 스크린에서는 도트라고 합니다. 매일 접하는 인쇄매체의 글씨나 그림도 도트로 형성되어 있습니다.

이현진의 작품 「금강산에서」를 보면 현대사회의 파편적 상태를 느낄 수 있습니다. 사람들이 흔히 말하는 그림은 풍경이나 정물을 의미합니다. 하지만 이미지에 대한 인간의 '칠' 행위가 포함되면 그림이라고 할 수 있습니다. 이현진의 작품을 보면 풍경이나 정물화와 같은

시각적 느낌은 다소 둔화되어 있으나 '왜 이렇게 그렸을까?' 하는 의문이 생깁니다.

국보로 지정되어 있는 겸재 정선의 「금강전도」가 배경으로 자리하고 있습니다. 많은 사람들이 오래된 골동으로서, 귀중한 그림이라고 생각하는 작품입니다. 귀중한 작품이 가벼운 서양화의 배경으로 자리합니다.

옛날에는 사람들의 손때를 타면서 감상되었을 그림이 지금은 미술관에 고이 모셔져 있습니다. 작가는 귀중한 유산의 외형만 닮은 이미지를 그려냅니다. 이현진은 완성된 그림 위에 물감으로 서양의 이미지를 각인합니다. 쇠라의 「그랑자트 섬의 일요일 오후」 중 일부를 심습니다. 서양 작품 중 일부를 이미지의 최소 단위인 망점처럼 「금강전도」 위에 올려놓습니다. 쇠라의 작품은 빛의 최소 단위를 위하여 프리즘에 의해 분산된 색을 중심으로 원색을 한 점 한 점 찍어나간 것입니다. 현대 사회의 도트와 같습니다. 현대사회의 최소 픽셀과 같습니다. 이것을 작가는 다시 하나의 최소 단위 이미지로 차용합니다. 점이 이미지의 최소 단위가 되듯이 작가는 최소 단위와 이미지 전체 단위를 하나로 인식합니다.

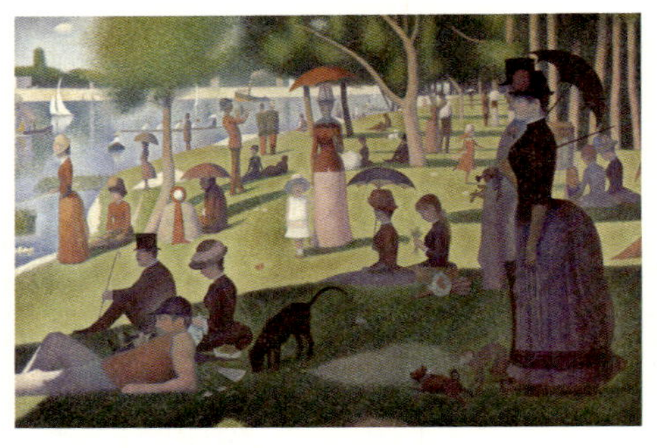

조르주 쇠라, **그랑자트 섬의 일요일 오후**, 1886, 캔버스에 유채, 206x305cm

서양의 여인과 아이들이 우리나라 금강산에서 산책을 합니다. 서양의 현재가 동양의 과거와 만납니다. 동양과 서양의 조화로움을 이야기합니다. 작가는 여기에서 교묘하게 상식을 비꿉니다. 우산을 쓴 여인과 아이들은 오래된 명화에서 차용된 이미지입니다. 하지만 보통사람들은 알지 못합니다. 미술에 대해 이해가 높은 사람들에게는 국보로 지정된 「금강전도」와 외국의 유명한 그림인 「그랑자트 섬의 일요일 오후」라는 명화의 이미지가 중첩되면서 현실과 과거의 감성을 느끼게 합니다. 반면 보통사람들에게는 동양화에 나오는 산에 서양 여성과 아이들이 산책하는 것으로 인식되어 사용과 사용하지 않음, 또는 과거와 현재, 동양과 서양의 최소 코드가 형성됩니다. 새로운 도트가 만들어지는 순간입니다.

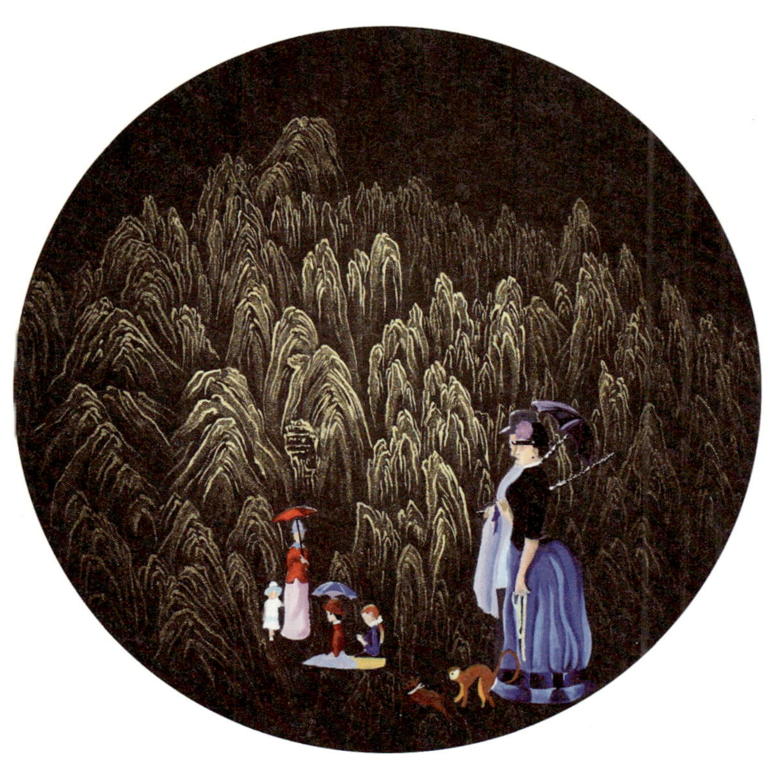

이현진, **금강산에서**, 2012, 한지에 채색, Ø50cm

14. 빨리 가면 먼저 쉰다

　세상이 참으로 빨리 변하는 것 같습니다. 빨리 빨리가 우리나라 경제의 원동력이었는지는 몰라도 예술에서만큼은 조금 더디 가는 편이 좋은 것 같습니다.

　많은 이들이 출근과 동시에 컴퓨터에 전원을 넣습니다. 메일을 확인하고 뉴스를 검색합니다. 대충 눈으로 훑어봅니다. 약간의 차이는 있을지 몰라도 서울이나 부산이나 제주도나 비슷한 시기에 컴퓨터가 켜집니다. 역시 빨리 가야 합니다.

　발터 벤야민이라는 사람은 예술작품은 원칙적으로 복제가 가능하지만 원작에 대한 신성성은 유지된다고 말합니다. 무척 많은 사람들이 즐기는 예술은 오락이라 하였습니다. 사진이라는 복제성에서 벗어나려면 새로운 가치를 확인할 수 있는 복제수단의 반등이 필요하다고 했습니다. 최근에는 벤야민이 말하던 '기술복제'보다 더욱 심각한 문제가 발생했습니다. 유화나 아크릴을 출력물 위에 덧그리면 약간의 표시가 나지만 화선지에 먹으로 작업하는 이가 한지에 흑백으로 출력하여 먹으로 덧그리면 대상을 잘 묘사한 작품인지 기계의 힘을 빌렸는지 도저히 판단하기 어렵습니다. 빨리 가고자 하는 속성인 것 같습니다.

　출력한 것임을 모르면 작품이고, 알게 되면 예술성이 없는 것이라는 식의 접근은 곤란합니다. 이를 작품이냐 아니냐로 판단할 수는 없습니다. 다만 그린 것이냐 출력물이냐에 따라 가격이 달라질 뿐입니다. 참으로 묘한 일입니다. 주변에서 이런 일들이 흔히 일어납니다. 공모전 심사에서도 비슷합니다. 출력한 이미지 위에 그림을 그린 것이라면 무조건 떨어뜨려야 한다는 주장과 그것도 시대변화에 따른 기법이라는 주장이 팽팽합니다. 현재까지는 출력물은 곤란하다는 주장이 더 힘을 받고 있습니다. 손재주 없는 이라도 출력해서 대중을 속이면 곤란하다는 것이 설득력 있게 들립니다.

진짜냐 가짜냐의 문제를 말하고자 하는 것이 아닙니다. 빨리와 편리는 구분되어야 합니다. 몇해 전만 하더라도 원작이 있는 회화작품을 판화로 찍어서는 곤란하다는 말이 있었습니다. 판화는 원작이 없어야 한다는 주장이었습니다. 여기에 디지털 기술로 프린트해도 판화가 아니라는 주장도 있었습니다. 그렇지만 세월의 변화에 따라 디지털 프린트가 제작기술로 인정되는 시점에 와 있습니다. 누구도 여기에 이의를 제기하지 않습니다. 사진으로 재현된 대상이 무한 반복 출력되어도 시각은 언제나 기술복제에 머물러 있습니다.

기술복제보다 더 센(?) 시각복제시대의 예술이 심각합니다. 속 시원하게 밝혔으면 좋겠습니다. '출력물 위에 덧그림'이라는 기법을 밝혀야 합니다. 가격이 낮아진다면 감수해야 합니다. 그만큼 노동력을 쏟아 붓지 않은 데 대한 책임입니다. 빨리 그린다고 예술성이 떨어지느냐에 대한 물음과는 차이가 있습니다. 에디션 있는 사진과의 변별력도 있습니다. 문제는 시각복제냐 기술복제냐입니다. 그린 것도 아니면서 그린 '척'하는 시각복제(눈속임)에 이의를 제기하는 것입니다. 한편으로 본인이 밝히지 않는 한 제작 기법을 알 수 없다면 인정해야 합니다. 밝혀지지 않은 거짓은 항상 진실입니다. 이런 식으로 우기면 아무나 개인전 하겠습니다. 그림을 그린다고, 개인전을 했다고 다 화가가 되는 것은 아닙니다. 화가란 그림 그리는 것을 직업으로 가진 전문가로서 그림을 통해 생활을 영위하는 사람을 의미합니다.

대중스타들 중에 '반짝 스타'가 있습니다. 돈과 미디어를 이용해서 일시적 관심이 집중되는 경우입니다. 데뷔한 지 한 달이 안 되어 드라마 주연을 합니다. 결과적으로 오래가지 못하기 때문에 반짝 스타라고 합니다. 물론 데뷔하기까지 연습생 시절에 숱한 고생을 했다고 하지만 그것은 알 바가 아닙니다. 현장에 등장한 것부터가 시작이기 때문입니다.

모 방송의 "슈퍼스타 K"를 통한 등용문이 형성되기 전까지는 기획사의 작전에 의한 데뷔가 대다수였습니다. '길거리에서 캐스팅' 당했다는 말도 있는데 무작정 지나가다 캐스팅된다는 것은 말도 안 됩니다. 어느 감독이, 어느 기획사가, 어느 드라마가 어디에 나타나고 촬영하는지를 꿰뚫은 다음, 수많은 시간을 근처에서 어슬렁거려야 합니다. 자주 눈에 띄고 가능성이 있어 보여야만 말이 건네지는 것입니다. 그러다 빨리 가고 싶어서 등장하는 경우입니다.

미술계에도 반짝 스타가 종종 등장합니다. 이들의 작품 판매는 짧으면 2년 길면 4~5년 갑니다. 이 스타도 어느날 갑자기 등장한 것은 절대 아닙니다. 꾸준한 발표와 미술계 언저리를 맴도는 시간은 짧게 잡아도 10년이 넘습니다. 간혹 대학생이 데뷔하는 경우도 있지만 이건 말 그대로 기획사(화랑)의 캐스팅일 뿐입니다. 여럿 뽑아놓고 자유롭게 미술 바닥에 풀어둡니다. 간혹 전시 열어주고 그림 사주고…… 살아남는 자만이 반짝 스타의 반열에 오를 수 있습니다.

여기서도 경쟁이 치열합니다. 살아남지 못하면 말 그대로 '반짝이'일 뿐입니다. 그림 잘 팔리는 화가가 있다면 거기에는 분명한 이유가 있습니다. 화랑이나 돈 많은 기업에서 작전 잘 쓴다고 많은 사람들의 주목을 받게 되는 것은 아닙니다. 이효리나 비, 소녀시대나 카라와

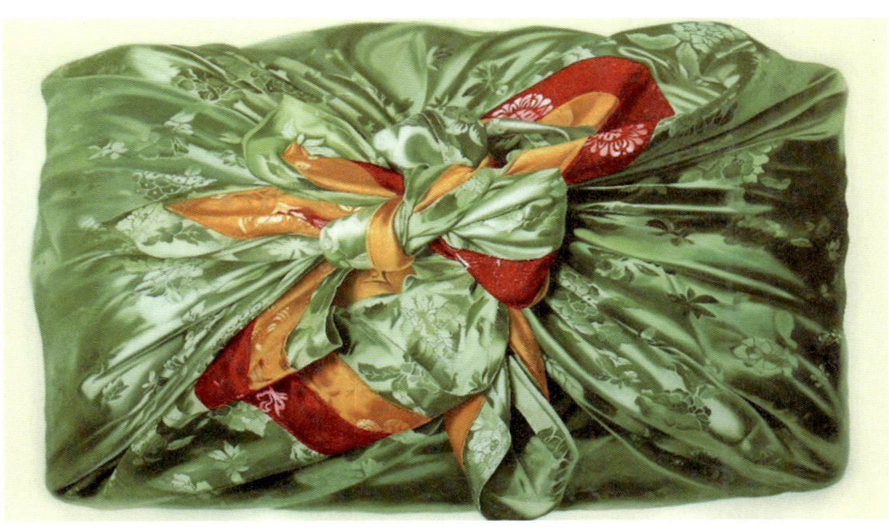

김은옥, **The Precious Message**, 2011, Oil on Wool canvas, 52×77cm

같은 대중 스타들도 무대에 오르기까지 수많은 시행착오를 겪은 이들입니다. 한 번의 무대를 위해 최선을 다한 의상과 안무를 준비합니다. 화가들도 그러합니다. 한 번의 전시를 위해 작품을 위한 팸플릿이나 액자에 이르기까지 모든 부분에 최선을 다해야 합니다.

대중가수들은 다양한 캐릭터를 구성하여 그중에 한 명만 뜨면 된다는 식의 단체 마케팅이 가능할지 몰라도 미술에서는 불가능합니다. 빨리 가면 먼저 쉬어야 하는 법입니다. 지금이 조금 힘들고 조금 어렵더라도 조금 천천히 가는 방법을 찾았으면 합니다. 예술은 인생의 무늬를 그리는 것이 아니기 때문입니다.

아름다운 그녀를 돌아봅니다. 그녀는 언제나 현란한 아름다움을 그립니다. 그러면서 언제나 배려의 마음을 지닙니다. 조금 천천히 가더라도 그녀의 그림에는 행복이 있습니다. 김은옥의 작품 「The

Precious Message」는 보자기를 그린 그림입니다.

우리나라는 전통적으로 싸는 문화를 기본으로 합니다. 서양은 가방이나 박스에 물건을 담습니다. 내용물과 상관없이 가방이나 박스의 외형과 자연이 만납니다. 그러나 우리의 문화는 속 알맹이의 형태를 살리는 조화로움을 기본으로 합니다. 삶의 기본이 지켜지는 어울림의 문화입니다. 알맹이를 보호하면서 자연과의 조화로움을 품습니다.

그녀는 감싸안고 보듬는 알맹이의 가치를 존중합니다. 그녀의 그림은 언제나 삶의 조화로움에서 참된 가치와 존재의 근원을 찾습니다. 속이 보이지 않아도 무엇이 싸여 있는지 상상할 수 있습니다. 이것은 사람의 이름과도 같습니다. 이름은 자신을 부르는 호칭이지만 타인에게 자신을 알리는 친인척 가계도와 비슷합니다. 친척간의 호칭은 가족을 위한 것이 아니라 타인을 배려하는 호칭입니다.

어느 가족이 서로를 부르는 호칭을 들어보면 촌수와 계급을 이해할 수 있습니다. 이것은 배려의 문화이며 조화와 어울림의 가치입니다. 그녀의 그림에는 언제나 조화와 부드러움과 상생의 가치가 있습니다.

15. 예술가, 표현의 달인

　　　　예술작품을 감상할 때에는 자신의 감성과 맞는 작품에 끌리
게 됩니다. 간혹 예술가들이 '감성'이라는 말을 쓰지만 감성은 감상자
의 몫이 맞는 듯합니다. 예술가는 '감정'을 다스리기 때문입니다. 그림
을 감상하는 우리는 중산층이거나 대중이거나 군중이거나 하여간 그
러한 이름으로 불리는 집단 안의 개인입니다.

　　　　경기가 안 좋아지면 미술품 판매량은 뚝 떨어집니다. 가격이 대략
100만 원에서 300만 원 정도 하는 작품들의 거래가 줄어드는데 이런
작품들이 미술계의 중추세력입니다. 젊은 작가들이야 앞으로 얼마 동
안 부모님 등을 믿고 살면 되고 잘나가는 작가님들이야 여전히 잘나갑
니다. 집에 붙어 있을 시간이 없습니다.

　　　　경기가 나쁘면 중상층(중산층이라 하지 않겠습니다. 미술품을 사는 부
류는 중상층이 가장 많습니다)은 상대적 불안감을 느낍니다. 여유가 있
으면서 여유가 없다고 착각합니다. 그리고 미술품은 식료품이나 의복
같은 생필품이 아닙니다. 모든 문화상품이 마찬가지입니다. 생필품이
아니므로 가계 경제 규모를 줄일 때 1순위로 줄어듭니다. 미술품의 소
비자가 전 국민이 될 수도 있지만 그러기에는 너무 멀리 있습니다. 그
래서 미술을 좋아하고 가끔이라도 전시장을 찾는 우리는 이미 중상층
입니다.

　　　　돈이 많다고 중상층이 되는 것은 아닙니다. 여기에는 미술품을 구

매하는 사람과 미술품을 그냥 감상만 하는 이들이 공존합니다. 미술품을 구매하는 이들만 중상층으로 본다면 그 이미지를 만들고 제공하고 격상시킨 감상자들은 미술시장에서 배제되어야 한다는 이야기입니다. 그렇지 않습니다. 미술품을 돈 주고 산 사람과 미술품을 감상하거나 관심을 둠으로써 작품의 가격 상승 요인이 되어준 사람 모두 같은 부류로 여겨져야 합니다. 백화점에서야 눈 쇼핑 하는 사람보다는 물건을 사는 사람이 진짜 소비자라고 말할 수 있지만 예술작품에서는 그렇지 않습니다. 모두가 소비자입니다.

예술작품은 감상자가 많으면 많을수록 가치가 상승하고 많은 이들에게 이미지가 각인되어 있을 때 가격은 높아집니다. 여기에 예술가의 특별한 전략이 필요합니다. 우리 같은 감상자는 이러한 특별한 전략을 제공받음으로써 장기적으로 미술품을 구매할 수 있는 부류가 되는 것입니다.

미술 감상자를 이렇게 나누어볼 수 있습니다. 사는 사람, 보는 사람, 권하는 사람, 소장하고 있는 사람, 인간적으로 친한 사람. 여기에 약간 더 분류를 하자면 풍경을 좋아하는 사람, 인물을 좋아하는 사람, 추상이나 조각을 좋아하는 사람 등으로 나눌 수 있고 돈 되는 작품을 좋아하는 사람도 하나의 부류가 될 수 있습니다. 이렇게 다양한 부류의 사람을 특정한 미술품으로 다 끌어들일 수는 없습니다. 그러므로 감상자의 패턴보다는 예술가 자신의 특성화 전략이 더욱 중요합니다. 취미처럼 미술품을 수집하는 이들은 항상 새로운 예술작품을 기다립니다. 돈 되는 것보다는 즐기고 감상하기를 원하기 때문에 신선하고 생동감 있는 작품을 찾습니다. 그러면서도 많은 이들의 감상 폭 안에 포함되어 있어야 합니다.

예술작품을 감상하는 사람들은 예술작품 리모컨을 지니고 있습니다. 인사동에만 들러도 70여 개의 화랑을 자기 맘대로 들락거리며 맘에 드는 작품을 오랫동안 감상할 수 있습니다. 변화무쌍한 다양한 작품을 입맛에 맞게 고를 수 있습니다. 예술가는 그 입맛에 맞출 방법이 없습니다. 다만 사회의 변화에 순응하거나 거부하거나 할 의지가 필요할 뿐입니다.

예술가는 변화에 민감한 반응을 보여야 합니다. 그러한 한편으로 변화를 피해서는 안 됩니다. 많은 예술인들은 언제나 사회의 변화에 따라 변신과 적응에 아주 익숙해져 있어야 합니다. 하나의 개념을 하나의 방식으로 따라가다 보면 언제나 그 자리에 멈춰설 수밖에 없습니다. 전체를 하나로 볼 수 있는 시기가 올 때까지 부단한 변신을 시도해야 합니다.

예술가가 변신을 시도하지 않으면 지지층이 사라지고 맙니다. 현재의 예술작품에 관심을 두는 많은 이들도 나이를 먹음에 따라 관심의 대상이 변하기 마련입니다. 현재는 곧 과거가 되기 때문입니다. 현재의 변화는 미래의 대상이 될 가능성이 훨씬 높기 때문입니다.

우리 주변에는 30대 후반이나 40대 중반에 열화와 같은 성원에 힘입어 불철주야 작품제작에 여념 없는 이들이 있습니다. 이들 또한 스스로의 변화가 없으면 50대가 되었을 때 40대 때 관심을 표하던 미술 애호인들이 더 이상 관심을 두지 않을지 모릅니다. 현재의 세대보다 신세대인 미래를 위한 변화가 필요합니다.

예술의 형식은 사회 변화에 민감합니다. 내용의 변화는 더디게 나타나지만 형식은 시시각각 신선한 모습으로 등장합니다. 예술가는 항상 새로운 창의에 귀와 손을 열어두어야 합니다. 자신의 상황을 타인의 시선으로 바라보아야 합니다.

예술작품은 채널을 쉽게 바꿀 수 있는 텔레비전이 아닙니다. 하지만 미술 애호인은 텔레비전 리모컨과도 같습니다. 맘에 드는 프로그램이 나타날 때까지 채널 서핑을 합니다. 하나의 방송을 지속적으로 시청하던 시대는 이미 지났습니다.

예술작품을 감상하는 이들은 언제나 역발상을 생각합니다. 그렇기 때문에 예술작품을 생산하는 예술가도 역발상이 필요합니다. 이것이 예술 특성화의 첫 번째입니다.

학창시절 발명 아이디어를 무조건 제출하라는 엄명을 들어본 일이 있을 것입니다. 그때 선생님의 말씀은 언제나 '역발상'이었습니다. 예술작품에도 역발상을 도입하기를 권합니다. 이미 예술이라는 것 자체가 역발상이며, 예술가 스스로가 역발상의 온상이라는 사실은 익히 잘 알고 있습니다. 하지만 여기에 한술 더 떠서 예술가로서 역발상을 가지라는 의미입니다. 자신의 작품에 관심을 두는 다양한 부류의 사람이 많을수록 유리합니다. 일정한 부류를 위한 타깃을 정할 수도 있지만 그것은 변화의 시류에 반하는 일입니다.

영업의 달인은 스스로 팔색조라 칭합니다. 자신의 특정한 색을 가지고 있지 않습니다. 이들은 누구를 만나든 그 사람의 취미나 관심거리가 무엇인지를 알아낼 때까지 무던히 이야기를 듣습니다. 중간 중간에 말을 할 수 있는 여건만 만들어냅니다. 상대가 골프에 관심이 많다는 사실을 알아낸 순간 영업의 달인은 거의 프로에 가까운 골프광이 됩니다. 상대가 낚시에 취미를 갖기 시작한 사람인지 달인인지를 알 때까지 낚시와 관련된 다양한 이야기를 던집니다. 달인이면 들어주고, 초보자이면 자신이 달인이 되어야 합니다. 그래서 영업의 달인이라고 말합니다.

예술가는 표현의 달인입니다. 겉으로 드러나지 않은 사실이나 감정, 이념과 같은 고도의 정신을 드러나게끔 하는 달인입니다. 사람의 모습을 통해서나 자연을 닮은 사물을 통해서나 방법은 여러 가지입니다. 다양한 채널을 지닌 텔레비전이 아닐 뿐입니다. 묵묵히 하나의 채널에서 자신의 이야기를 끊임없이 합니다. 다만 자신과 같은 단일 채널이 세상에 널려 있을 뿐입니다. 그래서 오늘도 저는 리모컨을 들고 전시장을 배회합니다. 이러는 사이 누군가는 카메라를 들고 자연을 배회합니다.

이성균, 허(虛)와 실(實) – 자연을 보다

이성균 작가는 묵묵히 자연을 표현합니다. 렌즈를 통해 자연을 봅니다. 하나의 렌즈를 통해 세상을 향한 끊임없는 이야기를 전합니다. 그의 사진을 보면 자극적이지 않고, 처음 보는 것임에도 어디선가 본 듯한 익숙함이 있습니다. 보통사람의 눈에는 그저 그런 풍경일지 모르지만 작가의 눈을 통하면 시간과 억겁의 역사가 담깁니다. 현재 보고 있는 그림에 기억 속의 영상이 합해집니다. 그러면서 지금과 과거가 혼재되는 이미지의 중층 구조를 형성합니다. 눈으로 본 것이지만 마음에 그려지는 정겨운 풍경이 되고 맙니다.

풍경 자체만으로도 정겨운 마음이 담깁니다. 사진의 풍경에서는 바람 소리가 들립니다. 아빠의 가슴에 안겨든 작은 아이의 촉촉한 피부보다 더 촉촉한 바람입니다. 때로는 봄날, 졸음을 막지 못해 까닥거리는 아이의 볼살에 빛나는 햇살이 됩니다. 맑게 빛나는 보송보송한 솜털이 별빛을 헤집습니다. 볕은 보석이 되고 바람이 됩니다. 이것이 이성균의 사진이 주는 마음 같은 풍경입니다.

이성균의 사진에는 사진 자체가 주는 새로움이 있음에도 겉으로

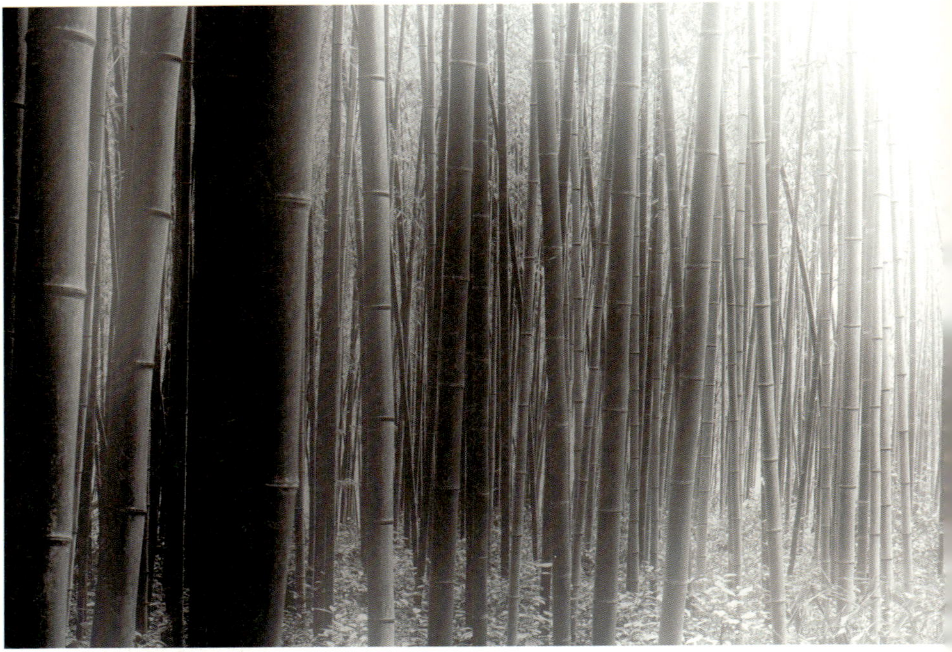

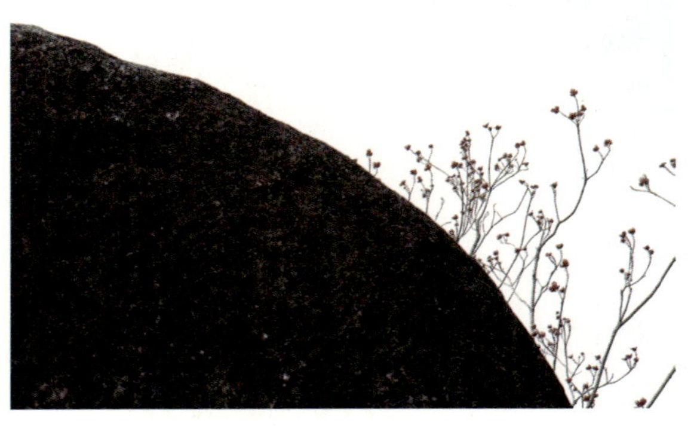

이성균, **허(虛)-바람에 들다**, 2012

이성균, **허(虛)_자연- 채워지다**, 2013

이성균

개인전(Blank:AP갤러리, I saw;엠갤러리, 메멘토모리:윤당아트홀, 대구대학교 조형전시관, 이방인의 시선:베트남 대우호텔 등).

출판 및 저서(『패션인물사진기법』, 『허브나라 이야기』, 『조선왕조 500년 도록』, 『아름다운 사진』, 『풍경이 있는 포토 에세이』 등).

현재 LG 에릭슨 해외법인 이미지 작업, 베어트리파크의 사계, 『월간 객석』, 기타 유명인 사진 작업, 스튜디오 "콤마" 운영.

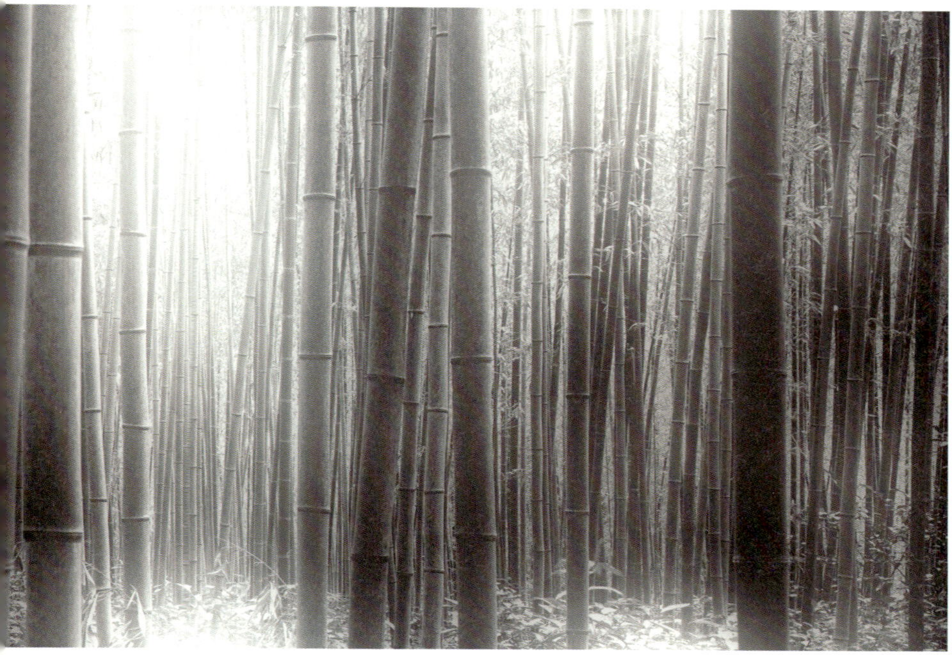

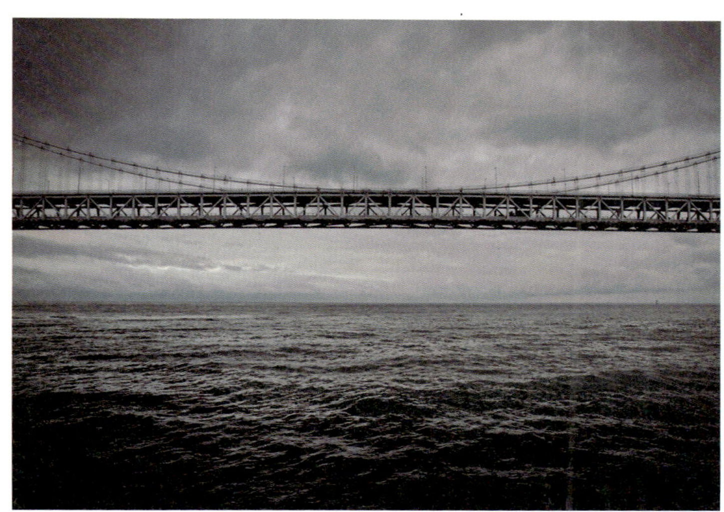

이성균. 허(虛)_그곳에 서다. 2013

주장하지 않습니다. 풍경에는 이미 마음과 감정이 소롯합니다. 사진기라고 하는 기계에 예술의 의미를 가미시킵니다. 꽃이나 집뿐만 아니라 주변에서 쉽게 발견되는 자연 풍경에서 감성을 찾습니다.

어떤 개념을 중심으로 사진작업을 하는 그는 언제나 철학적입니다. 보는 것에서 느끼는 것, 느끼는 것에서 존재에 대한 있음과 없음을 고민합니다. 최근 그의 작업에서는 허(虛)가 주요 테마입니다. 동양회화에서 말하는 허와 실의 이야기를 사진으로 끌어들입니다. 허는 비어 있음이 아니라 채워질 준비 동작입니다. 전통적 동양회화에 많이 등장하는 개념입니다.

어떤 사물을 중심으로 홀연히 비어 있는 공간이나 아무것도 없는 들판, 바다의 한 곳에 집중합니다. 있음은 없음의 과거형으로 보는 것입니다. 때로는 연잎에 철학을 부여합니다. 물과 진흙에서 자라면서도 물에 젖지 않고 깨끗하게 피어나는 속성을 찾아갑니다. 군자의 청아함과 고졸한 모습으로서 재생과 무한의 생명의 상징을 포착합니다.

대나무 풍경에서는 바람이 곧 허(虛)가 됩니다. 배경에 가득한 바람이 그것입니다. 동양 철학에서 바람이 자연과 인간과의 관계를 설명하는 중요한 소재로 활용된 사실을 잘 알기 때문입니다.

중국 송대의 소식이라는 사람은 대나무를 그리고자 하는 사람은 자신의 마음속에 대나무의 모든 것이 담겨 있어야 한다고 하면서 흉중성죽(胸中成竹)이어야 한다고 하였습니다. 이성균의 렌즈에 포착된 풍경은 이러한 동양정신에 닿아 있습니다. 있는 그대로를 재현하는 듯하지만 마음으로 세상을 바라봅니다. 풍경의 세계가 담겨 있기 때문에 어떠한 방향이나 구성이라 할지라도 자연의 변화에 순응하고 삶의 가치를 발견해나가는 고결함을 전달합니다.

사진은 풍경과 풍경의 이면에 있는 세계가 함께하는 이중구조입니다. 장면에는 하나의 사물이 있습니다. 사람이 있는가 하면, 넓은 공간에 점으로 있을 법한 새가 있습니다. 물결에 갇힌 연(蓮)이 있으면서 해방된 연도 있습니다. 녹색의 숲을 흑백으로 고정시켜 흐름을 잡아둡니다. 단색이지만 녹색이 있고 노란색이 있습니다. 기억 속에 남아 있는 포근한 인정의 향내입니다.

그의 작품에는 일상에서 벗어난 자유로움이 있습니다. 눈앞에 보이는 풍경 속에서 거부감 없이 살아가지만 삶의 원론적 의미와 정신세계를 추구합니다. 시골에서 발견되는 풍경을 통해 도시의 혼잡함을 이야기하고, 도시의 어느 곳에 있음직한 이미지로 시골의 한적함을 표현합니다.

담담한 생활현장에서 출발하지만 철학적 접근이 있습니다. 이것이 그가 말하는 허(虛)입니다. 순응과 순환을 위하여 더 큰 것을 찾아가는 자연의 섭리를 표현한 것입니다. 이러한 마음을 이미 지니고 있기 때문에 그의 작품은 보통으로 보입니다. 보통이기 때문에 특별한 모습으로 바뀝니다. 자연 풍경을 마음에 품은 후, 새로운 풍경을 심상에 그리는 작가가 됩니다. 렌즈를 통해 세상을 보지만 세상을 거스르지 않는 수준을 즐깁니다. 특별한 무엇을 찾기보다는 주어진 풍경에서 특별함을 발견합니다. 보통의 일상의 것으로 이해될 수 있음에 멈춤과 움직임, 흐름과 정지의 영속성을 각기 다른 이미지로 재현합니다. 무한의 생명을 머금은 자연 풍경에서 정지될 상황을 예견합니다.

16. 없애자, 초대권

　　사람들은 미술 전시회에는 으레 돈을 내지 않는 줄 압니다. 예술의 전당이나 코엑스에서만 돈을 낸다고 생각합니다. 사실 예술의 전당에서 하는 블록버스터급 전시 말고는 돈 내고 들어간다는 것이 아깝기 그지없습니다. 입장객 중에는 유료 입장객보다 초대권 입장객이 훨씬 많습니다. 지금 힘들더라도 초대권을 없애야 합니다. 정말 중요한 분에게 드리는 것 말고는 다 없애야 합니다. 금년에 작품을 산 분이라면 내년 행사 때 VIP 초대해야 마땅합니다.

　　입장료만을 이야기하는 것이 아닙니다. 대다수의 문화 활동에는 비용이 들어가지만 그림 관련 활동은 왜 공짜라고 생각하는지 모르겠습니다. 영화, 무용, 연극 등의 공연을 비롯하여 말입니다. 사실 알고 보면 이유는 간단합니다. 여타의 문화 활동은 목적 구매를 합니다. 무슨 영화를 볼 것인지 어떤 공연을 관람할 것인지 말입니다. 예술의 전당이나 코엑스에서 전시하는 것 역시 '거기, 무슨 전시 보러 가자'라는 목적이 형성됩니다. 그러나 인사동이나 청담동에 목적 관람하는 이들은 별로 없습니다.

　　이런저런 이유들 때문에 한때는 아트 타운을 만들고 입장료를 징수한 경우도 있었습니다. 아주 바람직한 일이기도 합니다. 만일 인사동과 같이 타운이 형성되어 있는 경우에는 인사동 초입에서 입장권을 팔아야 마땅하다고 생각합니다. 2천 원 티켓으로 모든 화랑을 관람할 수 있는 식 말입니다. 그래야 관심도가 확장됩니다. 돈이 드는 문화 활동을 권장해야 합니다.

화랑은 화랑 나름의 품격을 지키면서 상호 의로운 경쟁에 돌입하는 것입니다. 그림의 소비자는 모든 사람과 동시에 사회입니다. 사회가 그림에 담긴 예술을 소비합니다. 그림에 담긴 이미지를 사람들이 소비시킵니다. 좋은 화랑은 돈을 받는다는 인식이 참 웃깁니다. 좋은 작품에 돈을 받아야지 돈 받는 화랑에서 전시하면 좋은 작품이라니요.

좋은 작품 덜 좋은 작품을 누가 구분하나요? 개인에게 비용이 지불되면 아까울 수 있지만 100여 개 화랑을 보유하고 있는 인사동에 돈을 지불하면 아깝다는 생각을 하지 않을 수 있습니다. 그중에서 자신이 필요한 정보를 얻을 가능성이 높다고 생각하기 때문입니다.

자신의 작품이 세상에서 가장 좋은 예술품이라 믿으세요. 그렇다고 다른 작품들이 약하다거나 작품성이 떨어진다고 생각해서는 안 됩니다. 예술가는 자신의 작품을 알리는 데 일관성을 지니고 있지만 감상자는 언제나 자신의 입맛에 흥분할 뿐입니다.

지금 힘겹고 고단한 예술 활동이라 생각되면 최고의 작품이지만 그것을 즐기는 감상자가 아직 많지 않다고 생각하셔야 합니다. 그러니까 많이 알려야 합니다. 그것이 관건입니다. 자신의 세계에 목적 방문하는 이들을 많이 만들어야 합니다. 감상자는 예술가도 보고 예술작품도 봅니다.

우리는 모두 슈퍼맨, 원더우먼이 되어야 합니다. 모든 방면에 뛰어난 실력을 지녀야 합니다. 다양한 시점으로 사회를 바라보고 다양한 관점으로 주변을 살피는 능력도 있어야 합니다. 자신의 작품에는 세상 모든 사람들이 관심을 갖는 일을 담아야 합니다. 감상자는 언제 어디서 어떤 방향으로 예술품을 접하게 될지 알 수 없는 존재들입니다. 돈이 드는 문화 활동을 가르쳐야 합니다. 공짜가 아님을 알게 해주어야 합니다. 이것이 예술가의 입장입니다.

현대사회의 가상 공간을 잘 활용해야 합니다. 스마트폰이나 인터넷을 적극적으로 활용하는 방안을 찾아야 합니다. 폰이나 인터넷 또한 돈을 지불해야 쓸 수 있는 매체입니다. 기왕 쓰고 있는 매체이므로 여기에 예술가의 정보를 실어야 합니다. 별도의 비용을 쓰지 않는 범위라면 최대한 많은 양의 예술을 전달해야 합니다.

세상에 공짜 싫어하는 사람은 아무도 없습니다. 대가성 없는 공짜 또한 없습니다. 누군가 당신과 밥을 먹으면 밥값을 그 사람만 낸다고요? 절대 아닙니다. 밥값 내는 존경할 바 그지없는 그분은 당신을 통해 어떤 재미를 느낄지 모릅니다. 당신을 삶의 활력소로 느낄지 모릅니다. 가끔 누군가를 위해 턱도 없는 개그와 재미없는 상대의 농담에 박장대소를 하였다면 상대에게 필요한 사람이 되었습니다.

돈이 들어야 감동도 큰 법입니다. 지하철 5호선 종로3가 5번 출구로 나오다 보면 새벽부터 공손한 자세로 무가 일간지를 받아 챙기는 분이 계십니다. 신문을 곱게 펴서 차곡차곡 쌓습니다. 그분의 공손함에 사람들은 신문을 전철에 두고 내리지 않습니다. 대여섯 종류의 무가 일간지를 보면 대다수가 비슷비슷한 기사로 채워져 있습니다. 만화만 다릅니다. "무대리"를 보고 "경마 이야기" 만화를 열독합니다. 나머지 기사는 하나만 봐도 그게 그겁니다.

시민들은 공짜라고 생각합니다. 여기에도 돈이 들어갑니다. 대 국민 서비스하기 위한 신문이 아닙니다. 영업활동입니다. 출근길 가로에 놓인 신문을 집어드는 순간 신문사의 영업활동 범위에 들어갑니다. 거기에는 광고가 있습니다. 관심도에 따라 달라지지만 텔런트의 가십기사는 그 텔런트의 몸값에 일조하는 순간입니다.

무가 일간지가 아무리 많은 독자를 확보한다 할지라도 『조선일보』, 『중앙일보』, 『동아일보』를 앞설 수 없습니다. 조중동은 돈을 내야 합니다. 돈을 내고 구독을 합니다. 새벽에 아파트 현관문 앞에 신문이 놓입니다. 내는 돈만큼 서비스를 받는다고 생각하겠지만 그것 또한 돈이 필요합니다. 집에서 본 기사내용이 무가 일간지에 다시 나옵니다.

"예술가의 입장에서"라는 개인전을 신문과 비교해보겠습니다. 자신의 전시를 무가 일간지라 가정하면 무작위로 뿌려야 합니다. 관심 없는 사람들을 대상으로 무조건 알립니다. 가치적인 면에서 그다지 관심을 불러일으키지 못합니다. 알리는 방법도 팸플릿이나 엽서, 포스터 정도입니다. 무가 일간지에 어느 스포츠 스타의 일상생활이 등장해도 그 스타와 자신과는 전혀 무관한 대상일 뿐입니다. 이미 알고 있는 내용이기 때문입니다.

예술가는 자신의 예술작품을 널리 알려야 합니다. 그러기 위해서 끊임없는 단체전시와 기획전을 합니다. 각인시켜야 합니다. 사람들의 머릿속에 이미지를 각인시켜야 합니다.

전시는 판매를 위한 수단입니다. 직접 보고 감흥을 얻어가는 숫자보다 이미지 마케팅이 훨씬 주요하지 않을까요? 팸플릿은 이미지 정보나 판매 보조물 또는 작품 보증서 기능을 합니다. 지속성도 있군요. 단행본처럼 팸플릿을 만들어 서점에서 판매하는 편이 더 효율적이지 않은가요? 정보를 가진 채로 서점에 비치하면 감상자의 선택폭이 넓어지지 않을까요?

전시는 모든 사람들에게 무작위로 공개되는 것이 아니라 감상자들의 선택적 방문 문화정보여야 합니다. 보통의 마케팅(광고)에서는 정보가 무작위로 무한 제공되면서 그 정보를 필요로 하는 사람들을 끌어모읍니다. 그래서 적당한 이해 수준의 정보를 제공합니다. 예술은 이해 수준의 정보를 제공하는 보통의 물건이 아닙니다. 그러므로 팸플 릿이나 엽서, 포스터를 통한 '인지'와 '각인'을 잘 시켜야 합니다.

예술작품의 이미지는 감상자의 기억과 이성에 보관되어야 합니다. 그러므로 돈과 교환되어야 더 오래 갈 수 있습니다. 예술가의 입장에서 자신의 작품정보를 어디에 제공해야 더 많은 이들의 이성과 경험에 영향을 미칠 수 있는가를 생각해야 합니다. 신문이나 텔레비전은 정보의 보관이 어렵습니다. 그래서 정보의 보관이 가능한 잡지나 인터넷, 블로그, 카페에 자신의 정보를 담아야 합니다. 예술작품에 담긴 정보는 유료여야 합니다. 다만 소비자에게는 돈이 들지 않는다는 인식이 제공되는 방법을 찾아야 합니다.

전시를 기획할 때에는 같은 의미이지만 다른 내용에 중점을 둡니다. 첫째, 어떻게 팔 것인가? 둘째, 어떻게 사람을 모을 것인가? 세 번째로 어떻게 홍보할 것인가의 문제입니다. 어느 것이나 하나만 성공하면 셋 다 성공하는 일입니다. 이것이 전시 마케팅의 핵심입니다.

매일매일 특정한 예술정보를 제공한다 할지라도 사람들은 예술작품이기 때문에 최면에 빠지지 않습니다. 새로 나온 라면을 광고할 때와는 다릅니다. 어떤 라면이 맛있다고 광고하고, 여러 가지 광고기법을 쓰면 매출은 분명히 올라갑니다. 하지만 어떤 예술작품에 대한 정보가 유용하다 아무리 광고해도 그것을 쓰는 부류는 특정이 될 수밖에 없습니다. 뮤지컬과 같이 공연이 재미있다고 광고를 하면 일시적으로는 관객이 늘 수 있으나 재미있다는 것의 '재미'가 각기 다를 수밖에 없는 것이 예술입니다.

17. 들어는 보셨나요, 마이크로 블로그?

　　　　5천만 인구를 대상으로 했을 때 작가의 이미지를 분명히 각인하고 있는 사람이 몇이나 될까요? 자신의 작품을 알고 있는 사람들을 '각인층'이라고 명명해봅니다. 결혼한 분이라면 배우자와 친형제자매들은 알고 있을 것입니다. 여기서 처가댁 어른이나 시댁 어른이 작품의 이미지를 알고 있다면 가족에게 사랑받는 분임에 분명합니다. 모를 가능성이 훨씬 높지만 말입니다. 전시를 가끔씩 함께 하는 그룹 지인들과 학교 동료를 넉넉하게 잡아서 200명이라 하겠습니다. 개인전을 3회 이상 한 경우라면 일가친척 다 불러 모았을 터이니 여기에 100을 더합니다. 사회활동과 지인들로 100을 더합니다. 여기에 전시할 때 팸플릿 발송하는 이들(동료를 제외한) 50을 더합니다. 다해서 대충 500명이라 추산하겠습니다.

　　'각인층' 500명이면 살 만합니다. 그러나 여기서 작품을 매입할 생각이 전혀 없는 이들을 빼야 합니다. 그룹과 지인 200 중에서 기분 좋게 180을 뺍니다. 사회지인들 중에서 또 70을 뺍니다. 일가친척 중에서 그림을 사가지 않은 가족이 조금 있으니 100에서 70을 또 뺍니다. 그리고 나면 아주 넉넉하게 잡아서 100이 남습니다.

　　100명이 자신을 도와주고 작품을 매입해주면 평생 그림 그릴 수 있습니다. 그러나 다른 입장에서 현실을 바라볼 필요가 있습니다. 선물로 준 작품을 포함해서 타인의 거실이나 안방에 걸린 작품이 몇 점이나 되는지 살펴보아야 합니다. 200점이 넘는다면 성공할 가능성이 충분하다 할 것입니다.

이리 빼고 저리 빼고 나면 남는 이들이 거의 없습니다. 기분 좋으라고 엄벙덤벙 숫자를 뺐습니다만, 스스로 엄격하게 정리해보기 바랍니다. 어깨가 축 처집니다. 그렇다고 포기할 정도는 아닙니다. 그래서 미디어에 정보를 심어야 합니다.

작가는 이름을 얻기까지 다양한 방법과 매체를 통하여 이미지를 확산시켜야만 합니다. 초보 예술가나 작품 거래가 많지 않은 예술가는 미디어에 자신의 이미지를 최대한 많이 유포시켜야 합니다. 미디어란 정보를 사람들에게 전달하는 모든 매체를 말합니다. 텔레비전이나 신문, 책, 잡지, 라디오, 인터넷을 포함한 매체 전부입니다. 여기에는 예술이 흘러넘칩니다. 온갖 예술정보가 돌아다닙니다.

전시기획을 하다 보면 "나는 이메일도 없어" "난 슬라이드만 써" "난 문자도 못 보내" 하시는 분들 꼭 있습니다. 못하는 것을 자랑스러워합니다. 지금도 옛날 핸드폰 들고 다니는 분이 계십니다. 케이스는 닳아서 희끗희끗하고 버튼의 숫자는 희미합니다. 은근히 자랑까지 하십니다. 한 분 덕분에 슬라이드 스캔해야 하고, 그것도 요즘 보기 어려운 드럼 스캔을 해야 합니다. 남들 다하는 이메일 대신 기어이 팩스를 보내옵니다. 잘 보이지 않는 글씨를 타이핑해야 합니다. 그것도 한자로 적혀 있으면 곤란하기 그지없습니다.

20년 전에도 비슷한 일이 있었습니다. 주조 활자로 책과 인쇄물을 만들다가 컴퓨터 식자라는 것이 등장했습니다. 컴퓨터 식자는 삽시간에 주조 활자를 폐기시켰고 충무로 주조 활자집들은 업종 전환을 하거나 문을 닫았습니다. 20년이 지난 지금은 컴퓨터 식자집도 없고, 슬라이드 스캔하는 집도 거의 없어지다시피 했습니다. 내일은 어떻게 변할지 알 수 없는 노릇입니다. 과거에도 그랬지만 현재도 화가들의 마케팅은 팸플릿이 중요 수단임이 분명합니다.

온라인 마케팅을 전문으로 하는 후배는 제게 말합니다.

"마이크로 블로그 시대입니다. 지금은 전시 팸플릿이나 엽서 발송하는 것보다 매일 30분씩 대형 사이트의 블로그와 카페 2개씩, 페이스북과 트위터, 티스토리에 자신의 정보를 올려야 합니다. 이거 정말입니다. 2년 후가 되면 오프라인 잡지시장이 죽지는 않겠지만 전문성이 강화되면서 웬만한 정보는 온라인으로 해결될 겁니다."

마이크로 블로그는 최소 단위의 정보를 저장하고 홍보할 수 있는 수단입니다. 그림은 아무나 그릴 수 있지만 예술작품으로서 미술품은 아무나 할 수 없습니다. 아무나 다 하는 마케팅에 슬쩍 숟가락을 얹어 놓을 때입니다. 지금 당장 국내외 사이트를 뒤져 화랑이나 미술관 관계자 혹은 관련자의 메일주소를 수집하십시오. 돈 들지 않습니다. '한국 최고' 혹은 '한국에서 선정한' '현대미술의 각광' 등의 단어를 사용하면서 자신의 보도 자료를 보내야 합니다. 한두 번으로 해서는 안 됩니다. 꾸준히 새로운 작품이 나올 때마다 집단 메일로 보내시기 바랍니다. 그러면서 sns와 네이버나 다음의 카페나 블로그에 자신의 작품을 꾸준히 수록해야 합니다. 이미지에 반드시 자신의 이름을 명기하면서 말입니다. 사실 이 방법은 mass를 media로 활용하는 방법입니다.

종이 미디어도 충분히 활용해야 합니다. 미술 잡지는 보통사람들에게 제공되지 않습니다. 젊은 미술인에게 물어보면 우리나라 미술 잡지는 볼 게 없다고 말합니다. 외국 서적을 보라고 합니다. 참으로 답답합니다. 현대미술이라는 것을 어떻게 생각하는지 모르지만 현대미술의 흐름을 알 수 없다 말합니다. 현대라는 말을 '지금'이라는 말과 교체해도 될는지 모르겠습니다.

지금 현재의 미술을 다루는 월간지는 『월간미술』, 『미술세계』, 『전시가이드』, 『퍼블릭아트』, 『아트피플』, 『아트뉴스』, 『아트바스』, 『아트가이드』, 『아트앤디자인』, 『아트프라이스』, 『컬처오션』, 『미술과 담론』, 『서울아트코리아』, 『아티클』, 『디자인』, 『세라믹스』, 『도예』, 『가구저널』, 『서예』, 『황해』, 『광주아트가이드』, 『갤러리가이드』, 『미술시대』, 『미술신문』, 『미술평단』, 『서법예술』 등이 있습니다. 여기에 고미술이나 가구를 다루는 잡지를 비롯한 온라인 잡지를 더하면 셀 수 없을 정도로 많습니다. 이러한 잡지는 어디나 미술작품 이미지를 활용합니다.

또한 잡지는 자신의 정보를 보관하는 광고주이자 소비자가 됩니다. 미술가는 이상하게 자기 광고를 혼자 보면서 혼자 만족스러워합니다. 여기에 해답이 있습니다. 미술잡지를 발행하는 곳은 대다수가 인쇄업을 겸하고 있습니다. 특정 잡지만을 가지고서는 운영이 불가능하기 때문입니다. 이럴 때 인간관계와 인과관계를 적절히 사용해야 합니다. 미술의 특성상 얼굴을 대면하면 원만한 해결점이 보입니다. 적절한 교환관계를 활용해야 합니다. 전시를 할 때 잡지사에 인쇄를 맡긴다거나 원고를 청탁하는 방법도 있습니다. 이것은 아주 원시적인 방법이긴 하지만 유효 적절한 효과를 볼 수 있습니다. 별도의 비용이 들지 않습니다. 그래도 작품이 우선함은 분명합니다. 작품에 대한 자신감을 가지고 사람을 만나야 합니다. 사람 사는 세상에 사람관계를 잘 유지하는 것만큼 좋은 마케팅은 없습니다. 이것이 미디어에 보관용 정보를 저장하는 방식입니다.

박동구의 작품을 보면 컴퓨터에 꽃이 피어 있습니다. 모니터가 꽃을 피우는 현대사회의 감성을 담아내고 있습니다. 컴퓨터 모니터에 등장하는 픽셀을 활용한 작품입니다. 작품에 나타나는 꽃은 밭이며 사회

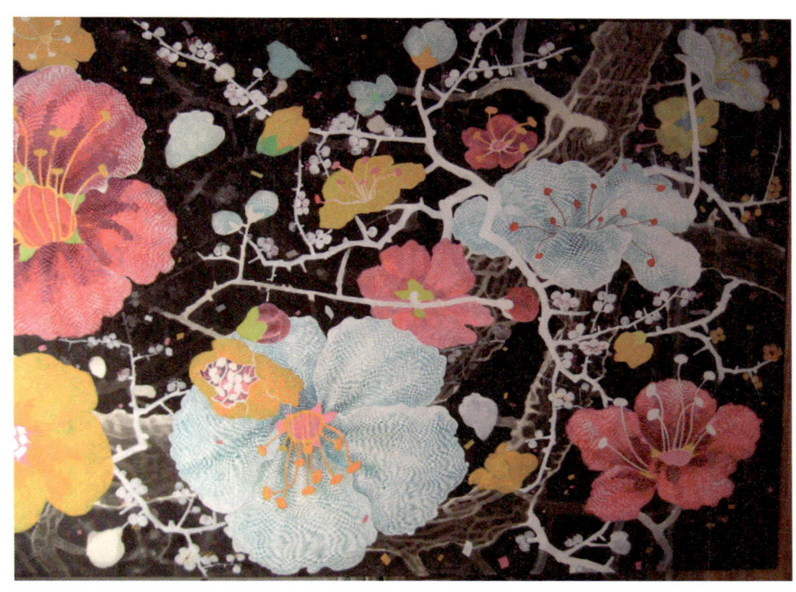

입니다. 밭에는 사람이 삽니다. 그의 밭에서는 향기 좋고 인간미 짙은 사람이 살아갑니다. 「매향사시도(梅香四時圖)」는 사람이 살아온 자취이며 자존감입니다. 자연과 인간의 조화로움 속에서 새로운 세상을 만들고 있습니다. 천기(天氣)에 순응하며 살아가는 농경민족이기 때문에 자연의 신성성을 중요시하였습니다. 계절의 변화와 같은 자연의 섭리에 순응하는 원리를 따르면서 말입니다.

과학과 문명의 발전에서 자연의 위치를 망각하고 살아갑니다. 박동구는 이러한 현상에 대해 하나의 작품으로 현실을 제어합니다. 픽셀로 피어난 꽃과 자연성 회복을 위한 매화들, 검은색 먹에 숨겨진 깊숙한 삶의 가치를 생각합니다. 여기에 그가 원하는 코드가 마련됩니다.

전체 화면의 대부분을 흰색 꽃잎으로 구성하면서 중심부에 암술과 수술을 포진시켰습니다. 그것도 픽셀로 말이죠. 꽃잎은 세상이며, 사람의 모습이 수술의 모습으로 전환되어 나타납니다. 자신의 가치와 흔적을 남기기 위한 생존의 현장입니다. 그것도 픽셀로 그려집니다.

　꽃에는 향기가 있습니다. 향기는 삶을 지탱하는 부적이며 근거가 됩니다. 박동구의 「화향사시도」가 의미하는 바가 여기에 있습니다. 세상의 소중한 가치를 찾아가는 마음이 한결같기를 바라는 것입니다. 여기서는 사람의 가치라는 향기가 주된 재료가 됩니다. 사시사철 평안과 즐거움으로 이어지기를 바라는 마음의 표현입니다. 픽셀 뒤에 숨겨진 생명의 상징으로서 매화가 있고, 픽셀로 그려진 꽃 뒤에는 사람의 향기와 삶의 흥건한 행복이 있습니다.

18. 나쁜 그림이 인기 있다

전통적 동양미학에서는 예술의 목적이 바람직한 인간사회를 실현하는 데 있다고 했습니다. 중국 남송의 유학자인 주희(朱熹)는 예술의 목적이 세상의 이치를 파악하여 사람이 본래 가지고 있는 자연의 이치를 찾아가는 과정이라 하였습니다. 캐나다의 피아니스트 글렌 허버트 굴드는 '순간적 착상에 의해 기분을 드러내는 것이 아니라 일생 동안 경이로움과 평안의 경지를 구체화시키는 것'이라 하였고, 헤르만 헤세는 '인생이 살 만한 가치가 있다는 사실을 알게 해주는 것'이라 하였습니다. 톨스토이에게 예술의 목적은 '감정의 전달'이며, 영국의 예술 평론가 허버트 리드는 예술의 의미에 대해 '즐거운 형식을 만드는 하나의 시도'라 하였습니다. 또 미국의 소설가 폴 오스터가 쓴 『달의 궁전』에서는 예술의 목적이 "아름다운 작품을 만들어내는 것이 아니라 그것을 이해하는 방법, 살아가면서 자신의 자리를 찾아내는 방법에 있다"고 한 것을 보면 예술의 목적에 대한 명징한 답을 구하기가 쉽지 않은가 봅니다.

우리나라 미술시장은 80년대의 서구적 입장을 대변하다시피 한 고더니즘에 이어 미술의 이데올로기를 주창했던 민중미술, 장식적 효과와 개인적 성향의 풍경화와 정물화의 시대를 거쳐왔습니다. 백남준을 필두로 한 미디어와 설치미술이 종횡하던 90년대 이후에 이르면 우리나라의 정서와 서구적 경향이 접목되어 한국의 입장이 대변되는 창의적이고 다양한 미술 경향이 자리 잡습니다. 미술시장이 활성화된 몇 해 전부터는 이념과 사유에 의한 미술이 퇴보되면서 현란함과 기묘함을 앞세운 쾌락적 미술품이 시장을 장악하기도 했습니다.

최근의 미술 경향은 다시 이념과 사유에 의한 미술품이 서서히 자리 잡는 상황입니다. 예술에 대한 접근 방식이 보다 근원적이고 예술이 사회 속의 개체로서 자신의 입장을 대변하기 시작했음을 뜻합니다.

연애를 할 때는 적당히 나쁜 남자가 되어야 한다고 합니다. 착하기만 하면 매력이 없다고들 합니다. 드라마에 등장하는 나쁜 남자는 돈이 아주 많은 나쁜 남자입니다. 돈 없는 남자가 나쁜 남자가 되면 경범죄로 처벌받거나 소위 말하는 찌질이 궁상이 될 것입니다. 자본주의 사회에서 말하는 나쁜 남자는 돈과 권력이 있으면서 냉소적이며 비판적이어야 하는가 봅니다.

연애할 때의 나쁜 남자와 같이 미술에서도 나쁜 그림이 인기를 끌고 있습니다. 예쁘고 평범한 그림이 사라져가고 있습니다. 예술성과 관련된 좋고 나쁨을 이야기하는 것이 아닙니다. 여기에서는 사회를 하나의 인물로 가정했을 때 그에게 어떠한 관심을 표방하는가를 의미합니다. 장식하거나 옹호하는 것을 좋은 것으로, 외면하거나 흉을 보거나 하는 따위를 나쁜 것으로 가정하는 것입니다. 근래의 미술시장은 착한 그림, 예쁜 그림이 미술계의 한편을 장악하고 있지만 그 힘은 점점 약화되고 있습니다. 나쁜 그림이 대세를 이루고 있습니다. 중국의 4대 천황이라고 하는 웨민쥔, 장샤오강, 쩡판즈, 팡리쥔의 작품들도 자신들이 거주하는 사회를 싸늘하게 바라봅니다. 이를 두고 우리는 냉소적 사회주의라 말합니다.

세계에서 두 번째로 비싸게 거래된 잭슨 폴록의 작품을 보십시오. 그것이 옳다고 말할 수는 없지만 거기에는 개인의 이념이 들어 있습니다. 현실을 외면하고 사상을 거부합니다. "너희들은 너희들 맘대로 살아. 나는 내 나름대로 세상을 희롱할 뿐"이라고 말하듯 물감을 뿌리고 튕기면서 대형 작품을 만들어냈습니다. 개인 성향의 의미 없이 뿌려진 그림이 세계에서 가장 비싸다니 이건 분명히 나쁜 미술입니다.

　　그림 값 비싸기로 유명한 에두아르 마네도 나쁜 그림을 그렸습니다. 산 사람의 나체를 그려서는 안 되는 시대에 「풀밭 위의 점심식사」라는 작품을 버젓이 전시장에 걸었습니다. 거기에다 1865년에는 「올랭피아」라는 창녀의 그림을 출품하여 논란을 일으키기도 하였습니다.

창녀로 보이는 나체에 분노한 관람객이 지팡이와 우산을 휘두르는 바람에 우산이 닿지 않는 높이에 작품을 걸었다는 일화도 있습니다.

　　몇해 전 블록버스터급 전시로 서울 덕수궁 미술관에서 선보인 페르난도 보테로의 작품 역시 나쁜 그림의 속성을 가지고 있습니다. 보테로는 모나리자나 라파엘로의 작품을 비롯하여 루벤스나 피카소의 작품을 패러디합니다. 뚱뚱하고 비대한 인물을 작

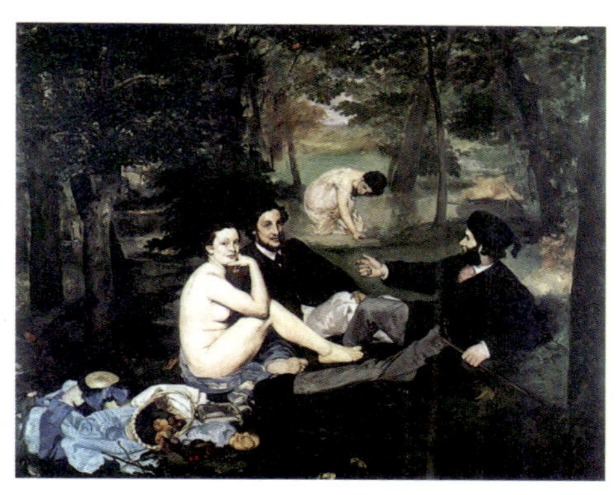

에두아르 마네, **풀밭 위의 점심식사**, 1863년, 캔버스에 유채, 208×264.5cm, 오르세 미술관, 파리

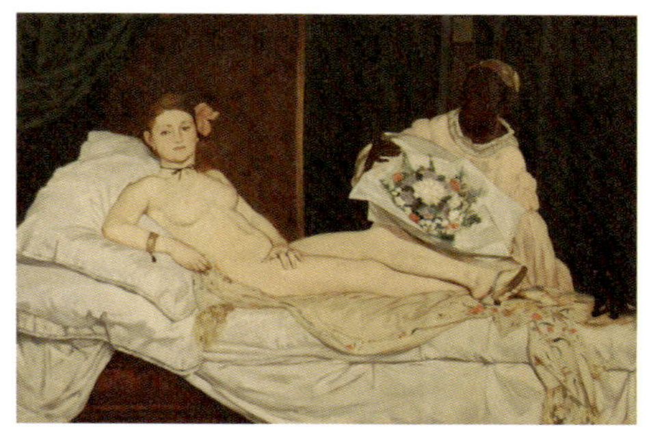

에두아르 마네, **올랭피아**, 1863년, 캔버스에 유채, 130.5x190cm

품의 주인공으로 삼으면서 유머와 풍자라는 이름으로 자본주의의 비정함을 비꼬고 있습니다.

　우리나라 미술시장에서 인기가도를 달리고 있는 젊은 예술인들의 작품도 나쁜 그림이 더 많습니다. 이것 또한 이념과 사유의 산물입니다. 어떤 이는 화려한 도시보다는 처절한 삶을 사는 달동네를 만들고, 어떤 이는 미디어와 함께한 자본주의의 꽃이었던 마릴린 먼로의 이미지 안에 사회주의 우상 마오쩌둥이나 미국의 정치 스타인 케네디를 포진시키면서 인기를 얻고 있습니다. 이러한 경향이 얼마나 지속될지는 모르지만 예술의 가치 중에서 사회구조에 대한 관심과 참여가 각광받는 시기가 된 것만은 분명합니다. 자신의 작품을 돌아보아야 합니다. 남의 관점에서 감상해볼 필요가 있습니다. 보통사람들이 궁금해하는 '왜 그렸는지' '무엇을 그렸는지' '무엇을 표현하고자 했는지'에 대한 자문이 있어야 합니다.

　예술이라는 것은 무엇을 어떻게 표현하느냐가 가장 중요합니다. 무엇을 표현하는가에서 '무엇'은 예술가마다 다릅니다. 하지만 같은 사회, 같은 시대, 같은 문화권에 산다면 비슷한 무엇으로 등장하기도 합니다. 그래서 때로는 너도 모르고 나도 모르는 이상한 암호를 마구 써대기도 합니다.

　'무엇'은 지금이나 과거보다는 미래를 향하는 것이 좋습니다. 미래는 아무도 모르기 때문에 아무렇게나 표현해도 뭐라고 할 수 있는 사람 없습니다. 없는 것을 그리다 보면 사회가 요구하는 현실과 부합되는 작품이 될 수도 있습니다. 없는 미래를 그리는 편이 좋습니다. 다만 과거와 지금을 기반으로 한 구체적인 무엇이어야 합니다.

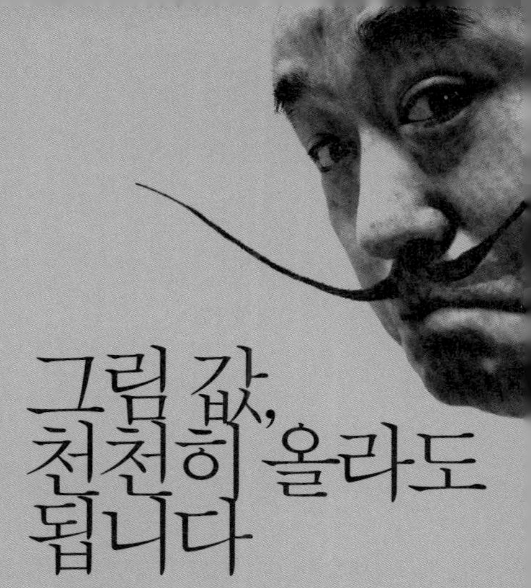

제3장

그림 값, 천천히 올라도 됩니다

예술과 아무 상관 없는 것들이 사실은 모두 예술과 연관된 것들이다. —조지프 그리즐리

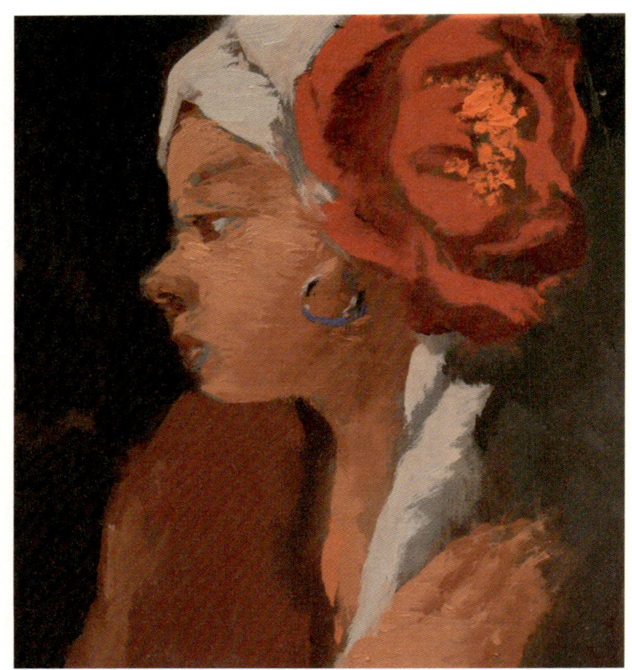

김일해, 花神, 2010, oil on canvas, 22x19cm

19. 있을 때 잘해!

절박하면 절반은 성공한 것입니다. 절박하면 해결의 실마리가 보입니다. 사실 처음부터 있었던 실마리였지만, 쑥스러움과 자존심 때문에 하지 않았을 뿐입니다. 절박하면 자존심이 사라집니다.

우리는 매일 절박해야 합니다. 너무나 배가 고픈 나머지 남의 사무실 냉장고를 뒤적거린 적이 있습니다. 평소에는 별스럽지 않게 냉장고에서 음료를 꺼내다가 배가 고파서 냉장고 문을 연 것이 어찌나 계면쩍던지……

요즘 미술계가 불황에 허덕이고 있습니다. 화가나 화랑이나 구매자나 민감할 수밖에 없는 시기입니다. 이럴 때 가장 힘든 이들은 적당한 명성과 적당한 판매가격을 형성한 40대에서 50대 중반의 작가입니다. 있는(?) 분들은 여전히 미술품을 구매합니다. 투자에 안전한 블루칩 작가나 고가의 작품들에 관심이 집중됩니다. 여기에 실력 있는 무명작가의 작품도 편승합니다. 수준 대비 가격이 낮기 때문입니다.

이럴 때 관심 받는 이들이 있습니다. 오랜 기간 친분을 유지해왔으며, 노동 집약적 작품으로 많지는 않지만 꾸준한 판매량이 있어왔고 인간성 좋은 작가가 주목받습니다. 예술작품에 왜 인간성이 필요한지는 누구나 잘 알고 있습니다. 서로 힘들기 때문에 상호 위로 차원이라고 해도 무방합니다. 이러한 시기에 주목 받는 작품 유형도 있습니다. 우울한 사회담론의 작품보다 즐거운 사회, 행복한 이념의 작품이 호평

받습니다.

한편으로는 젊은 작가들의 낯선 작품들이 관심을 받습니다. 문학에서 '낯선' 작품에 주목하듯이 말입니다. 낯선 작품은 불편이나 짜증이 아닙니다. 알아듣지 못하지만 언어 형식을 갖춘 생소한 표현은 '창의'에 가깝기 때문입니다. 불황이 지나면 사회는 약간의 재편성이 이루어지기 때문에 여기에 대응하는 변화발전의 준비동작입니다.

그래서 "있을 때 잘해"라는 말을 하고 싶습니다. 현재 자신이 처한 사회를 이해하고 받아들여야 합니다. 비관적이라면 비관적인 표현이 필요합니다. 외면이나 일탈을 꿈꾸어서는 안 됩니다. 포기도 안 됩니다. 예술작품은 예술가의 정신에서 비롯됩니다. 힘들 때 사회를 다독이고 어려울 때 주변을 이해하는 방식을 권합니다.

이 시기에 유포되는 작품 경향은 호경기 때와 다른 독특한 담론과 이미지들이 주류를 이룹니다. 낯선 이미지라는 것 자체가 새로운 형식을 지니고 있기 때문입니다. 몇 년 후에는 이들의 새로운 작품 경향이 미술계에서 영향력을 발휘하게 됩니다. 결국 보통의 사람들과 미술을 배워나가는 사람들은 조작된(?) 미술경향에 따라갈 수밖에 없다는 추론이기도 합니다. 여기서 조작이란 안 되는 것을 될 수 있게 하는 것이 아니라 될 만한 작품을 미리미리 마케팅하고 선매하여 이익을 추구하는 방식을 말합니다. 미술품 구입에 제공되는 기업의 지원 역시 기업과 연결되어 있는 화랑들이 추천하는 작가의 이미지를 기업 이미지로 활용하는 방식으로 전개됩니다. 보통 화가의 입장에서 보면 악순환의 연속입니다.

불황의 시기가 오면 미술계의 비리라든가 불합리한 제도, 화랑들에 대한 비판의 소리가 예술가들의 술안주가 됩니다. 힘들기 때문에 조금만 섭섭해도 많이 섭섭하다고 합니다. 작품판매와 관련된 이야기

이상열, **라라라 라다크**, 2012, 종이 위에 혼합재료, 29.5x50cm

부터 화랑과 인기작가의 유착관계, 작전세력과 여기에서 소외된 자신들의 비참함을 토로합니다. 작품 활동과 예술에 대한 논의보다는 현실 불만족이 주요 테마가 됩니다. 미래에는 자신들의 작업 경향이 소외될지도 모른다는 우려의 목소리이기도 하지만, 치열한 작품세계에 매진하기에는 현실의 경제와 상황이 너무나 버겁기 때문입니다.

미술계뿐만 아니라 호황과 불황은 서로 친하게 지냅니다. 호황이 오면 시간이 무척 빠르게 지나가지만 불황이 오면 언제 끝날지 모르는 나락이라 생각됩니다.

호황 때에는 가능성을 보면서 살아갑니다. 미래에 대한 희망도 가능성에 걸어봅니다만 불황이 되면 표본이 없기 때문에 실낱 같은 희망조차 잃어버립니다. 그럼에도 불구하고 어려운 시기이지만 여전히 많은 작가들이 자신의 예술 활동에 최선을 다하고 있습니다. 오늘도 작업실 한편에 쌓이는 예술정신을 통해 작품을 제작하고 있습니다. 불황이라고 하지만 신규 화랑의 숫자는 늘어나고 있습니다. 시장의 가능성이 높다는 반증입니다.

　미술시장에 발을 (담그고 있지 않고) 딛고 있는 이들은 언제든지 빠져나갈 준비를 하고 있습니다. 화가나 오래된 화랑이나 경제활동의 전부를 걸고 있는 상인들과는 다른 부류입니다. 이들은 없을 때 참 잘합니다. 밥도 사고 그림도 삽니다. 그렇지만 절박하지 않습니다. 하지만 새날은 언제나 옵니다. 어제와 다른 새날을 맞으면서 기분 좋은 소식이 많이 들렸으면 좋겠습니다. 새로운 것은 과거의 흔적을 기반으로 합니다.

　오세철의 작품도 그러합니다. 그는 카메라 렌즈를 통해 90년대 후반, 방관자적 입장에서 도시를 바라봅니다. 도시는 언제나 그 자리에 있지만 자신은 변화무쌍합니다. 작가는 렌즈로 세상을 바라보다 문득 한적한 폐교에 머뭅니다. 그의 시선에 포착된 도시의 현장은 흉물스럽거나 괴기스러운 폐교가 아니라 환상과 예쁨으로 포장되어 있습니다. 작품은 빛과 디지털을 활용한 회화적 기법이 강조됩니다. 작품에 드러난 빛은 창을 비집고 기어이 들어와서는 건물 구석구석을 핥습니다. 웅웅거리는 말소리와 누군가 뒤따를 것만 같은 음습한 발자국 소리, 바람에 의한 불 땐 흔적, 엉덩이 자국이 남아 있는 신문뭉치, 정액냄새 밴 커튼 뭉치……

　오세철의 눈에 들어온 사물들은 더 이상 더럽거나 음습하지 않습니다. 외롭게 우웅거린 벽 떨림 소리는 웅성거리는 학생들 소리나 선생님의 칠판 두드리는 소리의 기억으로 변신을 꾀합니다. 책상 위에서 연필치기를 하던 아이들의 손에는 어느새 부탄가스통이 쥐어져 있습니다. 환영의 시선(photism)입니다. 창 밖에는 그래도 꽃이 피고 나무들의 생장이 이루어집니다. 활달한 생명이 자라고 흥겨운 바람이 싱그럽습니다.

　셀로판지를 눈에 붙이고 세상을 봅니다. 붉은색과 푸른색, 노란색

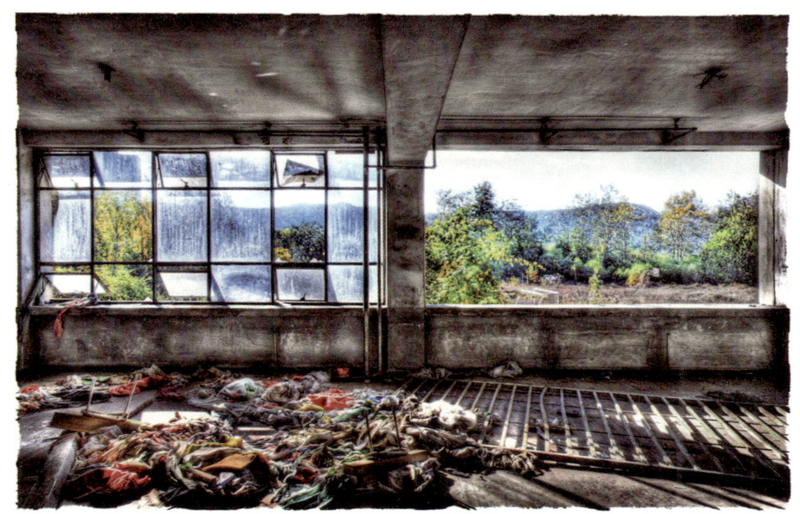

오세철, **photism #12**, 2011, digital print, 60.9x76.2cm

셀로판지에 침을 살짝 묻혀 눈가에 붙여서 본 세상은 어떤 색이든 붉게 보이고, 어떤 세상이든 노랗게 보입니다. 보통 세상에서 탈출한 신세계가 펼쳐집니다. 몸은 총 천연색 현실에 있으면서 눈만 다른 세상을 바라봅니다. 지금 시작입니다.

20. 왜 세계적으로 유명한 한국 화가는 별로 없을까?

　　　대한민국 만세입니다. 과거에 우리나라에는 세계적 명성을 가진 화가들이 참 많았습니다. 프랑스나 러시아, 유럽 어느 지역에서 전시하고 국제적 명성을 얻었다고 언론 플레이(?) 참 잘했습니다. 그러다 갑자기 유명한 화가들의 숫자가 줄어들기 시작했습니다. 과거에 그렇게 세계적 명성을 얻었다고 말하던 많은 이들이 지금은 조용합니다. 그래서 솔직히 말합니다. 우리나라에는 세계적인 명성을 가진 화가가 많지 않습니다. 우리나라에서 유명한 김홍도, 신윤복, 장승업이 있고, 더 멀리는 참새가 날아와 부딪혀 죽었다던 소나무를 그린 솔거도 있습니다. 어려서부터 이들은 천재 화가라고 배워왔습니다. 장승업은 영화로도 만들어졌습니다만 이 영화, 외국에 수출되었는지 모르겠습니다.

　　　르누아르도 알고 피카소도 알고, 고흐가 1853년에 태어난 것도 알고 있는데, 영화로 만들어진 장승업이 1843년에 태어났다는 사실을 알고 있는 사람은 얼마나 될까요? 나라의 경제력과 미술품 또는 화가의 명성이 함께 하는 것 아닌지 모를 일입니다. 그렇다면 세계 15위 권 내에 들어가는 경제규모인 우리나라에서는 세계 15위 권 내에 들어가는 화가들이 많아야 하는데 그렇지 못합니다. 좋아하는 화가들을 물어보면 고흐나 르누아르, 세잔, 클림트라고 이야기합니다. 이들의 그림은 미술책에도 나오고 우리나라에서 대형 전시회도 열렸습니다.

우리나라 화가 중에 좋아하는 사람을 물어보면 좋아하는 것이 아니라 아는 화가들을 이야기합니다. 이중섭의 흰 소는 미술책에 있어서 알고 있고, 박수근은 빨래터 위작시비로 알고 있을 따름입니다.

우리나라 태생으로 세계적으로 알려진 사람 중에 백남준 선생이 있습니다. 그러나 백남준 선생은 한국에서 태어나 자랐을 뿐 우리나라에 살지 않았습니다. 1936년에 태어난 이우환이라는 화가도 있습니다. 세계적 명성을 얻고 있는 우리나라 태생의 화가입니다. 1956년 일본으로 건너가 일본에서 활동하면서 일본의 대학교수로 화가 활동을 했습니다. 우리나라에서 태어나 우리나라에서 활동하면서 세계적 명성을 얻은 화가는 누구일까요. 외국의 미술계 언저리에서 알아주는 사람이 있나요?

2009년 4월 6일 홍콩 소더비의 아시아 현대미술 경매에서 백남준의 「TV를 보는 부처」가 약 3억 원 정도에 낙찰되었을 때, 중국의 장샤오강은 62만 1000달러, 웨민쥔은 58만 달러, 쩡판즈는 58만 달러에 팔렸습니다. 미술품이 비싸게 낙찰되었다고 무조건 훌륭하다 말할 수는 없겠지만 그래도 자본주의 사회에서 미술품의 명성을 가늠하는 잣대가 됨은 부인할 수 없습니다. 간헐적으로 젊은 세대의 화가들이 선전을 하기는 하지만 중국 화가의 작품가격에 견주면 1/10 정도에 머물고 있습니다.

우리나라 화가들 중에 세계적 명성을 가진 화가들이 많지 않은 이유는 무엇일까요? 예술가적 기질이나 작품성의 문제가 아니라 마케팅의 부재 때문 아닌가 싶습니다. 해외 아트페어에 소개하는 것만으로는 부족한 시대입니다. 보다 적극적으로 국내 화가의 우수성을 알릴 수 있는 방안이 마련되어야 합니다. 국내용 전문 인력이 아니라 국제용 전문 인력을 양성하여 이들의 활동범위를 확대시켜야 한다는 의미입니다. 기업이나 대형 갤러리는 물론이고 정부 기관의 적극 개입이 필요한 시점입니다. 국제적 갤러리스트나 딜러, 아트매니저에 대한 공식적 활동을 보장하는 구체적 방안 역시 마련되어야 합니다.

'우리나라는 안 돼!' 하는 심정으로 많은 이가 해외시장으로 눈을 돌렸습니다. 결과를 예측할 수 없음에도 안 하는 것보다는 낫다는 심정입니다. 그러면서 다시 한 번 되뇌입니다. '국내 시장에서 백날 천날 노력해도 안 된다'고…… 유럽이나 미국에서 거꾸로 치고 들어와야 한다고 말합니다. 해외 아트페어에서 떠야 그림이 잘 팔린다고 믿습니다. 국내 경매 시장보다는 홍콩 크리스티에서 스타가 되는 편이 빠르다 말합니다. 외국에서 유명해져야 우리나라에서 유명세를 탄다고 믿는 사람들이 많습니다. 미국에서 전시하라고 합니다. 수천만 원 들여서 미국이나 프랑스에서 전시하고, 그 나라 유명인과 사진 찍고, 그림 다 팔렸다고 언론플레이 하면 된다고 합니다. 참으로 어이없는 이야기가 아닐 수 없습니다. 내수가 없는 물건을 누가 산단 말입니까? 대안도 없이 외국에서 유명해지라고만 입니다.

거꾸로 생각해볼 필요가 있습니다. 환율이 우리나라보다 낮은 나라의 갤러리스트나 딜러가 몇천 만 원 쥐어주고 자기네 나라 작가를 전시 홍보해 달라고 한다면 너무나 쉽습니다. 적당한 갤러리 대관해서 국내 잡지 광고 지면 사고, 기사 광고 쓰고, 케이블 TV나 인터넷에 행사 홍보 만들면 됩니다. 광고기사인지 알게 뭡니까? 그 어떤 이가 자국에 돌아가 한국에서 대박났다고 거꾸로 홍보하고 소문낸다면 그가 스타가 될까요? 아이러니입니다.

문화 사대사상, 사대주의입니다. 사대사상(事大思想)이란 자신의 주관 없이 자신보다 나은 이에게 무조건 섬기며 의지하려는 사상입니다. 조선의 것이 아니면 무조건 좋아했던 시대도 있었습니다. 중국 그림이 좋고, 중국 벼루가 좋았습니다.

해방 후에는 일제 물건이 좋아 보였고, 60~70년대에는 미제 물건에 집착했습니다. 이제는 외국 컬렉터와 딴 나라 미술시장에 열을 냅니다. 그들이 사는 그림을 따라 사겠다는 발칙한 상상에 젖어 있습니다. 지금은 많이 달라졌지만 우리나라 언론에는 우리나라 미술이 잘 나오지 않았습니다. 텔레비전의 그림을 소개하는 프로그램이나 각종 신문이나 잡지의 "명작감상"은 처음에는 딴 나라 미술품 이야기였습니다. 명화라고 하면서 르네상스 시대의 미술품이나 낭만주의 시대 미술품만을 이야기합니다. 그것도 뭣 하면 그리스 신화나 서양의 전설이 담긴 그림을 설명합니다. 대중이 잘 아는 스타와 잘난 척 좋아하는 이들을 모셔놓고 말입니다.

마당놀이보다 오페라 관람이 더 폼 나고, 트로트보다는 발라드나 R&B를 더 품격 있다 생각합니다. 80년대까지만 하더라도 팝송을 한 글로 적어 외우고 다녔습니다. 막걸리보다 와인이 더 좋고, 국내산 청주보다 일본산 사케가 더 맛난다고 믿는 세상입니다. 그렇지만 아는 사람 다 압니다. 진짜도 있겠지만 여기에는 적당한 허영이 있고 잘난 척이 있다는 사실. 해외전시에서 성공했다고 언론플레이 하는 이들의 절반 이상은 쇼라는 사실을 아는 사람은 다 압니다. 국내에서도 잘 팔리지 않는 이의 작품이 해외 시장에서 순식간에 팔리는 이유에 대해서도 아는 사람은 다 압니다.

지금은 내수시장을 지켜야 할 때입니다. 괜히 사라져가는 사대사상 끄집어내지 말고, 뜬 다음에 귀국하라는 엉뚱한 말보다는 우리네 미술시장의 미래를 사고팔 때입니다. 나라를 사랑하는 마음으로 이들의 젊은 예술에 관심을 둘 때입니다. 예술은 어느 날 갑자기 확 나타나는 품목이 아닙니다. 오랜 경험과 축적된 사유에서 출발합니다. 지금도 우리나라의 많은 이들이 세계적 명성을 지닌 화가를 기다립니다. 유학하지 않아도, 인적 드문 외국 화랑에서 대박 치지 않아도, 다른 나라 문화부 장관이나 대통령상을 받지 않아도……

개그맨 이휘재가 주인공이 되어 "그래, 결심했어"라고 하면서 다른 것을 선택했을 때의 인생 이야기를 꾸민 오래전 프로그램이 있었습니다. '그때 그러지만 않았어도'라는 과거 후회형 사람들과 같이 순간의 선택에 인생이 좌우되는 상황을 이야기했습니다.

이와 유사하게 '혹'이라는 의미를 동화로 풀어내는 화가도 있습니다. 김래형이라는 화가는 '혹' 다른 방면으로 이해될 수 있는 삶의 가치를 동화를 통해 풀어냅니다.

김래형, 동화가 그림에 들다

그녀는 자신만의 특별한 이야기를 보통 사람의 이야기로 만들어 냅니다. 누구나 겪지만 특별한 상황에 대한 감성을 평범으로 풀어가는 방식입니다. 다 이해하지는 못한다 할지라도 아무런 문제는 없습니다. 그림이 동화의 한 장면이기 때문에 미술가의 경험을 자신의 경험으로 비견할 수 있습니다.

대다수 미술가의 경험은 특별합니다. 자신의 환경에 다양한 이유를 만들어내기 때문입니다. 현대인의 외로움이나 삶의 가치를 찾기도 합니다. 세상을 살면서 한번쯤은 그때 '그러지만 않았어도' 하는 회환을 이야기합니다. 후회라기보다는 지금보다 나았을지 모른다는 과거형 희망입니다. 김래형의 작품은 혹시(或是), 어쩌면, 그랬다면 등에서 시작됩니다. 그러면서 자신을 바라보고 돌아봅니다. 이것이 「혹(惑)」

시리즈입니다.

혹 시리즈 중에서 「惑-나는 왕이다」는 현재의 자신과 사회에 대한 탐구를 시간과 공간의 관계로 풀어내고 있습니다. 작품에서 모란은 역사를 넘나드는 시간 여행자가 됩니다. 피고 지기를 반복하면서 형상에 대한 질문의 공간을 구성합니다. 어떤 꽃은 꽉 차 있고, 어떤 꽃은 비어 있습니다. 배경과 섞여 과거와 현재를 이야기합니다. 여기에 매화꽃이 슬며시 참여합니다. 최소한 작품에서 사람은 세상을 유지하는 창조자가 됩니다. 모란이거나 매화이거나 상관없습니다. 임금의 배경에 있었을 일월오봉도(日月五峰圖) 비슷한 그림이 중앙에 자리합니다. 소나무가 있을 자리에 도자가 있고, 해가 있을 자리에 달이 있습니다. 해는 나무에 가려 보이지 않습니다. 이것은 그녀가 세상을 바라보는 창의적 시각입니다.

어릴 적 보았던 동화를 어른이 되어 다시 보는 속 깊은 이야기입니다. 자신의 마음에서 출발하였지만 다른 사람의 마음에 여유가 되기를 희망합니다. 바쁜 일상에서 잠시 돌아볼 시간의 공간 연출입니다. 블특정의 사물에 자신이 비견됩니다. 그녀의 무대에 도자기나 꽃나무를 출연시킵니다. 도자기가 그려집니다. 도자기는 꽃을 피우고 생명을 키우는 곳이며 기름진 땅입니다. 길상과 행복, 소망과 미래를 담는 그릇입니다. 교훈과 덕목을 말하면서 그렇게 되지 않았더라도 지금에 만족하며 지금을 행복해할 줄 아는 사람들이 표현됩니다.

그녀의 작품에 등장하는 인물이나 동물들은 드라마 "시크릿 가든"에서 남자주인공이 말하는, 일곱 난쟁이 어장 관리하다가 사회지도층의 키스로 냅다 튄 백설공주입니다. 인생에 순종하는 것이 아니라 적응하면서 극복하여 자신의 가치를 찾는 이야기가 됩니다. 자신의 마음을 묻어놓은 곳에는 사람들의 숙제가 있습니다.

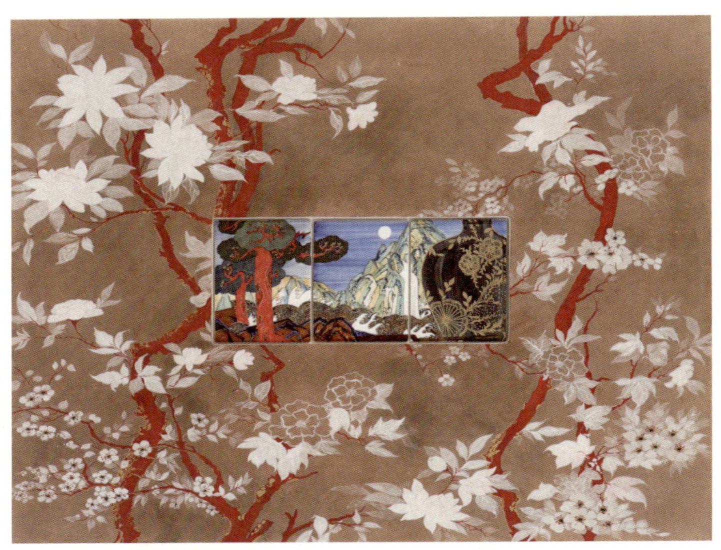

김래형, **惑-나는 왕이다**, 2013, 광목에 채색, ceramic, 116.8×91cm

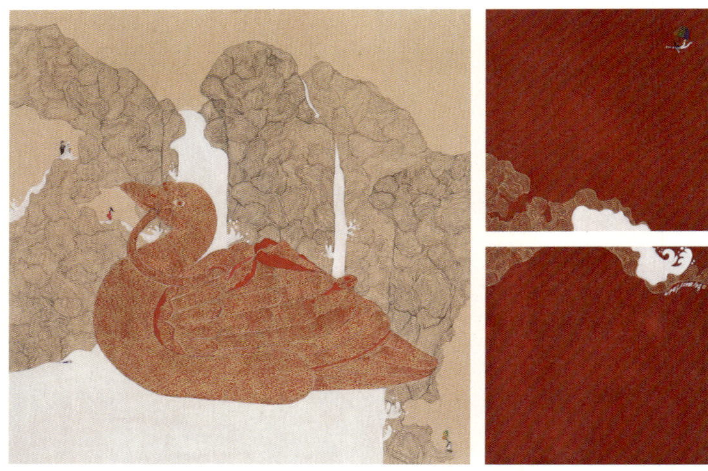

김래형, **惑-나의 걸리버 여행기**, 2013, 광목에 채색, 46x68cm

김래형

단국대학교 동양화과와 동대학원 졸업. 이즈갤러리(개인전). 인사아트센터(개인전), 공평아트센터(부스전).
k갤러리. 정수화랑(2인전). 홍콩 뱅크아트페어. 숨갤러리. 혜화아트센터. 서울시립미술관(단체전) 외 다수 전시.
온궁 미술대전 대상 등 다수 수상. 현 서울미술협회, 현대미술작가회 활동중.

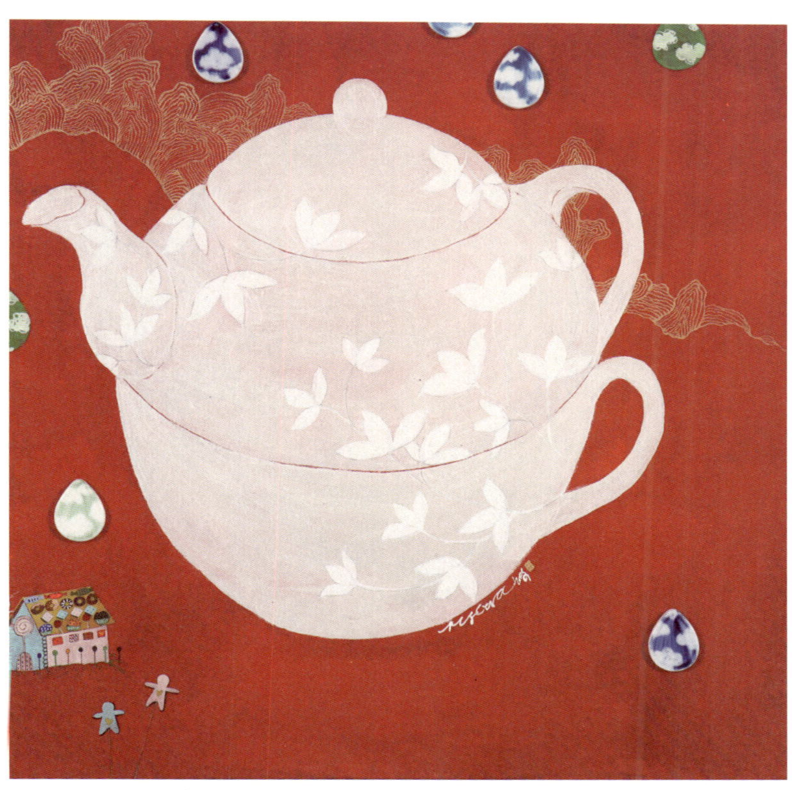

김래형, **惑—헨젤과 그레텔**, 2013, 광목에 채색, ceramic, 46x46cm

작품 「惑-선덕여왕」
은 어떤 가치에 대한 이야
기입니다. 선덕여왕이 나
오는 역사 이야기에서 모
란은 향기가 없는 꽃이었
습니다. 그러나 실재로는
향기가 있는 모란꽃이 더
많습니다. 동양회화에서
모란은 부유함을 상징합
니다. 향기의 유무와 상관
없이 선덕여왕의 모란에

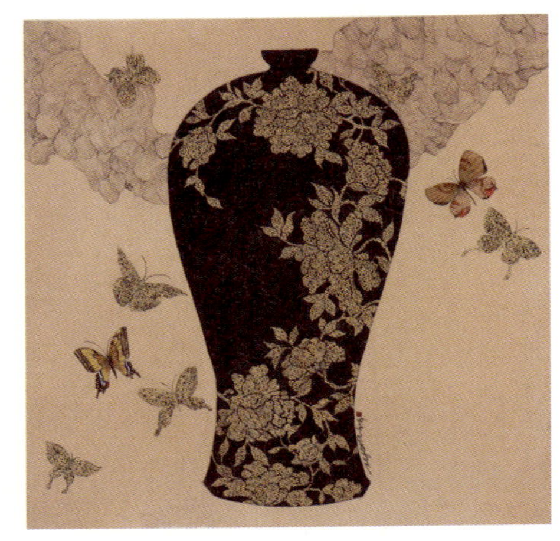

김래형, **惑-선덕여왕**, 2013, 광목에 채색, 46x46cm

나비가 모여듭니다. 도자에 피어 있는 선덕여왕의 모란은 어느새 나비
가 되어 현재의 나와 함께 세상을 유영합니다.

과거와 현재가 만나 색다른 가치와 의미로운 생명을 제공하는 지
금이 됩니다. 향기가 없는 꽃을 도자에 심어둠으로써 삶의 향기가 있
고, 역사의 향취가 배어 있게 합니다. 역사가 그녀의 작품에 들면서 향
기 가득한 꽃이 됩니다. 역사가 오늘에 피어 사람들의 마음을 담아 풀
어내는 해방구가 됩니다. 일종의 부적입니다. 미술작품에 대한 가치와
예술의 의미를 찾아가는 시간이 됩니다.

동화에 나오는 이야기를 연상시키면서 사회와의 조화로운 삶을
구현합니다. 과거와 현재의 조우가 시작됩니다. 과거의 이야기가 지금
나타나 사람들을 관찰합니다. 할머니의 팥죽 한 그릇에 알밤과 송곳,
맷돌, 자라, 멍석과 지게가 호랑이를 물리치는 이야기가 미술작품에
나타나면서 현대사회의 복잡한 이면에 이릅니다. 작고 소담스러운 옛
이야기가 드러나지 않고 보이지 않는 현대사회를 대변합니다.

붉은색 바탕에 차 주전자가 화면을 장악하고 있습니다. 좌측 아래에는 과자로 만든 집과 과자로 만든 헨젤과 그레텔이 있습니다. 작품「惑-헨젤과 그레텔」에는 사람 사는 모습이 있습니다. 거기에는 도자기가 붙어 있습니다. 그림에 붙어 있는 도자기는 이야기의 시작점이며 종결점입니다. 생명의 시작인 대지이면서 땅이면서 물이며, 공기입니다. 동화 속 세계가 또 다른 생명을 얻습니다. 이렇듯 김래형은 미술작품 구조에서 자신의 심상에 오른 이미지를 동화를 통해 풀어내고 있습니다.

개인적인 언어체계로 그렸지만 이미 익숙한 이미지로 감상자를 맞이합니다. 특별한 사물을 보편으로 전환하는 능력이 있습니다. 자연의 힘 앞에 소박한 인간을 그리는 것이 아니라 자연과 함께하는 사람을 그립니다. 사람은 과거에 살거나 미래에 살거나 언제나 함께 있습니다.

그녀의 작품에는 과거와 현재를 한 장소에서 만나게 하는 시간과 공간의 중첩이 있습니다. 시간은 추상적 개념입니다. 과거는 과거의 시간이 아니라 현재의 시간과 함께하는 역사입니다. 사람들이 활동하는 공간은 과거를 바탕으로 내일의 시간을 있게 하는 지금이 됩니다. 과거와 현재, 현재와 미래를 소통하게 하는 감각적 표현입니다. 사람들에게 익숙한 사실과 사물을 재현함으로써 조금은 어렵거나 힘겨운 정신적 가치에 접근을 유도합니다. 스스로에 대한 철학적 질문을 감상자에게는 즐거운 마음으로 이해되게 하는 매력이 있습니다. 이것은 세상을 대하는 즐거운 마음입니다. 즐겁다는 것은 흐뭇하고 기쁜 일입니다. 보는 것이 아니라 읽어보는 작품입니다.

21. 권모 씨와 술수 씨가 살아가는 동네

미술에도 물론 시장이 있습니다. 시장은 사고파는 것을 목적으로 하기 때문에 사고자 하는 사람이나 조직과 팔고자 하는 사람이나 조직이 있다면 그곳이 바로 시장입니다. 미술 자체는 무형의 것이기 때문에 팔기가 어려운 품목입니다만, 미술작품은 언제든지 사고팔 수 있는 공간과 여유가 있습니다.

우리나라 미술시장의 빠른 회복과 확장을 위해서는 새로운 시장 개척과 함께 미술품의 다양성을 인정하는 풍토가 필요합니다. 한 예로 미술품의 가격과 화랑의 규모와 거래량으로 미술의 수준을 가늠하지 말아야 합니다. 화랑 경영의 실패요인 중 가장 큰 이유는 사람과 창의와 영업을 판매하기보다는 그림을 판매하고자 했기 때문입니다.

미술시장은 고급 백화점과 다릅니다. 백화점은 상품과 사람이 필요하지만 미술시장은 상품이 아닌 예술과의 거래가 우선되는 곳입니다. 예술은 무형의 것이기 때문에 직접적인 수익이나 재화와의 교환이 일어나지는 않습니다. 명품만을 파는 백화점에서 상품을 선별하는 것은 당연한 일입니다만 예술작품에 담긴 예술을 선별하기란 쉬운 일이 아닙니다. 가격과 명성을 위한 마케팅만으로는 부족하죠. 미술시장에서는 가격과 상관없이 모든 예술이 명품입니다. 때로는 예술작품이 맘에 들지 않는다 할지라도 그것은 이미 명품이기 때문에 거래가 가능합니다. 예술의 가치를 거래 규모와 가격으로 책정할 수 없기 때문입니다. 여기서 미술작품의 거래는 부산물일 수밖에 없습니다. 예술가는 돈의 노예가 아닙니다. 예술가는 예술작품의 노예이며, 예술작품은 예술가 바로 그 자신입니다. 예술가는 거래품목이 아닙니다. 예술가를 에워싼 예술이나 그가 종속된 예술작품이 거래품목이 되는 것입니다.

우리나라 시장경제의 문제점 중에 중소기업 진흥의 부재라는 말이 있습니다. 중소화랑과 신생화랑을 재래시장과 같다고 억지로 우기면서 보자면, 재래시장은 절대 망하지 않는다는 논리가 인정되어야 합니다. 재래시장은 신선한 식품과 가격 경쟁력이 월등하기 때문입니다. 그러나 현실은 다릅니다. 재래시장에 종사하는 많은 이들이 먹거리를 걱정해야 하는 지경에 왔습니다. 거대한 문화에 자리하는 미술시장은 전체가 백화점이어야 하고 전체가 재래시장이어야 합니다. 미술품의 거래 가격과 화랑의 거래 규모, 화랑의 크기를 잣대로 미술품의 품격을 논하여 배척해서는 안 됩니다.

1960년 10월 1일 대한민국미술전람회 오픈일과 맞춰 덕수궁 벽에서 "벽전"이라는 전시행사가 있었습니다. 당시에는 미술시장이라는 개념도 별로 없는 시대여서 국전에서 입선만 하면 작품이 자연스레 매매되는 시절이었습니다. 그러다 보니 좋은 작품을 선별하는 과정에서 이념적이거나 진보적인 작품이 당선될 리 없었습니다.

'탐욕과 실권 장악의 수단으로 변질되고 있는 국전'에 대한 항거였습니다. '행동할 수 있는 자유와 창조를 현시할 수 있는 자유'를 달라며 기득권의 벽에 대항한 항거의 일환이었습니다. 1979년에는 '현실과 발언'이라는 민중미술 단체가 결정되었습니다. 정치적 정세에 반하여 시위 현장에서 걸개 그림을 그리거나 농민과 노동자, 도시빈민의 입장에서 현실을 직시하는 그림을 그렸습니다. 돈과 관련된 시장은 아니었지만 이미지가 소비되는 형태였기 때문에 시장이라고 볼 수도 있습니다.

1985년에는 "한국미술 20대 힘 전"이라는 전시회가 있었습니다. 아람미술관과 서울미술공동체가 주최하는 전시였는데 현실에 대한 젊은 예술인들의 비판의식이 주를 이루었습니다. 정치적으로 민감한 시기여서 전시장에 경찰이 난입하여 작품을 압수하고 훼손한 사건이 있었습니다.

이 역시 미술시장의 한 모습입니다. 어느 화가는 우리의 주식인 쌀로 혁명의 인물을 표현해내기도 합니다. 그렇다고 미술이 정치적이거나 이데올로기적 입장만을 추구한다는 의미는 아닙니다. 다만 사회적으로 정치적으로 소외되어 있는 미술에 활력을 불어넣기 위해서는 사회에서 반드시 필요한 요건을 가져야 한다는 것입니다.

미술시장은 우리 사회를 살찌우는 중요한 덕목 중의 하나입니다. 사회에 대한 부정이나 긍정이 사회 발전에 일조할 수 있다는 것을 의미합니다. 또한 예술가의 부정이 관람자에게는 긍정으로 긍정이 부정으로 이해되는 역설의 관계가 형성되기도 합니다.

최근의 미술 경향을 보면 사회적 입장을 표명하기보다는 유행에 민감하거나 가벼운 소재나 화려함을 강조하는 경향이 짙어지고 있습니다. 심성을 자극하기보다는 눈을 자극합니다. 미술품들이 너무 가볍고 일시적 유행을 추구하고 있지 않은가 하는 의구심까지 듭니다. 예술이 사회의 산물인 이상 사회적 존재가치로서 사회구조에 근거한 활동의 영역과 범위를 찾아나가야 할 것입니다.

시장에 사는 예술가들은 언제나 거짓을 말합니다. 사실 자체는 없다고 해도 과언이 아닙니다. 평면에 집을 그려놓고 입체감을 느끼라 말합니다. 거의 생활입니다.

우리네 보통사람도 마찬가지입니다. 배우자가 말하는 "사랑해!"

라는 말을 얼마나 믿을 수 있을까요. 많은 부부가 "당신을 사랑해"라는 달콤한 거짓말을 입에 달고 삽니다. 마음에서 우러나오는 말이 아닌 것을 알면서도 그 사랑이 진심이라고 억지로 믿습니다.

"거짓말의 발명(The Invention Of Lying)"이라는 영화가 있습니다. 거짓말이 무엇인지 모르는 나라에는 감언이설(甘言利說)도 없고 사랑을 위한 사탕 발림도 없습니다. 거짓말이 없기 때문에 진실도 없습니다. 텔레비전은 거짓말을 잘 합니다. 텔레비전이 무슨 생명이 있어 거짓말을 하랴 싶지만 거기 나오는 인물들이나 사건들을 직접 접하지 못하기 때문에 텔레비전에다 하소연할 수밖에 없습니다. 미녀 대중스타들의 통과의뢰라고 하는 '맨얼굴'을 보여줍니다. 수영 후, 혹은 아침에 부스스한 얼굴을 보여주는데 아무리 봐도 화장발입니다. 드라마에 나오는 주인공의 성격은 너무나 좋습니다. 얼굴 되지, 몸매 되지, 성격 좋지, 뭐 하나 부족한 부분이 없습니다. 하지만 그 드라마 주인공이 아닌 사람으로서 그 사람의 성격 아주'머니 같을' 수 있습니다.

미술시장의 위작은 밝혀져야 위작입니다. 위작이 진품보다 더 많은 사실로 무장하고 있습니다. 다만 파는 사람과 사는 사람의 거짓이 있을 뿐입니다. 위작이면서 위작이 아니라는(진품) 것을 증명하는 작품 감정서를 첨부하는 센스! 5천만 원짜리가 천만 원밖에 안 한다는 파격적 할인율! 보존 상태며, 감정서며, 작품의 소장 경로(누구의 손에 있었는가 하는 경로는 작품 매매시 아주 중요한 부분입니다)를 온전히 밝히는 친절함! 위작으로 판매되는 미술품의 성격은 너무나 좋습니다. 부족한 부분이 없습니다. 하지만 그 진짜 같은 가짜는 사는 사람과 파는 사람이 서로 필요에 의해 만나는 아주 '비합법적' 만남일 뿐입니다. 가짜를 사고파는 것은 자기들 문제이지만 가짜가 시장에 나와 진짜인 척하는 것이 문제입니다. 우리나라 명품가방의 짝퉁은 짝퉁이 아닙니다.

너무나 많은 숫자의 짝퉁이 있기 때문에 그러려니 하고 삽니다. 가짜가 판을 치면 가짜가 아니라 그냥 그러한 것입니다.

미술시장에는 짝퉁 미술품도 있고, 사이비 미술품도 있고, 가짜 미술품도 있지만 짝퉁 화가는 없습니다. 사이비 예술가, 가짜 화가도 없습니다. 예술품이 서툴지 모르지만 예술은 항상 우아하고 품위 있습니다. 이러한 권모 씨와 술수 씨가 살아가는 동네에 아름다운 마음을 지닌 예술가들이 살아갑니다.

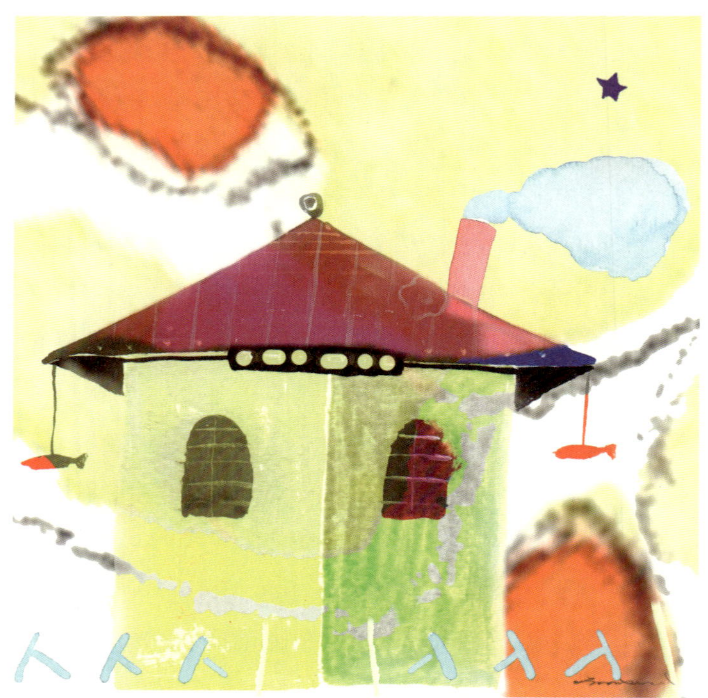

최문희, **기쁜 우리 젊은 날**, 2012, 혼합재료, 31x31cm

22. 미술품의 저작권

"작가의 작품을 보유하고 있습니다. 작품 이미지를 가게 간판에 프린트하여 쓸 수 있나요?"

절대 안 됩니다. 큰일 납니다. 작가의 작품을 매입할 때 작품 이미지 저작권까지 매입한다는 계약서가 없는 한 작품 이미지는 작가의 것입니다. 저작권법상 작가 사후 50년이 지나면 작품의 저작권은 말소가 되지만 작품을 촬영한 데이터에 또다시 저작권이 형성됩니다. 작품을 직접 촬영하여 사용하는 것은 무방합니다.

"어디 전시장 가니까 제 작품과 정말 똑같은 작품이 걸려 있어요. 지난번 작업실에 와서 작품 제작에 대해 이것저것 물어본 사람이더군요. 이거 저작권법 위반에 해당되지 않나요?"

"제 작품이 광고의 배경으로 나오던데……"

화가의 작품에 대한 저작재산권(이하 저작권) 보호는 어디까지일까요? 텔레비전 광고 배경으로 나오는 작품은 저작권 보호를 받지만 자신의 작품과 흡사한 다른 이의 작품은 저작권보호 관련에 있어 아주 모호합니다. 사과 두 개를 그린 것을 보고 사과 한 개만을 그렸다면 두 작품 경향이 같다 할지라도 다른 작품이기 때문입니다.

미술품이 저작권 보호를 받기 위해서는 개인의 생각을 사상과 감정이 포함된 상태로 표현해야 합니다. 아이디어는 저작권 보호를 받지 못하기 때문에 누군가 자신의 작품 소재와 흡사하거나 거의 꼭 같은 방법으로 그리더라도 법적 제재는 곤란합니다. 다만 같은 업계에 종사하는 사람으로서 도의적 비난을 면치 못할 뿐입니다.

화가의 저작권은 사후 50년으로 정해져 있습니다. 간혹 TV 홈쇼핑에서 판매되는 명화들은 저작권 시효가 지났기 때문에 화가나 미술관의 동의를 구하지 않아도 무한정 복제 판매가 가능합니다. 다만 이미지 복제를 위한 슬라이드나 이미지 데이터에 대한 출처는 분명해야 합니다.

화가가 실명이 아닌 예명(藝名)이나 이명(異名) 또는 무명으로 발표한 작품의 경우에는 발표한 때부터 50년간 저작권이 보호됩니다. 50년이 지나 저작권이 소멸되었다 할지라도 저작인격권은 후대[孫子女]에까지 보호되기 때문에 원작에 대한 변형이나 서명 삭제를 해서는 안 됩니다.

따라서 어떤 사람이 작품을 구매하였다 할지라도 저작권 매입 계약서가 없는 한 작품 이미지를 마음대로 활용할 수 없습니다. 광고를 위한 인쇄나 판화를 제작하는 행위 역시 불가합니다. 다만 작품 판매를 위한 인쇄물 발간은 가능하며, 기본 비용을 회수하기 위한 인쇄물 판매도 가능합니다. 그러나 전시장을 벗어난 곳에서 책자를 판매해서는 안 됩니다. 저작권법에는 원작품을 양도한 경우에는 원작의 전시상식에 의한 공표를 동의한 것으로 규정하고 있습니다(제11조 3항).

미술작품의 저작권 보호에 해당되지 않는 경우는 교육이나 재판 목적, 시사보도, 비영리적 공연이나 방송 등이 있습니다. 인터넷에서 다운받은 그림을 인쇄하는 정도는 용인되고 있습니다. 개인이 이용하거나 가정 및 이에 준하는 한정된 범위 안에서 이용하는 경우는 저작권 보호에 해당되지 않습니다(제27조).

일부 국외의 경우에는 추급권이라는 것도 있습니다. 2001년에 체

결된 베른 협약에 따라 미술품이 전문 중계상(경매회사 등)을 통해 판매될 경우 일정 비율의 금액을 화가에게 지급해야 한다는 규정입니다. 개인 거래나 공공미술관과의 거래는 해당되지 않습니다. 이 협약을 인정하는 나라는 협약에 가입한 EU 회원국과 미국의 캘리포니아 주 정도에 불과합니다.

저작권과 관련된 표절 문제는 항상 돈이 문제입니다. 누가 누구 것을 베꼈네, 똑같네 하는 이야기는 작품이 돈이 되는 순간 발생합니다. 최근 한복 입은 여성의 이미지를 작품화하는 어떤 두 작가의 표절 시비도 있었습니다. 두 작품의 개연성은 거의 없어 보입니다. 하지만 뒤늦게 한복 입은 여성을 그린 작가의 작품이 완판되었다는 언론기사가 나간 후 표절시비가 급속히 커지기 시작합니다. 아마도 배가 아픈가 봅니다. 이러한 표절시비는 항상 있어왔습니다. 작가가 작가의 작품을 베끼는 일은 거의 없습니다. 비슷하게 등장하는 경우가 왕왕 있을 뿐입니다.

어떤 미술품이라도 작가 사후 50년이 지나면 저작권 시효도 소멸됩니다. 상품으로 만들어도 됩니다. 그러나 유족에 의한 상품권 또는 상표권이 등록되어 있다면 2차 저작권이 형성됩니다. 인터넷에 떠도는 이미지 다운받아 한두 장 출력하여 집에 걸어두는 것은 상관없으나 상품화했을 경우 이미지에 대한 최초 촬영자의 허락이 있어야 합니다. 최초 촬영자에게 2차 저작권이 있습니다.

미술가가 다른 미술가의 작품과 엇비슷한 이미지를 사용해도 법적 제한은 없습니다. 어느 미술가의 작품 일부를 변형 없이 그대로 가져왔다면 "○○의 작품 인용"이라 하면 됩니다. 어느 작품과 아주 비슷하다 할지라도 작품의 내용이 다르면 모방이 아닌 경우가 더 많습니다. 하지만 공모전은 다릅니다. 콩쿠르라고 하는 미술 공모전은 공모

자체가 새롭고 신선한 작품을 선발하는 것을 목적으로 합니다. 어느 작품과 비슷하다고 하면 법적인 문제가 아니라 콩쿠르의 근본 문제와 관련이 있습니다.

유명 스타의 얼굴을 미술작품으로 옮겼을 경우에는 판매가 되면 재산권으로 변경됩니다. 조심해야 합니다. 스타가 아니라 스타가 속한 소속사에서 소송 들어옵니다. 초상권은 법적 문제가 아니라 인격권과 재산권으로 나뉘어 있습니다. 저작권과는 별개입니다. 그러다 보니 공인인 정치가나 대중스타는 인격침해가 아닌 경우는 대충 넘어갑니다.

표절이냐 인용이냐 하는 문제는 작가의 양심에 맡기는 수밖에 없습니다. 베꼈어도 입 다물면 끝입니다. 미술을 배우는 입장에서는 좋은 작품 인용하는 것이 배움의 좋은 길입니다. 좋은 작품을 인용하여 사용하는 것은 문제가 없습니다. 그러나 그것을 전시하여 판매하거나 상품화해서 재산으로 환원될 경우 법적인 문제로 발전될 가능성이 있습니다.

여기서 꼭 알아야 할 한 가지, 위작과 표절은 다릅니다. 위작은 원작인 척해서 팔리기 때문에 범죄에 속합니다.

23. 그림 값, 천천히 올라도 됩니다

"관장님 화랑에 ○○○ 작품 100호짜리 있나요?"

"이상하네. 그 화가 작품 나도 찾고 있는데, 누가 산대요?"

"저도 전해들은 거죠, 혹 같은 사람 아닐까요?"

누군가 높은 가격의 미술품을 사겠다고 하면 그 그림을 구하기 위한 일대 혼란이 생깁니다. 본인이 보유하고 있다면 좋겠지만 그렇지 않기 때문에 다른 화랑이나 컬렉터들에게 연락을 취합니다. 팔았던 가격보다 높은 가격에 팔겠다는 의향을 전합니다.

지난달에는 ○○○의 여름풍경을 4천5백에 사겠다는 이야기가 시장을 장악하더니, 지난주에는 □□□의 작품에 추상 이미지가 결합된 것을, 며칠 후에는 △△△의 소나무 세로작품을 찾습니다. 이러한 일들이 거의 매주 한두 번씩 발생합니다. 그것도 인사동, 평창동, 사간동, 청담동 일대에서 공통적으로 일어납니다. 그림을 찾는 손님이 누군가를 역추적해보면 진원지는 많아야 두세 곳에 불과합니다. 손님은 적고 팔고 싶은 욕심이 많기 때문에 일어나는 사건입니다.

이를 거꾸로 생각해보면 컬렉터(혹은 일부 화랑) 네댓 명이 모이면 작품 가격 올리기 작전이 가능하다는 결론이 나옵니다. 어떤 이가 A화랑에 특정한 그림을, 또 다른 이가 B화랑에 같은 화가의 작품을 구매하겠다는 의사를 밝히면 그 소식은 순식간에 거의 대다수 화랑에 전달됩니다. 땅이 좁아서 그런지 지나칠 정도로 발달한 네트워크 덕분인지 몰라도 소문과 정보는 무척 빠르게 퍼집니다. 진정으로 그 작품을 사고자 하는 경우가 더 많겠지만 가끔씩은 가격 올리는 방법으로 사용되는 듯합니다.

"인사동 스캔들"이라는 영화에 등장하는 작전과 위작 사건들은 심한 과장이기는 해도 전혀 없었던 일은 아닙니다. 과거 70~80년대의 복부인들이 투자처로 사용했던 골동품 과열 시장을 소재로 한 이야기입니다.

미술품 가격은 누군가 책정하는 것만은 분명한데 누가 책정한 것인지 알 길이 없습니다. 사려는 이와 팔려는 이 사이 어느 지점에서 형성됩니다. 화랑과 컬렉터, 화가와 갤러리스트의 긴밀한 관계에서 만들어집니다. 서로간의 믿음과 의리, 인간적 친분 또한 중요합니다.

미술품에서의 거품은 시대를 막론하고 항상 있어왔습니다. 호경기와 불경기가 반복되기 때문입니다. 어느 화가의 작품은 구매가 대비 현재 가격이 60% 이상 하락했고, 반 토막 난 미술품도 허다합니다. 호경기 시절에는 일부 컬렉터와 일부 화랑관계자들의 개입으로 미술품 가격의 거품이 더욱 부풀어오르기도 합니다. 고미술과 저명한 중견 작가의 거래는 줄어들고, 인기 급상승한 몇몇 작가의 작품들이 날개를 답니다. 현재도 그런 경향이 있기는 하지만 그래도 예전 같지는 않습니다. 예술성에 대한 평가보다는 돈 되는 미술품이라는 명목 하에 많은 사람들이 사고팔고를 반복해왔습니다. 이제는 다소 안정되어가는 모습이기는 하지만 특정 작가의 작품을 찾는다는 소식이 미술시장 전역에 떠다니는 것을 보면 이들의 마지막 작전이 아닌가 하는 생각이 들기도 합니다.

"그 나이에 벌써 호당 20만 원이라고?"

"10년이나 20년 후에는 어쩌려고 그렇게 비싸게 받는데?"

작품 거래가 꾸준한 50이 넘은 작가의 말입니다. 자신도 근 10여 년째 호당 20~25만 원 정도에 거래되는데 서른이 채 안 된 작가의 작품가가 호당 20만 원이라는 소리에 미래를 걱정합니다. 지금 당장이야 인기가 있어 그렇게 팔린다고 할지라도 미술품 거래가 주춤하는 시기가 되면 거래가 어려울 것이라는 소리입니다. 그는 현재 가격이 호당 25만 원임에도 비싸다는 소리를 듣는다고 합니다. 작품 거래가 없어도 친구 따라 가격을 올리기도 한 것이 우리나라 미술시장이었습니다. 이러한 경향을 요즘 젊은 작가들이 따라합니다. 대학원 졸업하는 나이면 무조건 호당 10만 원이라고 합니다.

그러면서 젊은 작가에 주목하라는 말을 많이 합니다. 젊다는 것은 작품도 참신하지만 작품 가격도 만만하다는 의미일 것입니다. 아시아프(아시아 대학생 청년작가 미술축제)에는 작품가격이 호당 2~5만 원 정도 하는 작품도 있습니다. 대학생이기 때문에 작품가격이 그런가 봅니다. 그런데 소위 잘나간다는 젊은 작가(30대)는 나이만 젊을 뿐이지 가격은 결코 젊지 않습니다. 젊은 작가는 이럴 때 긴장해야 합니다.

구매자는 거래가 없더라도 작품가격이 오르길 기대합니다. 지금 200만 원에 매입한 작품이 10년이 지나도록 제자리 가격이거나 거래가 없다면 미술시장에서 사장되기 쉽습니다. 평생에 걸쳐 꾸준히 판매되면 좋겠지만 예술은 오랜 시간과의 싸움입니다. 일순간의 인기가 지속될 가능성은 희박합니다. 10년이 지나도록 작품 가격의 상승이 없으면 작가의 인지도와 인기가 시들었다고 생각하기 쉽습니다.

사실 그림을 처음 구매하는 이들에게는 50만 원도 비싼 가격입니다. 아파트 벽면을 장식할 요량으로 구매하는 3만 원짜리 액자도 비싸게 느낍니다. 예술작품이라는 것은 수집이 취미가 아니라 이해가 우선되기 때문에 구매가 쉽지 않습니다. 지나가다가 200만 원짜리 작품 그냥 사는 이는 거의 없습니다.

얼마에 팔 것인가를 이야기했기 때문에 얼마에 사는가에 대한 이야기를 이어보겠습니다. 얼마짜리를 살 것인가를 물어오면 이렇게 답합니다.

"3개월 할부해서 살 수 있는 금액이 있을 것입니다. 그 금액이 최초의 작품 매입 가격으로 적당합니다."

누구는 천만 원이 될 것이고 누구는 30만 원이 될 것입니다. 우리나라에서 엘리트급으로 인정받는 대기업 샐러리맨들은 70만 원에서 90만 원 정도를 생각합니다. 크기는 대체로 거실 소파 위 벽면을 생각하기 때문에 15호에서 30호를 찾습니다. 이 정도 크기의 작품, 이 정도

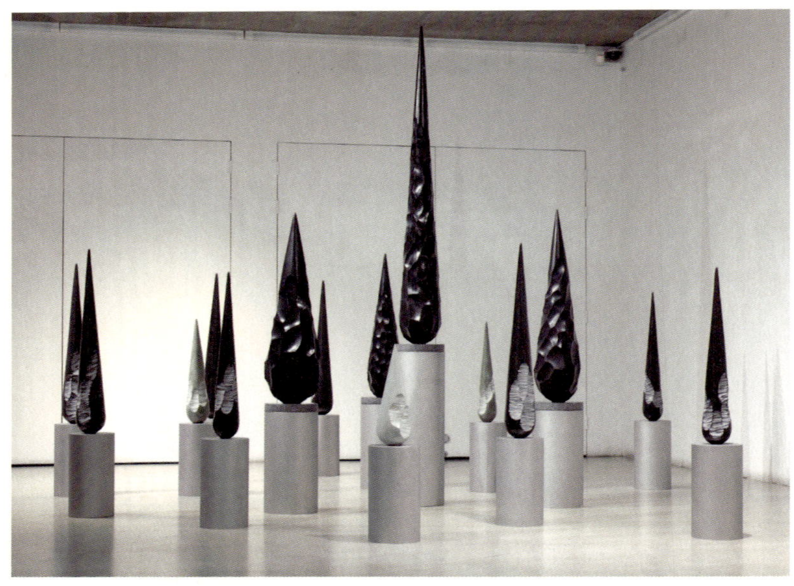

장성재, Rafting, 2011, 가변설치, 오석

의 가격이 최초 구매 가격이 되고 첫 개인전 때 팔 수 있는 가격이라고 봅니다.

작품제작 활동에 심취해 있는 대학 3학년에게 물어본 일이 있습니다.

"한 달에 얼마를 주면 그림 그리기를 포기할 것인가?"

100만 원부터 시작되어 점차 오르더니 천만 원에 갸웃거리고 천 오백만 원에 포기가 시작됩니다. 40대 작가의 대답은 오만가지 양태를 보입니다. 활동성과 작품 판매가 꾸준한 작가는 절대로 포기하지 않겠다는 말을 합니다. 적당한 활동을 하면서 가끔 작품이 판매되는 이는 2억 현금이면 그림 그리지 않겠다는 대답을 합니다. 그러고 보면 그림 그리기를 통한 예술 활동은 중독성이 매우 강하지만 중독에서 벗어날 수 있기는 한 품목인가 봅니다. 다만 작품 매매로 경제활동이 가능한 예술가들은 작품 팔아 돈을 사기 때문에 파는 중독이 첨가되어 헤어날 수 없는 상황에 처할 뿐입니다.

작품가격이 나이 서른이 되기 전에 몇 천만 원이 넘어가면 이들의 그림을 산 사람들은 10년이나 20년 후에 얼마의 이익을 볼 수 있을까요? 그때쯤이면 수천만 원 혹은 수억 원을 호가해야 합니다. 그래야 지속적인 거래가 이루어집니다. 따라서 오랫동안 미술시장에 살기 위해서는 꾸준한 작품 활동과 작품가격의 완만한 상승곡선이 좋습니다. 인생은 짧고 예술이 긴 만큼 작품 가격도 길게 가야 합니다. 화랑에서 가격을 올려 팔자고 하면 심각하게 고민해야 합니다. 화가를 생각하는 것이 아니라 화랑의 영업이익을 생각하기 때문입니다.

많은 화랑 관계자들이 대학교 실기실을 방문한다고 합니다. 젊고 참신한 작품을 발굴한다는 취지는 분명 좋은 것이지만 어린 나이의 예술가들이 기성 화랑이나 관계자들에게 휘둘리지는 않았으면 좋겠습니다. 자신의 작품이 눈에 띄어 초대전도 하고, 작품판매도 잘 되면 얼마나 좋겠습니까? 하지만 급격한 가격상승은 평생 예술의 길을 가야 하는 이들에게는 족쇄가 될 가능성도 높습니다. 화랑에서는 지금 당장 잘 팔리는 작가를 좋아하지만 미래를 책임져주지 않습니다. 어느 한 순간 작품 매매가 끊어지면 외면하는 것이 자본의 생리임을 알아야 합니다. 이것이 미술시장입니다. 작품은 빨리 가더라도 작품 가격은 좀 천천히 가야 합니다.

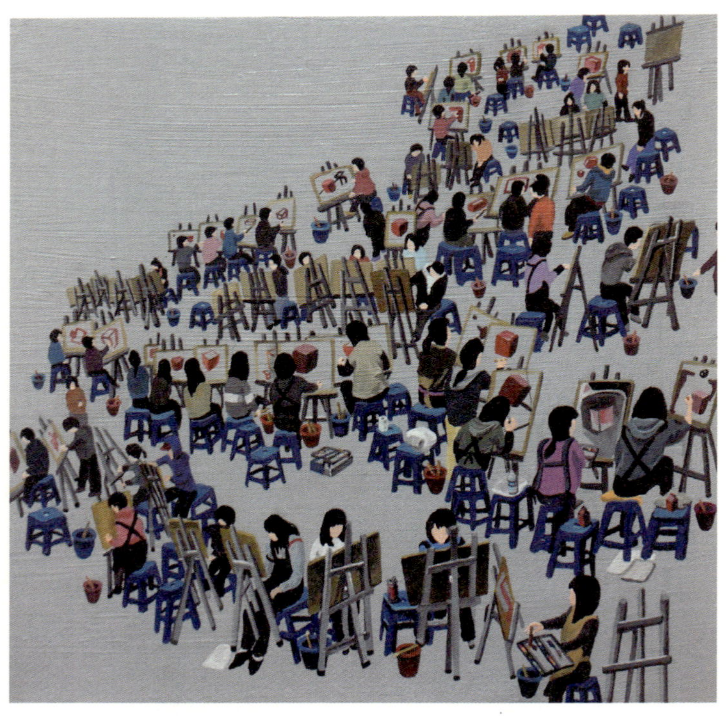

이경현, **Life is a circus**, 2013, acylic on canvas, 25X25cm

24. 큐레이터, 그들만의 리그

　　우리나라에서 큐레이터의 개념이나 사전적 의미? 그냥 두어야 합니다. 이미 이렇게 된 이상 누군가 왜 그러냐고, 의미를 제대로 구분해서 쓰라고 따지고 물어도 소용없습니다. 작은 화랑에서 심부름을 하건, 큰 화랑에서 미술품을 팔건, 대안공간에서 기획을 하건 상관없습니다. 큐레이터에 대한 자긍심이 존재하지 않는 시장이 되어버렸습니다.

　　우리나라에서는 국공립 시립미술관에 종사하는 이들을 학예사라 브릅니다. 화랑 관련 업종에서 일하는 이들을 큐레이터라 부릅니다. 미술시장에는 화랑 대표와 큐레이터가 있고, 정부나 지방 자치단체, 사립 미술관에는 관장과 학예사가 있습니다.

　　90년 초반까지만 해도 명함에 큐레이터라고 쓰는 이가 손가락에 꼽혔습니다. 화랑이 가나, 국제, 현대, 동산방, 학고재 등의 개인 화랑과 롯데, 현대, 신세계 등의 백화점 갤러리, 금호, 호암, 동아 등의 기업 화랑으로 구분된 시기였습니다. 백화점은 내방 고객을 중심으로 장사를 하고, 개인 대형 갤러리는 자체적으로 보유하고 있는 인적 자산을 통해 미술품 거래가 이루어지던 때입니다. 화랑 또한 개별 고객이 있는 화랑을 기획 화랑, 인적 자산을 보유하지 못한 화랑은 대관 화랑으로 구분하였습니다.

　　우리나라에서 큐레이터라는 직함이 대우를 받지 못하게 된 것은 이때를 즈음해서입니다. 정부에서 학예사 제도를 만들면서 기존의 미술 관련 종사자와 국공립 시립 미술관, 박물관 종사자를 구분했습니다. 미술시장을 유지하고 발전시킨 개인이나 기업 갤러리 종사자는 자격 신청 자체를 할 수 없었습니다. 큐레이터라는 직함 자체가 이미 성행하고 상업화랑에서 사용되고 있는 시점에 미술관이나 박물관 종사자에게 학예사 자격증을 부여했습니다. 미술시장에서의 큐레이터 필요성을 스스로 외면하고 만 것입니다. 지금도 매년 12월을 전후해서 준학예사 시험이 치러지지만 미술시장 현장에서는 쓰이지 않는 자격증입니다. 과거에는 큐레이터가 '기획'하였습니다. 하지만 지금은 '계획'하는 미술 관련 종사자 대다수가 큐레이터라 불립니다.

지금 현재 미술계에는 필요한 직종이 많습니다. 딜러, 매니저, 아트텔러, 컨설턴트 등이 필요합니다. 미술을 학문으로 연구하는 이들이 있다면 미술시장의 현장에 종사하는 이들도 필요합니다. 막연히 전시 기획을 위한 환상을 심는 대학과정보다는 현실적인 사회 교육원이 우세한 시기입니다. 예술경영이라고 하면 예술을 경영해야 하는데 경영할 예술이 없습니다.

현장에서 한 10년 뒹굴어보면 큐레이터의 자질이 생깁니다. 큐레이터라는 직함에 연연하지 말아야 합니다. 이미 아무나 큐레이터입니다. "그래서 당신은 능력 있는 큐레이터입니다."

능력 있는 큐레이터란 미술사적, 혹은 사회적으로 중요한 사료나 학술적 가치가 있는 전시를 얼마나 잘하는가(미술관)와 전시작품 판매를 얼마나 많이 하느냐(화랑)에 달려 있습니다. 그런데 국민의 세금으로 운영되는 미술 행사에는 국민이 없고, 개인 자금으로 운영되는 일반 화랑에서의 행사는 부자들을 위한 전시가 됩니다.

세계적으로 자리 잡아 가고 있다는 광주 비엔날레를 알고 있는 국민이 얼마나 있을까요? 부산 비엔날레나 공예 비엔날레, 기타 미술 관련 행사는 끊임없이 진행되고 있지만 실질적 경제 효과가 얼마나 있었는지는 아무도 알지 못합니다. 국민 계도와 계몽 차원의 언론 지향적 행사보다 시민 중심적 행사를 기획하고 지향해야 합니다. 시민이 좋아하는 예술과 사회가 지향하는 예술의 차이는 분명히 있지만 이를 극복해야 합니다.

매년 수십 개의 국제 아트페어가 열립니다. 아트페어는 작품 판매가 목적입니다. 작품이 팔리는 것에 관여하지 않는 부스 판매를 목적으로 하는 곳도 있기는 하지만 아트페어의 승패 여부는 판매량에 있습니다. 미술계에 종사하는 사람들과 미술품을 살 수 있는 사람들만을 위한 행사입니다. 정부행사건 영업행사건 상관없이 여기에는 큐레이터들이 있습니다. 이들에 의해 행사의 성격이 좌우되고, 판매량이 달라집니다. 그들만의 리그입니다.

직함은 우아하지만 경제적 실속과 정체성이 모호하다는 공통점을 지니고 있습니다. 큐레이터가 평론하고, 평론가가 전시 기획하고, 미술품 수집하는 컬렉터가 그림을 사고파는 화상이 되기도 합니다. 자신들의 입장이 명확하지 않기 때문에 행사의 성격이 모호해지기도 합니다. 미술문화의 저변이 확대되고 미술시장의 규모가 커지는 시점에서 이들만의 리그를 벗어나기 위해서는 진정한 전문가가 필요합니다.

인사동에서 "요즘 미술 경기 어때요?"라고 물으면 인사동 길거리에 박혀 있는 시커먼 보도블럭 뽑는다는 농담이 있습니다. 그만큼 미술시장이 어렵다는 의미입니다.

얼마 전 부동산 하시는 분을 만났습니다. 미술에 투자하면 돈이 될 것 같다며 강남에 화랑을 개업한다고 했습니다. 그러다 4개월이 채 못 되어 더 이상 사업을 계속 하지 못한다고 합니다. 미술시장은 일확

천금을 노리는 곳이 아니며, 돈 놓고 돈 먹기와 같은 노름판도 아닙니다. 기술을 익히고 판매 전략이 뛰어나다고 성공할 수 있는 곳도 아닙니다. 여기에도 전문성을 가진 이가 필요합니다.

과거 1989~1992년의 세계 미술시장의 호경기가 우리나라에서는 1996~1997년 사이의 호황으로 이어졌고, 2004~2006년 호경기(세계에서 열 손가락 안에 드는 비싼 작품 중 6점 정도가 이 시기에 거래되었습니다.)가 우리나라에서는 2005~2007년의 호경기로 이어졌습니다. 20년 전에는 5년 정도의 편차가 있었지만 최근에는 우리나라 미술시장의 경기가 세계 미술시장과 대동소이하게 전개됩니다. 이러한 때일수록 보다 적극적인 시장개척과 확장이 필요합니다. 세계적인 화가를 기다리고 있습니다. 화랑 사업이라는 것이 여기에 주안점이 있습니다. 잘 키운 예술가가 화랑을 재벌로 만들어주며, 재벌과 돈 많은 사람들과의 가교로서 화랑이 존재합니다.

지금까지 우리나라 화랑은 미술품 거래소 역할을 해왔습니다. 이제는 변화가 필요합니다. 미술품 거래소가 아니라 사람과 사람이 만나는 역사의 현장으로 자리를 해야 합니다. 미술품은 창의적 상황을 위한 사람과 사람 사이의 교두보이며, 새로운 질서를 위한 철학이며 미래입니다. 문화예술의 현장(모든 예술작품을 볼 수 있는 공간)은 사람과 사람의 소통공간이며, 사회 지도층으로 가는 플랫폼과 같습니다. 예술은 사회발전의 미래로 가는 티켓인 것입니다. 어떤 티켓을 가지고 있느냐에 따라 미래가 달라집니다. 정치와 권위와 경제와 명예가 나눠집니다. 미래에 대한 변화가 있습니다.

우리나라 공연장이나 갤러리가 확산되지 못하고 경제적 현실에 허덕이는 이유가 여기에 있다고 생각합니다. 예술작품을 판매하는 것이 아니라 예술 자체를 생각하면서 사람들의 소통공간이 되어야 합니다. 공간 활성화의 주요수단으로 예술품이 존재합니다. 문화예술은 소비재가 아니며 소통의 언어입니다. 따라서 사회 인사들이 문화예술을 보호해야 합니다. 창의를 위한 미래의 자신이기 때문입니다. 여기에서 세계적 작가가 탄생합니다. 관심과 지원 속에서 창의를 위한 예술이 형성됩니다.

우리나라에는 전문성을 지닌 큐레이터가 몇 되지 않습니다. 물론 경제여건이 좋지 못하다는 이유도 있습니다. 익히 알고 있듯이 대학원 관련학과를 졸업하여 국·공립 미술관이나 박물관(자치단체 포함)에 취업하지 않는 이상 경제활동을 보장받지 못하는 막연한 직종입니다. 처음부터 전문가가 될 수는 없지만 전문 직종으로 대우받기 위해서는 최소 5년 이상의 시간이 소요됩니다. 5년이 넘어 전문적 지식과 경험이 축적되면 미술사적 미술품과 돈 되는 미술품의 관계 사이에서 전문가들의 고민은 시작됩니다. 과거에 제작되어 현재 유통되고 있는 미술품은 경제적 가치와 사적 가치가 공존하고 있지만, 현재의 입장에서 어떠한 예술작품이 두 가지 경우를 만족시키는가에 대한 문제입니다. 그러나 그것보다 중요한 것은 자신의 직종에 대한 정체성 확립이 우선되어야 합니다. 학자로서, 마케터로서, 경제 활동가로서의 범위를 지켜야 합니다. 예술에는 국가와 시민과 경제적 가치가 혼합되어 있지만 각기의 특성을 갖는 직업정신이 필요한 시기입니다.

현대인들은 모두 무엇인가를 감추고 살아갑니다. 모든 것을 열면 손해를 보기 때문입니다. 신광호는 숨겨진 자신의 본모습을 찾아갑니다. 얼굴을 일그러뜨려 감추지만 오히려 더 명확합니다. 본인과 본인을 알고 있는 이들만 누구인지 알 수 있는 장치가 있습니다. 그의 작품 제목은 언제나 untitled입니다. 그의 untitled는 무제나 호칭이 없는 「untitled」가 아닙니다. 무제는 '제목이 없음'이지만 신광호의 untitled

는 '호칭을 붙이지 않은', 혹은 '직함이 없는 사람'인 'untitled citizens'
의 대표명사로 이해되어야 합니다. 그래서 자신의 아버지를 그리거나
자화상을 그리거나 친지나 여동생을 그려도 그는 언제나 「untitled」라
는 제목을 붙입니다. 제목을 붙이지 않는 것은 아무것도 하지 않는 것
이지만 신광호는 'untitled'를 통해 불특정 다수의 사람을 끌어안고 있
습니다. 이는 동시에 가치 있는 모든 사람과 연결되기도 합니다.

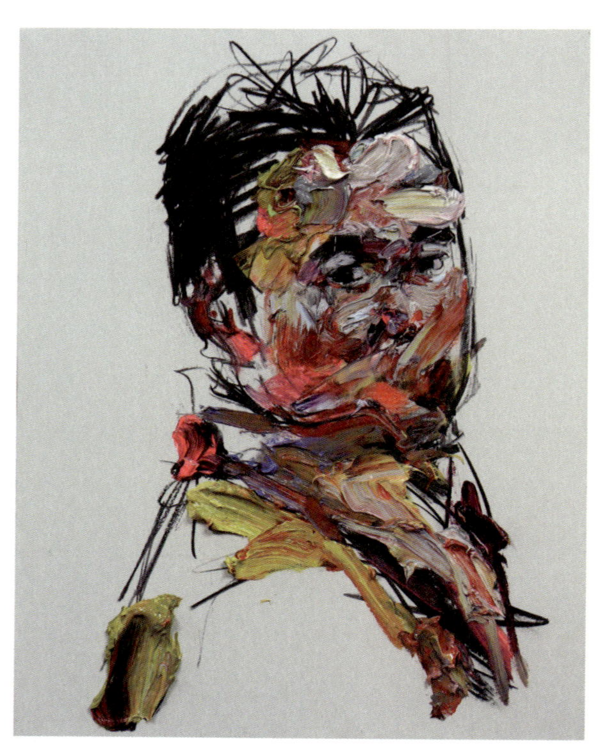

신광호,
untitled,
2013,
oil & charcoal on canvas,
45.5x53cm

25. 화랑, 아무나 한다?

텔레비전 드라마에 등장하는 화랑(갤러리)은 항상 우아하고 품격 높습니다. 재벌 사모님이나 딸이 운영하면서 여성성이 강조되는 화려한 공간으로 비칩니다. 그러나 현실로 들어오면 화려함 뒤에 숨겨진 치열한 영업활동과 마케팅 전략에 대한 고심이 이만저만이 아닙니다. 미술품 거래가 저조한 요즘 시기에는 개점 휴업이나 마찬가지입니다. 화랑주인들의 고충이 말이 아닌 시절입니다. 월 고정비의 지출은 그대로인데 미술품 매매는 극히 어려운 현실을 살아가고 있습니다. 이럴 때에는 얼마 동안 개점 휴업으로 지내고 싶지만 언제 찾아올지 모르는 고객을 위해 문은 항상 열어두어야 합니다.

인사동에만 90여 개의 화랑이 영업중이고, 전국적으로는 화랑 수가 어림잡아 500여 곳이 넘습니다. 미술관은 문화유산의 입장에서 미술품을 수집, 관리, 교육하는 곳이지만 화랑은 미술품을 거래하는 공간입니다. 이런 차이가 있음에도 많은 사람들은 미술관과 화랑을 잘 구별하지 못합니다. 때문에 화랑에서 작품 감상하며 우아하고 품위 있게 와인 잔 들고 건배하는 모습을 꿈꾸나 봅니다. 화랑을 직접 운영해 보고자 하는 분들은 미술품을 구매해본 경험이 있거나, 오랫동안 미술계에 관심을 두고 있었던 분들임에는 분명하지만 화랑은 쉽게 접근할 수 있는 영업장이 아닙니다. 인사동 안에서만 매년 10여 개의 화랑주가 바뀌는 것 같습니다.

주변에 미술품을 구매해줄 수 있는 지인들이 아무리 많아도 1년이면 동이 납니다. 새로운 고객을 개발해야 하는데 이 또한 쉽지 않습니다. 전시장을 화가에게 임대하여 월 임대료를 낼 수 있다 생각하지만 임대료로 운영되는 화랑은 몇 되지 않습니다. 그나마 건물주가 화랑을 운영하기 때문에 가능한 일입니다. 이렇게 어렵고 치열한 미술 시장의 한가운데에 있는 화랑을 개업하고 싶은 분들이 간혹 있습니다. 그러한 분들을 만나면 가급적 하지 말라는 말을 먼저 하게 됩니다.

화랑은 아무나 할 수 있습니다. 그러나 품위 유지를 위해 화랑을 개업하지는 않았으면 좋겠습니다. 말 그대로 품위 유지를 위한 화랑은 개업 2년 안에 많은 돈만 날리게 됩니다. 그래도 화랑을 개업하고자 한다면 무엇보다도 개념 설정이 우선되어야 합니다. 현대미술, 고미술, 공예 등의 장르를 정해야 합니다. 앞으로도 특화된 화랑으로 거듭나게 될 것입니다.

현대미술을 지향하겠다고 한다면 현대미술 안에서 구상이냐, 비구상이냐, 생존작가와 작고작가 등에 대한 주 종목을 정해야 합니다. 물론 돈만 된다면 어느 분야건 장르건 상관없지만 그래도 지향점은 지녀야 합니다. 다음으로는 거래 작품 가격을 생각해야 합니다. 300만원과 3,000만 원을 비교하면 가격에 맞는 손님들이 내방하게 됩니다. 자신의 주변을 돌아보고 자신을 도와줄 수 있는 지인들의 수준을 생각해 볼 필요가 있습니다. 경험이 쌓이는 3년 이상의 시간 동안은 지인들에 대한 강매가 최고입니다. 그래도 전문적 지식과 작품에 대한 안목에 자신이 없으면 하지 않기를 권하고 싶습니다.

그림이 좋다고 화랑을 오픈한다는 것이 가장 위험한 일입니다. 미술품에 대한 기호와 선호도보다는 마케팅 능력과 작품을 보는 안목이 더욱 중요합니다. 돈이 흘러넘친다면 화랑을 하든 미술관을 운영하든 상관없습니다. 하지만 화랑은 자선사업체가 아닙니다. 언제나 영업이익을 생각하고 경영에 대한 식견과 능력이 겸비되어야 합니다. 미술품 거래가 최우선이지만 미술문화에 대한 책임의식과 문화발전에 대한 소양도 생각해야 하는 것입니다.

오랫동안 알고 지냈던 분이 작고한 후 그 유가족으로부터 연락 온일이 있습니다. 미술품 매입에 관해 특별한 이해관계는 없었지만 미술시장 동향이나 미술계에 대한 관계는 꽤 깊었던 분입니다. 20여 년 동안 고인이 수집했던 300여 점의 미술품을 매각하고자 한다는 것입니다. 수집한 작품의 면면을 보면 돌아가신 분의 품성을 이해할 수 있을 정도로 일관성 있는 수집품들입니다. 대다수가 10호에서 20호 내외의작품들로 작가의 연령대는 30대 후반에서 50대 초반까지 적당한 명성과 적당한 가격을 유지하고 있는 것들이었습니다.

결론부터 말하자면 판매자가 원하는 가격에 비해 턱없는 가격산출이 나왔습니다. 물론 소비자 가격은 훨씬 높지만 화랑에서 매입할수 있는 가격은 판매 가격의 70% 이하에 매입해야 하기 때문입니다. 여기에다 작품 활동이 전혀 없는 작가의 작품들과 거래가 전무한 작품들을 포함하여 산출된 가격입니다. 현재 미술시장이 불경기라서 가격이 낮으니 시간이 좀더 지난 후 다시 생각해보자는 말을 하는 것 이외에는 달리 뾰족한 수가 없었습니다. 미술품을 구매하는 분들 중 거실을 장식하기 위해 한두 점 구매하는 것에는 찬사를 보내고 싶습니다. 화랑 입장에서는 이런 분들이 감사하기 그지없습니다. 하지만 작게는수십 점에서 많게는 수백 점을 수집한 분들에 대해서는 언급을 회피하고 싶습니다. 오랫동안 수집을 해오던 분의 조언이 있습니다.

"미술품 수집은 중독성이 강해요. 네댓 점 구입하면서부터 중독이시작되요. 무엇보다도 미술을 이해하기까지 수업료가 매우 많이 들죠.

만만치 않아요. 그리고 구매할 때 조심해야 할 것은 판매자와의 인연으로 인한 인정으로 매입하지 말아야 한다는 것이에요. 백퍼센트 후회하죠. 그리고 미술작품의 경향에 대한 유행에 휩쓸리지 말아야 하고, 시장에서 갑자기 유명해진 작가를 경계해야 합니다.”

그러면서 그분은 미술품 수집에서 기분이 안 좋은 첫 번째 경우가 매입한 가격과 매각할 때의 가격차가 극심한 경우를 꼽았습니다. 미술품을 투자의 목적이나 재테크의 과정으로 보지는 않지만 어떤 이유로 인해 팔게 되었을 때를 말합니다. 구매 후 후회하는 것으로는 전시장에서는 무척 맘에 들었는데 집에 왔을 때 분위기가 완전히 달라진 경우, 진정으로 마음에 차 기쁜 마음으로 매입한 작품을 자랑삼아 지인들에게 보여주었는데 지인들의 평가가 나쁘게 나오는 경우라고 하였습니다.

돈이 많다면이야 비싼 가격에 거래되고 안정된 작가의 작품을 수천만 원 혹은 몇 억씩 주고 사겠지만 미술이 좋아 경제적 능력과 자신의 기호에 맞춰 미술품을 구매한 분들은 후회가 절반이 넘는다고 합니다. 본전 생각나기 딱입니다. 미술품은 난(蘭)이나 수석과 같은 자연물이 거래되는 것과는 차이가 많습니다. 자연을 모태로 한 것과 사회를 모태로 한 것이 다르기 때문입니다. 난이나 수석은 동호인들이 품격과 가치를 결정하지만 미술은 사회가 가치를 결정하게 됩니다. 미술품을 수집하시는 분들의 로망은 자신이 수집한 작품 중에서 제2의 박수근이나 이중섭의 작품이 탄생되는 것입니다. 가격이 천문학적으로 오르는 것도 좋지만, 그것보다는 자신의 안목이 출중하다는 것이 증명되길 바라며 자신의 수집품이 문화적 가치로 인정받길 원합니다.

지난 6월 모 일간지에 “1년 6개월 새 주식거래 차익 70억 주가 조작 50대에 7년 중형 선고”라는 기사가 났습니다. 인터넷 증권매매프로그램(HTS)을 통해 고가 매수 주문과 종목·물량·가격 등을 사전 담합하는 '통정매매', 한 사람이 같은 종목의 매도와 매수 주문을 동시에 내 주식 매매가 활발한 것으로 보이게 하는 '가장매매'라는 불법을 저질렀다고 합니다. 미술계에도 이런 가격조작이 있을 수 있다는 생각을 한번 해봅니다.

화랑에서 일어나는 일들은 아주 다양합니다. 작품매매가 그중 첫 번째입니다. 어떤 화가가 첫 개인전을 열면 부모형제 일가친척들이 그림을 사줍니다. 두 번째 전시에서는 일부 친척과 지인들이 도움을 줍니다. 이건 분명 '내부자 거래'입니다. 명성을 얻지 못한 어떤 화가가 자신의 작품을 경매에 출품한 후 유찰될지도 모른다는 불안감에 부모형제 일가친척에게 낙찰을 강요합니다. 예상가보다 약간 높은 가격에 낙찰 받습니다. 경매회사에 수수료만 지불하고 돈은 화가에게서 다시 돌려받습니다. 이건 분명 '통정매매'입니다. 아트페어 현장에서 작품이 잘 팔리지 않자 어떤 화랑 주인이 작품이 팔린 척 빨간 딱지 네댓 개를 작품 밑에 붙입니다. 인기 있는 척하는 '가장매매'입니다.

어느 돈 많은 화랑에서 외국 경매에 자신이 주력하는 화가의 작품을 출품합니다. 외국에서 그 화가를 잘 모르기 때문에 유찰될 가능성이 높습니다. 그런데 예상가보다 몇 배 높은 수억에 그 작품이 낙찰되었습니다. 누가 낙찰 받았는지는 아무도 모르지만 얼마의 시간이 지나자 그 작품은 국내에 있다는 입소문이 돕니다. 국내에서 천만 원 내외 하던 작품이 갑자기 수천만 원으로 수직상승합니다. 개인전은 사실일 수 있지만 경매는 믿거나 말거나 가상으로 꾸며낸 이야기라고 생각해야 합니다. 만일 이것이 사실이라면 화랑은 무슨 죄에 해당할까요?

"화랑이 뭐하는 곳입니까?"라는 질문을 가끔 받습니다. 깊게 파인 검정색 롱드레스 입고, 진한 커피 향 맡으며 품위와 격조를 겸비한 그림 감상의 공간이며 커피 잔에서 모락거리는 김을 클로즈업하면서 살아가는 동네로 생각하시는 분들이 조금 있습니다. 아주 조금이지만 그들은 텔레비전 드라마에 나오는 고급만 생각합니다. 일가친척 중에 미대 졸업한 사람이 있거나 친구 중에 화가가 있어야 화랑을 방문하게 됩니다.

그나마 이런 질문을 해주시는 분들은 반갑기 그지없습니다. 화랑이나 미술품에 대한 애정과 관심이 있다는 뜻이니까요. 그럼 이렇게 대답합니다. "화랑요? 쉽게 생각하면 증권거래소와 비슷해요. 미술품 거래소죠 뭐." 그럼 잠시 생각하고 나서 허허로운 웃음을 날립니다. '그렇군.' 그러면 한 마디 덧붙입니다. "하지만 미술품은 주식하고는 분명히 다릅니다."

화가들이 데뷔하는 첫 개인전 때는 부모님과 일가친척이 없으면 망하고 맙니다.그 화가를 아는 사람은 친구들과 친인척밖에 없기 때문에 혼자서 마케팅해야 함은 물론, 누구도 도와주지 않습니다. 처음에는 내부자 거래가 많을수록 화랑에서는 그를 지켜봅니다. 물론 터무니없는 미술품을 가지고서는 내부자 거래가 아무리 많아도 소용없습니다. 예전에는 얼굴과 몸매만을 가지고 노래하는 립싱크 가수도 있었습니다. 하지만 요즘은 춤추면서 노래 못하면 가수 취급도 못 받습니다. 옛날 립싱크 가수가 유명해졌다가 인기가 스러지면 옷가게도 하고, 음식점도 개업합니다. 그러나 잘나가던 화가의 인기가 스러지면 그것뿐입니다. 옷가게나 음식점을 개업할 수 있지만 그냥 개업일 뿐입니다. 그래서 미술품에 대한 가격조작은 죄가 되지 않습니다. 사회 파장도 별로 없고, 집단민원도 없고, 속이거나 속아도 한 명이나 두 명이고, 그나마 고소고발하지 않으면 소용도 없으니 말입니다. 화랑 아무나 할 수 있습니다. 그러나 아무나 하면 곧 망할 수 있습니다.

26. 작품가격, 이렇게 정합시다

그림 팔기 무척 어렵습니다. 전시를 하면서 화가의 작품을 파는 화랑도 어렵고, 화가가 개인전을 하면서 팔기도 어렵고, 소장자가 가지고 있던 작품을 팔기는 더 어렵습니다.

정말 그렇습니다. 사기는 쉽지만 팔기가 어려운 품목이 미술품입니다. 수년에서 많게는 수십 년 동안 소장하고 있던 작품을 어렵게 시장에 내놓았는데 작품이 팔리지 않는다거나 가격이 터무니없이 낮을 경우에는 실망을 금치 못합니다. 그나마 팔리면 다행이지만 자신이 알고 있던 가격과 실제 거래 가격의 차이가 너무나 많이 나는 경우도 있습니다.

"어떤 분이 미술품을 팔겠다는 전화를 하셨어요. 많지는 않지만 적당한 구전이 가능하여 작품을 가지고 나오시라고 했죠. 다음날 오지 않아서 어찌 된 일이냐 물었더니 안 팔겠다는 겁니다. 여기까지는 괜찮아요. 며칠 후 다른 화랑에 그 작품이 버젓이 있는 겁니다. 제가 제시한 가격보다 200만 원을 더 받고 팔았더군요."

"화랑마다 전화했죠. 가격이 제각각입디다. 저 같은 사람이야 그림 값을 알 수 있나요. 이곳저곳 전화해서 제일 비싼 곳에 팔면 되는 거죠."

팔고자 하는 사람은 무조건 비싸면 좋고, 사는 화랑에서는 무조건 싸게 사고 싶어 합니다. 정해진 가격이 없기 때문에 접점이 없습니다.

가격대가 낮은 작품은 상관없지만 고가의 작품일 경우 여러 곳에 연락하면 거래가 어려워집니다.

얼마 전 인사동을 지나다가 역사가 오래된 화랑에 들를 일이 있었습니다. 그곳에 있는 작품 수는 족히 수백 점이 넘습니다. 사람이 다닐 만한 공간을 제외하고 모두가 그림이거나 조각 작품입니다. 작품 가격 또한 몇십만 원에서 몇 억까지 다양합니다. 한쪽 구석에 익히 알고 있는 작가의 작품이 먼지에 묻혀 있더군요. 소위 말하는 액자 값(무척 비싸게 치렀습니다)만 치르고 작품을 구매하였습니다. 그분 손님 중에서는 그 작품을 선호하는 분이 없다고 합니다. 그냥 소장할 요량으로 매입하였습니다.

미술시장의 특성상 많은 화랑에서 흥정을 거친 미술품은 판매가 어렵습니다. 한정된 구매자들이 많은 화랑과 연결되어 있기 때문에 이곳저곳에서 같은 작품의 가격이 제각각 다르게 제시되면 작품의 신용도가 떨어져 구매하지 않습니다.

작품을 팔 요량이라면 소장자가 직접 작품의 연혁과 가격대를 알고 있어야 합니다. 가격이 궁금하여 전혀 모르는 척하고 화랑에 전화해서 문의하면 잘 대답해주지 않습니다. 화랑에서는 그런 경우를 여러 번 경험했기 때문에 잘 응대하지 않습니다. 이곳저곳 전화하여 가격을 알아보고 좋은 가격을 제시하는 화랑과 거래하기 때문입니다. 다른 화랑보다 가격을 낮게 제시하면 신용에 문제가 생깁니다. 작품 가격과 연혁을 어느 정도 알고 있다면 특정한 화랑을 선정한 후 연락해야 합니다. 본인이 알고 있는 가격대보다 낮게 흥정이 되어도 그 가격이 무리하지 않다 생각되면 팔아도 좋습니다.

화랑에서는 5%만 남아도 거래를 진행합니다. 다만 좀 더 싸게 사고 싶은 욕심이 있을 뿐입니다. 화랑에서는 진품인 듯한데 가격이 만

만하면 무조건 그림부터 가지고 나오라고 합니다. 하지만 고가인 경우에는 작품을 직접 들고 나가는 것보다는 작품 사진을 보여주는 것이 안전합니다. 작품을 촬영할 때에는 해상도를 높게 하는 것이 좋습니다. 전체 이미지, 작품 뒷면, 사인이 있는 부분을 별도로 촬영한 후 카메라를 통째로 들고 가서 만나는 편이 좋습니다. 소장품이 많다면 단골 화랑을 개척하는 것도 좋은 방법입니다.

"몇 해 전 선물 받은 겁니다. 국전 입상 작가라고 하더군요. 가격을 물어보았더니 그 작가의 작품은 취급하지 않는다더군요. 다른 화랑에 전화해봐도 마찬가지고요."

화랑에서 제시하는 가격이 본인이 알고 있는 가격보다 터무니없이 싸다면 팔지 말고 소장하고 있어야 합니다. 활발하지는 않지만 그 작가의 작품 시장이 서서히 형성되고 있다는 증거이니까요. 값이 오르길 기대하면서 맘에 드는 것보다 팔 수 있는 작품을 구매하는 것은 전적으로 구매자의 몫입니다. 무엇보다 '마음에 드는' 작품이 우선되어야 합니다. 투자가 아니라면 말이죠.

보통사람들에게는 상관없는 미술시장 이야기를 뉴스에서는 연일 떠들어댑니다. 누구의 작품이 45억이고, 누구는 100억짜리 작품을 사고, 이름을 들어도 금세 잊어먹을 어떤 외국 화가의 작품은 천억이 넘어간답니다. 보통사람은 관심 없는 미술시장에 왜 이렇게 많은 사람들이 오가는 것일까요? 보통 사람들은 정말 관심 없습니다. 그런데 관심이 없으면 무식하다고 합니다.

미술대학에 가기 위해 고3 시절 밤낮없이 데생에 몸바쳐본 이들이라면 다 압니다. 일반 고등학생들이 자율학습을 하고 도서관에서 만화책 볼 때 미술대학 지망생들은 희멀건 인물석고상을 두고서 소주를 마셨습니다. 어느 날 미술학원 원장님께 칭찬받은 아그리파 연필그림

(석고데생)을 어머님께 자랑스럽게 보여드렸더니 전혀 무관심하십니다. 그때는 몰랐습니다. 평면에서 입체를 느끼는 것 자체가 조형중독임을 몰랐던 것입니다. 예술이 무엇인지에 대한 고민이 시작됩니다.

최근 유명 젊은 작가들의 작품 판매가 영 신통치 않습니다. 30대 후반 40대 초반 몇몇 작가들의 작품가격이 호당 20만 원, 25만 원 한 적이 있습니다. 10호 작품은 그리지도 않았습니다. 50호 한 점에 4천만 원을 호가했습니다. 지금은 거래가 거의 없습니다. 사는 사람 입장에서는 40대 작가의 작품을 4천만 원에 구매했는데 그 작품이 5천, 6천 되려면 너무나 멀다고 생각합니다. 오르지 않는다고 볼 수도 있습니다. 비싸도 너무 비쌌습니다. 40대면 앞으로 30~40년을 더 그려야 하는데 얼마까지 오르겠다는 말인지 모르겠습니다.

작품 가격 정말 애매합니다. 기준이 없습니다. 여기서 정하면 됩니다. 그런다고 경찰 출동 안 합니다. 미술협회에서 고발하지 않습니다. 하지만 정하는 것이 좋은 것입니다. 지금 정해드리겠습니다. 아래 세 가지에 해당되면 호당 20만 원 됩니다.

첫 번째, 개인전 열 번 이상 해야 합니다. 부스 개인전이나 아트페어 포함하지 않은 순수 개인전이어야 합니다. 각 지방과 외국 3군데 이상 포함되어야 합니다. 그래야 본인의 어떤 작품이 팔리는지 알 수 있습니다. 두 번째, 자기 작품 100점 이상은 팔려야 돼요, 단 100점이 팔렸다 할지라도 아트 상품이나 장식용으로 그린 소품 안 됩니다. 그리고 30대 초반 안 됩니다. 40은 넘어야 합니다. 세 번째, 전시한다고 팸플릿 보냈는데 "또 하냐?"라는 말에 미안한 생각이 드는 분은 호당 20만 원 안 됩니다. 아무렇지 않게 "오기나 해!"라는 말이 나와야 되는 거예요. 아무렇지 않음이 일상이 되어야 합니다.

이렇게 정했으니까 더 이상 물어보기 없기입니다. 대학원을 갓 졸업했다고요? 첫 개인전이라고요? 이럴 때는 쉽습니다. 그냥 그때는 엄마. 아빠, 삼촌, 누나, 언니, 오빠, 형아, 친구 모조리 불러다 강매하는 겁니다. 가격은 주는 대로 받는 겁니다. 세 번째 개인전 때까지 팔리지 않는 그림은 평생 안 팔립니다. 강매하는 겁니다. 네 번째부터는 오기이거나 실력입니다. 오기로 열 번 채우거나 실력으로 열 번 가거나 겉모습은 같습니다. 표시 안 나요. 그때까지 버티는 겁니다. 그렇지만 지금도 주변의 많은 이들은 미술시장에 관심이 없습니다.

아침부터 저녁까지 끼니를 걱정하는 이들에게 배고픔을 그려 보일 수는 없는 노릇입니다. 예술작품은 태생이 귀족(정신)입니다. 보통 사람들의 귀족(정신)이 무엇인지 알아야 합니다. 미술품을 사고파는 경제 논리 속의 미술시장과 삶의 가치를 더해주는 미술시장은 별개의 것이기 때문입니다.

미술시장은 호경기와 불경기가 반복된다고 말한 바 있습니다. 86년 아시안 게임, 88년 올림픽을 정점으로 우리나라 미술시장은 한 차례 호황기가 있었습니다. 고미술은 물론, 원로 중견 할 것 없이 다양한 가격의 미술품이 판매되었습니다. 그때도 인기 작가 편중 현상이 심했습니다. 94년, 95년경에도 비슷한 상황이었습니다. '한 집 한 그림 걸기 운동'과 '균일가' 판매와 같은 마케팅 기법이 활성화되면서 골동품 시장에 가지 못하는 일부 미술품 투자자들이 현대미술이 아니라 중견 이상의 작가 작품이면 무조건 사들이던 시기였습니다. 2005년 이후부터 2008년의 미술시장 열풍이 그때와 똑같습니다. 그때나 지금이나 블루칩이라는 100명 내외의 작가 작품은 그림도 보지 않고 샀습니다. 10년 내외를 주기로 미술시장이 움직여온 것 같습니다. 판매된 많은 작품이 불황에 접어들면 가격 하락과 함께 작품의 경향이 변하는 과정은 언제나 비슷합니다.

미술시장이 얼어붙었습니다. 요즘 화랑가에는 팔자만 늘어나고 사자는 거의 없습니다. 팔자는 10여 년 전에 매입한 작품들이 대다수입니다. 앞으로 10년 후가 되면 지금 사들인 작품이 우후죽순으로 미술시장에 등장할지도 모를 일입니다. 미술품을 사고자 하는 사람들의 숫자는 매우 많이 늘어났지만 10년 전에 유행했던 작품은 구매하지 않습니다. 미술시장의 호황기에는 젊은 작가들이나 중진 이하 화가들의 미술품 거래량은 오히려 줄어드는 경향을 보입니다. 돈 있는 사람들이 돈 되는 미술품에만 관심을 가지기 때문입니다. 그러다가 불황이 닥칠 즈음이나 이후에는 젊은 작가나 저렴한 작품들이 팔리는 것입니다. 실패를 경험했음에도 또 같은 실패의 과정을 겪습니다. 블루칩 작가들은 비싸서 못 사고, 젊고 유망하다는 작품들을 매입합니다. 현재는 유명작가의 미술품이라도 거래가 별로 없습니다. 유통이 잘 되는 작품은 대체로 5년 정도의 검증기간을 거칩니다. 될 작품은 되고, 거품이나 유행이나 들러리들은 도태되는 과정을 밟습니다.

화가로 성공하는 비율은 미술대학 한 학년에서 많아야 한두 명에 불과합니다. 졸업 후 10년이 넘어야 결과가 나옵니다. 지금 미술대학을 졸업하는 학생들 중에서 10년 후 미술시장에 몇 명이 남아 있을까요? 성공한 대박 작품도 있겠지만 많은 양의 미술품들이 소장용으로만 남을 것입니다. 소장용으로 미술품을 구매하는 것은 적극 찬성합니다. 그래도 감상하면서 가격이 오르면 더 좋을 것 같습니다.

지금부터는 잘 보고 잘 듣고, 잘 이해하면서 미술품을 구매해야 합니다. 돈 될 것 같은 기분으로 미술품을 사지 말아야 합니다. 이미 유명해진 작품들과 비슷한 이미지의 작품들을 구매하면 실패하기 딱입니다. 눈에 익은 이미지는 입맛에 맞는 음식과도 같습니다. 자기 입맛에 맞는 음식은 이미 시장에 널려 있습니다. 이럴 때 많은 식당들은 새로운 입맛을 개발하기 시작합니다. 평소에 먹어보지 못했던 맛을 찾아내어 광고하고 홍보합니다. 미술시장도 마찬가지입니다. 화랑이나 갤러리스트들은 새로운 맛을 찾아내기 시작합니다. 그들의 시선에 주목할 필요가 있습니다. 여기에 미술시장이 있습니다.

예술은 무척 어렵습니다. 어려울 뿐만 아니라 무엇을 보고 예술이라 하는지조차 불분명합니다. 이성의 얼굴이나 몸매를 보고 '예술'이라 하고 기묘한 자연현상이나 진기명기를 보고도 '예술'이라 하기도 합니다.

인상주의 시대의 정물화는 신의 영역에 있던 풍경을 실내로 끌어들이는 발칙한(?) 상상의 결과물이었습니다. 리히텐슈타인의 만화 이미지는 만화라는 미디어에 현혹당하는 사람들을 위해 '이것은 인쇄망점으로 이루어진 인쇄물에 불과하다'라는 것을 말하였습니다.

그러면서 예술로서 미술이 너무 쉬워지는 경향도 보입니다. 쉬워지면 쉬 변하게 마련이고, 쉽게 변하는 것은 사회에서 오래가지 않습니다. 지금보다는 조금 더 철학적이고 사유적인 방식의 미술이 필요한 시대가 되었습니다. 예술의 기원은 명확하지 않습니다. 하지만 생존을 위한 기본적 식생활 이외의 사회 발전을 위한 것으로 발생된 것만은 분명합니다. 좀 더 구체적으로 말하면, 공동생활에 공통적으로 공유할 필요가 있지만 글로 쓰지 못하는 것, 말로 하기에는 뭔가 부족한 것을 그림으로 그려내었던 것입니다. 그런데 최근의 미술 경향을 보면 이야기를 많이 합니다. 동화책이나 소설의 삽화로 쓰일 법한 그림들이 각광받고 있습니다. 시대의 변화에 따라 그것이 좋은 예술이 될지도 모르지만 현재까지의 예술 창작의 기본과는 멀어져 있음은 분명합니다.

미술시장에는 편식도 있습니다. 돈 된다 싶으면 골라 먹습니다. 좋음과 나쁨의 개인적 기준조차 없이 분위기에 휩싸입니다. 주변에서 열리는 각종 아트페어를 주목해볼 필요가 있습니다. 언제나 전량 판매되는 작가들이 탄생할 것이며, 기간 동안 수백억 이상의 미술품이 거래될 것입니다. 미술품을 구매하건 그렇지 않건 아트페어 현장에 들어가면 분위기에 주눅이 듭니다. 온갖 미술품과 현란한 조명, 수백만 원에서 수억 원, 많게는 수십 억에 달하는 미술품들이 즐비합니다. 수많은 작품들 속에서 관람객이나 구매자들의 미술편식이 시작됩니다. 인기에 눈이 가고 투자에 솔깃합니다.

맛있다고 같은 반찬만 먹다 보면 맛보지 못해 맛을 모르는 반찬은 상에 오르지도 못합니다. 맛을 몰라 맛없다고 하면 새로운 맛을 볼 기회가 없습니다. 인기 있는 미술품에만 눈을 두지 말고 새로운 미술품에 관심을 두자는 의미입니다. 편식하지 말아야 합니다. 남들이 맛있다고 한 음식은 이미 소문이 나 있기 때문에 가격 경쟁력에서 다소 멀어져 있음을 상기해야 합니다. 미술품 구매에서 아트페어가 중요한 역할을 하는 것은 분명합니다. ‘판매자와의 인연을 멀리하고, 미술작품의 경향과 유행에 휩쓸리지 말고, 갑자기 유명세를 타는 작가를 경계하라’고 한 어느 컬렉터의 말을 기억해야 합니다. 아트페어가 아니더라도 주변을 둘러볼 필요가 있습니다. 수많은 화랑이 아트페어에 참여하지만 여기에 참여하지 못하는 화랑과 화가들이 더 많습니다.

아트페어에 출품된 작품들 말고도 좋은 미술품은 널려 있습니다. 언론에서 떠드는 비싼 미술품 이야기는 그들만의 노래일 뿐입니다. 부동산도 수익이 좋다고 강남에 몰렸었습니다. 강남이 너무 비싸니까 이제는 전국 방방곡곡 부동산이라면 무조건 덤벼들고 있습니다. 미술품도 그렇게 되어야 합니다. 투기나 투자를 이야기하는 것이 아니라 다양한 미술품을 수용해야 한다는 의미입니다. 전국 수백 개의 화랑뿐만 아니라 30여 개가 넘는 대안공간이라는 것도 있습니다. 재미있는 것은 대안공간용 미술품과 상업용 미술품이 구분되지 않습니다. 다만 미술품을 표현하는 내용과 방법은 분명히 다릅니다. 그림과 조각이 다르듯이 말입니다. 여기에 덧붙이면 미술품은 실내라는 느낌과 실외라는 느낌의 작품이 따로 있습니다. '아 저 작품 집에 걸어두고 싶다'라는 것과 '마당에 설치해보고 싶은'이 다릅니다. 여기에 실내를 표현한 것과 실외를 표현한 것, 자연물을 재현한 것과 자연의 섭리를 표현하고자 한 것 등으로 나누어집니다.

김희완, 사람이 산다

이 즈음에서 김희완의 작품을 감상해봅니다. 김희완의 작품은 조각입니다. 조각은 그리는 것이 아니라 만드는 것입니다. 물론, 그림도 색으로 만드는 것이기는 하지만 흔히 입방체가 있는 것을 조각이라고 합니다. 전시공간에 기하학 입방체가 놓여 있습니다. 무엇인지 잘 모릅니다. 어느 디자인회사의 가구 같아 보이기도 합니다. 그러나 작가가 어떤 대상을 재현하거나 어떤 쓰임새를 위해 만들어놓은 것이 아닙니다.

작가는 천지불인(天地不仁)이라는 제목으로 인간과 자연과의 조화로운 정신을 이야기합니다. 조금 어렵습니다. 철학적 깨달음에 이르는 상태를 조각 작품으로 구현해놓은 것입니다.

노자(老子)의 도덕경에는 다음과 같은 글이 나옵니다. "天地不仁, 以萬物爲芻狗. 聖人不仁, 以百姓爲芻狗.(천지불인, 이만물위추구. 성인불인, 이백성위추구.)" 작가가 노자의 말을 빌려 작품 명제를 천지불인(天地不仁)이라 하였습니다. "하늘과 땅은 어질지 않아서 세상 만물을 짚으로 만든 강아지 취급을 한다. 성인도 어질지 않아 백성을 짚으로 만든 강아지로 여긴다"는 말입니다. 다른 말로 하면 세상의 운행원리는 그냥 두어도 다 잘 된다는 말이기도 합니다. 굳이 간섭하면 오히려 잘 못되는 일이 발생할지도 모릅니다. 여기에서 조각가 김희완의 번득이는 예술 감각이 발휘됩니다.

작품은 특정한 모양을 가지지 않은 불편한 형태를 지니고 있습니다. 거기에 작가 스스로가 추구하는 철학적 기준인 도(道)를 의미하는 황금색 띠를 넣었습니다. '있다'라는 것은 가시적인 형태와 특정한 관념을 전제로 합니다. 작품을 식탁으로 본다면 식탁이라는 쓰임새를 익히 알고 있기 때문에 그러한 생각이 들어온 것입니다. 작가는 어떤 쓰임새를 최대한 사용하지 않으려 했습니다. 날카로운 모서리와 불편한 입방체, 의미 없이 그려진 황금색 띠. 어쩌면 세상에 없는 어떤 새로운 정신을 찾아가는 구도자의 모습인지 모르겠습니다. 세상(하늘과 땅)이 어질지 않기 때문에 사물을 그냥 둔 것이 아니라 그냥 두기 때문에 서로가 평등한 것 아닌지 모르겠습니다. 성인이 어질지 않아서 백성에 무관심한 것이 아니라 보편과 평등을 이야기하는 것일지 모를 일입니다. 기원전에 살았던 노자의 시대와 요즘 시대는 분명히 다릅니다.

「천장지구(天長地久)」라는 작품을 한번 더 볼까요. 이 또한 노자의 도덕경에 나오는 말입니다. "하늘과 땅은 넓고 오래다"는 말입니다. 그냥 단순히 풀이하면 "어떤 것은 거시기하게 영원하다"는 말로 사용하면 좋을 것 같습니다.

작품은 겹쳐진 삼각형 아크릴과 빛으로 구성되어 있습니다. 서로 겹쳐진 부분에서는 각각의 삼각형을 유지하기 위해 빛이 새어나옵니다. 구름도 달도 없는 밤하늘에 떠도는 섬과 비슷합니다. 이 작품 또한 사람들이 살아가는 관계에서 정신성을 추구하는 것을 표현하고 있습니다. 어떤 사물이나 상태를 재현하는 것이 아니라 사람이 살아가는 도리를 찾는 과정으로 보입니다.

작가는 어느 날 문득 상산구어(上山求魚)라는 고사성어가 생각났다고 합니다. 불가능한 일을 억지로 하려는 것을 비유하는 말이지만 그것이 아니라 '왜 산에서 물고기를 구하면 안 될까?'라는 근본적인 의문이 생겨났다고 합니다. 사람들이 살아가는 현실에서는 정말 있을 수 없는 일들이 많이 일어납니다. 하지 말아야 할 일도 하고, 가지 말아야 할 길을 아무런 죄의식 없이 가는 이들도 있습니다. 그래서 작가는 사람이 살아가야 할 도리를 작품에 넣기 시작했다고 합니다.

보통사람이나 미술가나 무엇인가를 생각하면 그것이 발전하는 것은 같습니다. 김희완 작가는 2000년 중반부터 정신의 가치를 찾기 시작합니다. 그것은 노자의 도(道)에서 어느 정도 스스로를 완성해갑니다. 그러다 2010년이 넘어가면 외부가 아니라 자기 안에서 삶의 섭리를 터득하려 노력합니다. 그 표현이 바로 「슬픈 인생」이라는 작품입니다. 누구의 얼굴인가는 중요하지 않습니다. 세상을 살아가는 누구나 슬픈 삶을 살아갑니다. 기쁜 일보다 슬픈 일, 안 좋은 일이 더 오래 기억됩니다. 같은 색 같은 표정의 얼굴이라도 빛을 받는 방향이나 바라보는 위치에 따라 각기 다른 모습으로 나타납니다. 세상 사는 이치도 그러합니다. 아무리 비슷한 환경과 조건이지만 다른 인생을 살아갑니다. 아무리 같은 모양을 하고 있어도 색이 다르면 다른 인종이 되어버리는 우리의 삶입니다. 오리 무리에서 자라는 백조는 다 자라기 전까지 온갖 어려움을 겪습니다. 어른이 되기 전에 삶의 의욕을 잃어버릴지 모릅니다. 김희완 작가는 「슬픈 인생」이라는 제목으로 작품을 만들었지만 슬픔보다는 삶의 의욕을 먼저 이야기합니다. 이전에 제작되었던 「천지불인(天地不仁)」의 연장선상에 있습니다. 사람의 가치는 스스로 만드는 것이며, 스스로 극복하는 일이기 때문입니다.

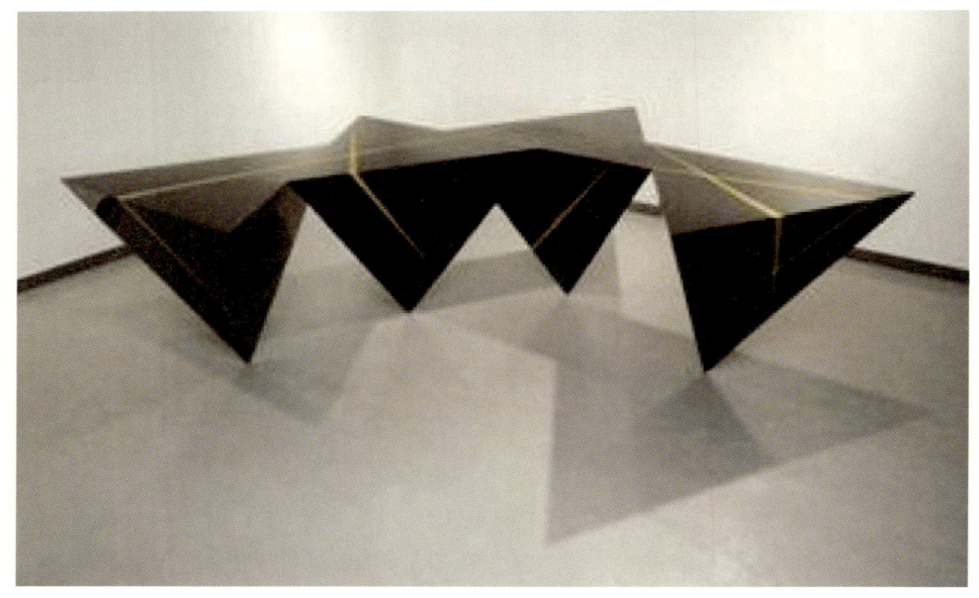

김희완, **천지불인II**, 2009, 스테인리스스틸(하이브러시우레탄도장), 120x350x200cm

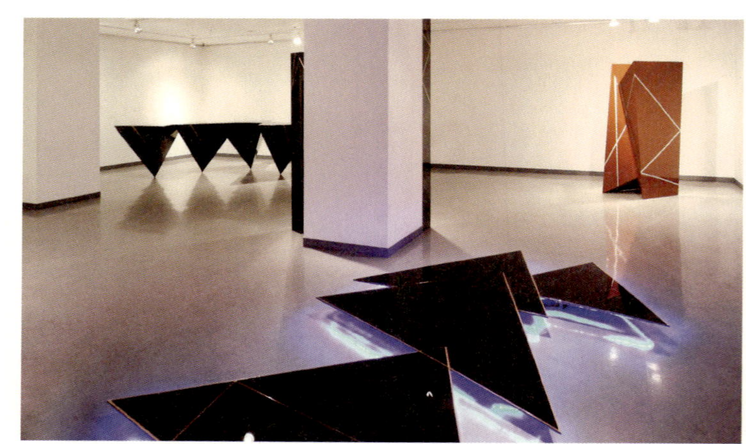

김희완,
천장지구(天長地久),
2009,
검정 아크릴,
10x240x450cm

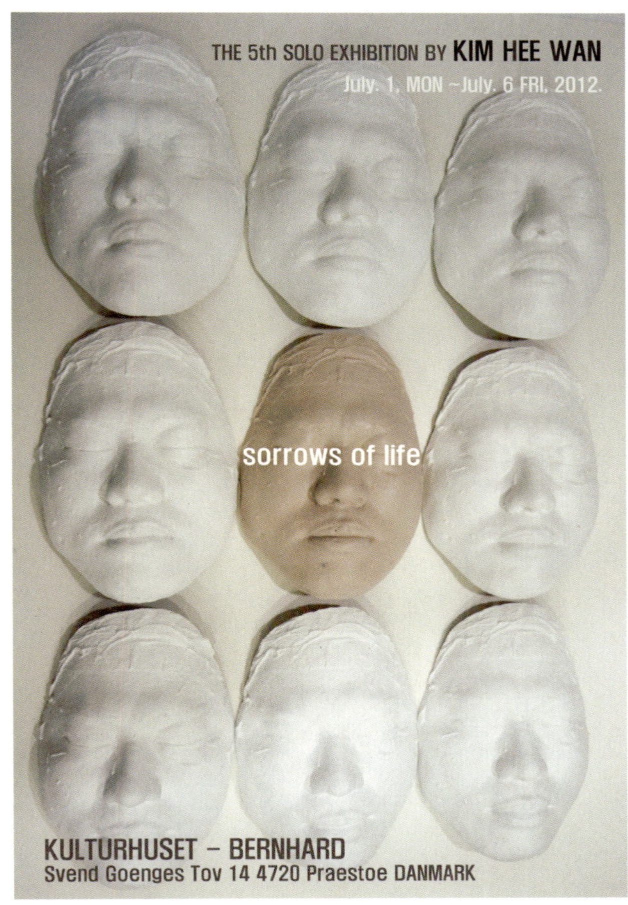

김희완, 슬픈 인생, 2012, 석고 마스크

김희완

서울시립대학교 환경조각과와 동대학원 환경조형학과 졸업. 개인전 5회. 시립조각회전, 경기미술 새로운 도약전,
성남 조각전, 환인조각전, 경기통일미술제, 한국전업미술가협회 정기전 등 그룹전 및 기획전 100여 회.
한국현대미술대전 입선, 한국토지공사 용인 흥덕지구 상징조형물 공모 최우수 당선, 서울시 미술장식품 심의위원,
한국미술가협회 조각분과 위원 등 역임. 현재, 마포구, 금천구, 중랑구, 광진구 도시디자인 자문위원,
한국미술협회 회원, 한국전업미술가협회 회원, (주)맥조형 연구소 소장, 협성대학교 겸임교수.

27. 조용필의 노래와 오페라의 음악

　　　　돈 많고 권력 있는 계층이 좋아하는 예술과, 평범한 서민층이 좋아하는 예술은 어떠한 차이가 있을까요? 나훈아와 조용필의 디너쇼를 좋아하는 어머님은 클래식 음악을 잘 알지 못합니다. 가끔 텔레비전에서 보여주는 오페라는 관심 밖의 행위일 뿐입니다.

　　　　교육을 많이 받은 사람과 사회의 권력을 지닌 사람들, 경제적 부를 축적한 사람들이 즐기는 예술은 따로 있을까요? 텔레비전을 통해 소개되는 다양한 문화현상을 대중예술이라고 합니다. 그리고 대중예술은 대중의 소비심리와 관심에만 의존하므로 고급예술이 아니라고 비판합니다.

　　　　'대중이 좋아하는 것이 예술이다'라는 명제를 긍정한다면 대중스타는 예술가여야 합니다. 대중들이 관심을 두지 않는 많은 예술은 예술이 아니어야 합니다. 예술이라 지칭되는 것에 고급과 저급이 있다면 고급은 높은 것, 좋은 것이고 저급은 낮은 것, 덜 좋은 것입니다.

　　　　팝아트의 팝을 통속적이라는 의미의 'popular'로 이해하면서 '대중예술'이라 지칭하고 있습니다. 하지만 앤디 워홀이나 리히텐슈타인의 작품이 과연 대중과 함께하는 예술인가를 생각해볼 필요가 있습니다. 대중예술을 대중의 소비상품과 같이 취급한다면 팝아트는 결코 대중적이지(popular) 않습니다. 대중이 사용하고 이해하는 이미지를 예술작품에 활용한다고 해서 그것이 '대중이 좋아하는' 예술로 취급될 수는 없습니다.

대중(大衆, mass)의 사전적 의미는 지위나 직업, 학력과 재산의 고하(高下)를 막론한 불특정 다수의 집합체를 의미합니다. 대통령이나 노동자도 대중입니다. 대중예술이 존재한다면 대통령과 노동자가 함께 공유하는 예술이 있어야 합니다. 대중을 'mass'로 이해할 것인가 아니면 'popular'로 이해할 것인가로 결정됩니다.

현실에서는 현격한 차이를 보입니다. 대기업 총수의 사무실에 걸린 수억 원 하는 미술품과 몇만 원 하는 미술품이 걸린 보통 사무실의 미술품이 동질과 동류의 것은 아닙니다. 지배문화와 피지배문화가 엄연히 존재하는 현실에서 대중예술을 말하기는 어렵습니다. 여가시간, 놀이문화, 여행 등 여타의 문화 활동 역시 경제적인 부분과 관련되어 있습니다. 고속도로 휴게소에서 판매되는 미술품과 공항 갤러리에서 판매되는 미술품 역시 차이가 있습니다. 가격만의 문제는 아닙니다. 사회적 특권을 가지지 못한 보통사람들을 의미하는 '서민예술'이나 '일반예술'이란 용어는 존재하지 않습니다. 예술이 계급으로 분류된다면 어떤 문제가 발생하기 때문인지도 모릅니다. 자본의 가치에 의하 '부자'나 '권력자'들이 소비하는 예술품이 별도로 있다고 공인한다면 보통사람들은 얼마나 많은 위화감을 갖게 될까요?

대중은 비싼 예술에 대해 잘 이해하지 못합니다. 아예 관심이 없습니다. 비싸기 때문에 대중과 멀어져 있는 것은 아닙니다. 예술이란 것의 태생이 지배문화권 안에 있었고, 창작에 관련된 창의정신이 문명과 다른 문화에 속해 있었다 할지라도 세상이 변화했음을 인정해야 합니다. 싼 것이 대중의 것이라 이해해서도 안 됩니다. 비싸다고 꼭 좋은 예술일 수는 없습니다. 물질의 발전을 위한 문명과 정신과 지식, 신념을 총괄하는 문화로 이해해야 합니다.

좋은 미술품에는 몇 권의 소설과도 같은 정보가 들어 있습니다. 미술품은 정신문화와 물질문화를 이어주는 가교입니다. 정신문화가 장착된 미술품은 보는 사람으로 하여금 창의적 상상력을 발휘하게 합니다. 미술품은 한 시대의 양식이 아니라 시대나 장소를 불문하고 존재하는 것입니다. 어떤 문화에서도 발생합니다. 거기에는 사회적 정보와 미래적 가치가 들어 있습니다. 미술품이 좋은 이유가 여기에 있습니다. 현재의 정보가 담겨 미래의 가치로 형성될 수 있는 미래사회의 기반을 조성하기 때문입니다.

미술품은 생활필수품이면서 아니기도 합니다. 생활을 사회로 본다면 필수품임이 분명하고 생활을 개인의 가정이라 본다면 아니라고도 할 수 있습니다. 그렇다고 다이아몬드나 귀금속과 같은 속성을 지닌 것도 아닙니다. 그럼에도 많은 이들이 미술품을 좋아합니다. 좋아하는 이유를 물으면 대다수가 '글쎄요' 혹은 '좋으니까요'라는 말밖에 없습니다.

새로운 것을 표현하고, 창의적 열정에 최선을 다하는 미술품을 창작하는 이들이야 직업이기에 별스런 사족을 달지 못합니다. 하지만 지극히 평범한 우리네 사람들이 미술품을 좋아하는 이유는 무엇일까요? 좋은 미술품을 감상하면 정서가 발달한다고 합니다. 정서(情緖)란 마음에 일어나는 여러 가지 감정이기도 하며, 감정이 일으키는 분위기를 의미합니다.

좋은 미술품에서 발생되는 여러 가지 감정은 더 좋은 생각과 창의적 사고를 도와줍니다. 드라마나 영화를 관람하는 사람들은 등장인물과 자신을 동일시합니다. 자신의 관점에 맞는 등장인물이 있을 때 관심을 갖습니다. 재미있다고 말합니다. 미술품에도 관람자의 입장을 동일시할 수 있는 공간이 있습니다. 다만 미술에 대한 조형언어가 일반적이지 않기 때문에 일정한 이해도가 필요합니다. 미술품이 가진 언어를 이해하기 시작하면 어떠한 경우라도 자신의 감정과 상황을 미술품에 대입할 수 있습니다.

미술품은 사람을 유혹하는 힘이 있어도 다른 조건을 달지 않습니다. 돈이 없어도 유혹에 빠질 수 있습니다. 가끔 텔레비전 뉴스에 어렵게 성공한 사람들이 나옵니다. '누구는 죽음에 대한 슬픔을 딛고' 성취하였다는 식의 감정을 섞습니다. 어떤 화가가 죽음을 그렸지만, 죽음을 이용한 인간적 자극을 주지 않습니다. 많은 화가들이 죽음과 관련된 미술품을 창작합니다. 여기에는 죽음만이 있는 것이 아니라 삶의 희망과 미래가 스며 있습니다. 혹자는 경제 가치로 환원되기 때문에 미술품을 좋아하는 것이라 말합니다.

재산 상속을 위해 미술품을 구매한다는 말도 있었지만 양도세가 발현되는 시점 이후에도 미술품은 여전히 매매되고 있습니다. 환금성 때문에 미술품을 좋아한다면 미술품을 구매하지 못하는 사람들은 미술품에 관심이 없어야 합니다. 환금성에 대한 교환가치가 아니라 자신과의 정서적 교감이 있습니다. 따라서 좋은 미술품은 자신의 감정을 이입시킬 수 있는 공간이 있는 작품입니다.

"작품 설명 좀 해주세요. 뭘 의미하는 거죠?"

"그냥 보시면 돼요. 눈으로 보고 마음으로 느껴보세요."

전시장에서 흔히 오가는 말로서는 뭔가 부족합니다. 무엇을 느끼란 말인가요? 풍경화나 정물화 정도는 익히 알고 있는 물건이나 풍경들이 그려져 쉽게 공감이 가기도 하지만 추상화나 개념미술이라고 하는 것은 더욱 혼란스럽게만 만듭니다. 관람자는 작품에 대해 궁금해하면서 어떤 의미로 제작되었는지 듣고 싶어 합니다. 큐레이터나 전시 관계자들이 나름대로 설명을 하겠지만 화가에게 물어보면 돌아오는 소리가 거의 없습니다. 자신의 작품을 설명하는 것이 쑥스럽기도 하겠지만 화가는 자신의 작품에 대해 명료한 입장을 제시하기 꺼려합니다.

화가들은 늘 고민에 빠져 있습니다. 무엇을 어떻게 그릴 것인가, 자신의 정신을 어떠한 조형과 의미로 표현할 것인가 하는 창의적 고민이 언제나 작가 곁에 있습니다. 때로는 무엇을 그려야 할지 모르는 '소재 빈곤'에 빠지기도 하고, 표현이 과하기도 하며, 표현이 부족한 작품을 그리기도 합니다.

추상회화에서는 의미를 표현하지 않기 위한 노력도 있었으며, 어떤 대상을 그린다는 것 자체를 거부하기도 하였습니다. 어떤 화가의 작품에 대한 개념을 이해한다면 감상의 폭이 훨씬 넓어집니다. 하지만 전시장에서 만난 전문가에게 물어보면 어려운 철학적 용어나 그들만이 아는 개념을 이야기하기도 합니다. 무엇을 그렸는가에 대한 조형적 입장으로의 접근은 어렵지 않지만 무엇을 표현하고 무엇을 의미하는지에 대한 접근은 쉽지 않습니다.

화가는 자신들만의 독특한 콘셉트가 있습니다. 콘셉트(concept)란 철학적 의미로서 개념이나 구상, 발상을 의미하는 용어이기 때문에 미술작품에서도 중요한 단어임이 분명합니다. 미술작품을 감상할 때 표현된 이미지와 예술가의 개념(concept)을 동시에 습득해야 합니다. 그러나 어느 정도 감상에 숙달되지 않으면 작품에서 개념을 찾아내기 어렵습니다. 따라서 개념을 이해하기 위해서는 작품 감상에 앞서 팸플릿에 수록되어 있는 평문을 먼저 읽고 작품제목을 통해 작품에 접근하는 것이 좋습니다. 작품제목에 작가의 개념이 숨겨져 있는 경우가 많기 때문입니다. 그러면서 조심해야 할 부분은 예술가의 개념과 눈으로 확인되는 작품의 이미지를 분리하여 접근하지 않아야 합니다. '따뜻한 색'으로 그려진 그림에 '춥다'는 제목이 있을 수 있기 때문입니다. 개넘과 조형 이미지는 양면성을 지닌 하나의 것입니다.

　　미술계를 달구었던 박수근의 「빨래터」 위작 논쟁이 일부 종결된 지 오래입니다. 지금 와서 그것을 꺼내는 이유는 일부라는 것 때문입니다. 일부라는 것은 진위에 대한 판단 없이 '신빙성 있음'으로 끝났기 때문입니다. 2년 가까이 진행된 박수근의 「빨래터」 진위 논란이 법원 판결로 일단락되었지만 진품이거나 위작이거나 보통사람들은 관심을 두지 않습니다. 신문이나 방송에 등장하더라도 보통사람은 스치는 기사일 뿐이며, 45억짜리 미술품이라는 것만을 기억할 뿐입니다. 예술에 대한 가치가 돈의 가치로 환산되는 시점입니다.

　　이런 일들에 대한 관심은 접어두어도 좋습니다. 싸거나 비싸거나 예술의 가치는 일정합니다. 유명해진 만큼 더 좋은 예술을 간직하고 있다고 보는 것은, 유명해지기까지 가치에 대한 판단과 검증의 횟수를 거친 것들이기 때문입니다. 비싸다고 좋은 것이 아니기 때문에 미술품 감상을 위해서는 주변에서도 가능합니다.

　　멀지 않은 곳에 언제나 미술품이 자리합니다. 중·대형 건물의 로비와 야외에는 반드시 미술품이 있습니다. 업무상 방문하더라도 건물 로비에 걸린 미술품을 한번쯤 돌아볼 여유가 필요합니다.

　　참으로 어렵습니다. 잘 그렸는지 못 그렸는지도 구분 못하는 시대인데 미술이라는 것에 나쁘고 좋고가 어디 있겠는가 말입니다. 사람들은 여전히 잘(?) 그린 그림을 찾습니다. 그럼에도 잘난 사람들이나 미술계 일각에서는 어려운 그림만 고집합니다. 그것이 고급이라 생각하나 봅니다. 기기묘묘하게 그렸어도 좋다고 합니다. '사회적 담론'이나 '미학적 견지'나 '사회구성체론'이나 '인문학적 접근'과 같은 어려운 말들이 여전히 꼬리를 물고 나타납니다. 이들은 예술이냐 아니냐에 대한 물음은 대체로 외면합니다. 예술로 포장된 상품이냐 아니냐도 모른 척

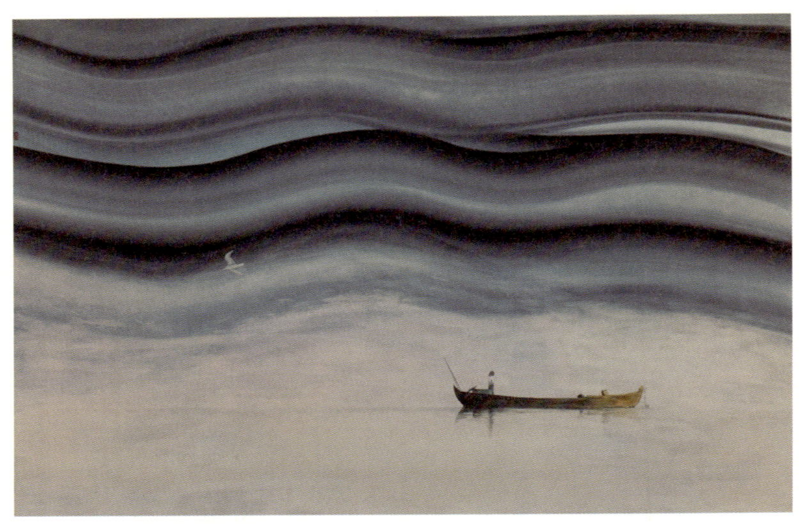

합니다. 그러면서 새로운 것, 보지 못했던 것, 노동력이 가미된 것 등과 같은 세상 사람들이 다 아는 이야기만 나열합니다. 대중문화냐 대중예술이냐, 고급이냐 저급이냐, 상위문화와 하위문화와의 관계에 대한 완급 조절도 없습니다. 그저 상용하는 사람들의 계급에 따라 무작위로 위치가 정해집니다.

또 하나의 문제는 현대미술이라는 개념에서 어디까지를 예술작품으로 보아야 하는가 하는 것입니다. 예술이라면 그 범위가 무한정이기 때문에 아무런 상관 없습니다. 작품(作品)이라고 하는 것은 남아야 합니다. 기록되지 않거나 남지 않으면 품(品)의 범위를 벗어납니다. 그러함에도 우연이나 즉흥성, 무 보존성을 주요 주제로 하는 일련의 예술행위를 행위자체로 볼 것인가 아니면 예술작품으로 보아야 하는가. '이것이 문제입니다.'

여기에다가 상황에 따라 미술을 보는 잣대가 변화무쌍합니다.

1980년대 이전까지만 하더라도 우리나라에서는 '감성'과 '기분' 혹은 '분위기'로 회화작품을 평가하려는 경향이 강했습니다. 미술작품을 보면서 '분위기 좋다', '느낌 좋은데'라는 등의 모호한 평가가 90년대 초반까지 이어졌습니다.

구상미술과 추상미술의 대립도 있었습니다. 그러다가 86년 아시안 게임 즈음부터 미술인들 사이에서 정신의 자유를 구가하는 사유의 독립 혹은 특성화 개념이 조심스레 생겨납니다. 여기서부터 어려워집니다. 1984년 백남준의 정신운동의 여파일 수도 있으나 한국성과 현대성이라는 것을 어떻게 찾아갈 것인가에 대한 문제가 본격적으로 논의됩니다. 1960년대 후반 이우환의 모노하(物派)운동과 1970년대 초반의 소위 말하는 백색운동의 모노크롬 설전이 시작됩니다. 88올림픽을 계기로 미술인들 사이에서는 이념 미학이 힘을 잃어가고, 한국 고유의 정신성을 이야기하여야 한다는 반성이 시작됩니다.

문제는 이러한 시대를 겪었음에도 예술이 무엇이냐를 묻기 이전에 스스로 작품을 감상할 수 있는 기회가 많지 않았다는 것입니다. 국민가수 조용필과 필적할 수 있는 보통사람이 알 수 있는 오페라 가수가 알려지지 않았다는 것입니다. 예술의 깊이나 경중을 이야기하는 것이 아닙니다. 다양성에 대한 접근입니다.

예술 이해를 위해 문화예술을 활용하지 못하고 잘난 척하는 도구로 사용한 시대적 과오가 문제입니다. 예술의 가치를 이야기하기 전에 예술에 접근할 수 있는 많은 자리가 우선되어야 합니다.

제4장

무엇을
보세요?

모든 사람이 예술을 이해하려 한다. 그런데 왜 새의 노래는 이해하려 들지 않는가. -피카소

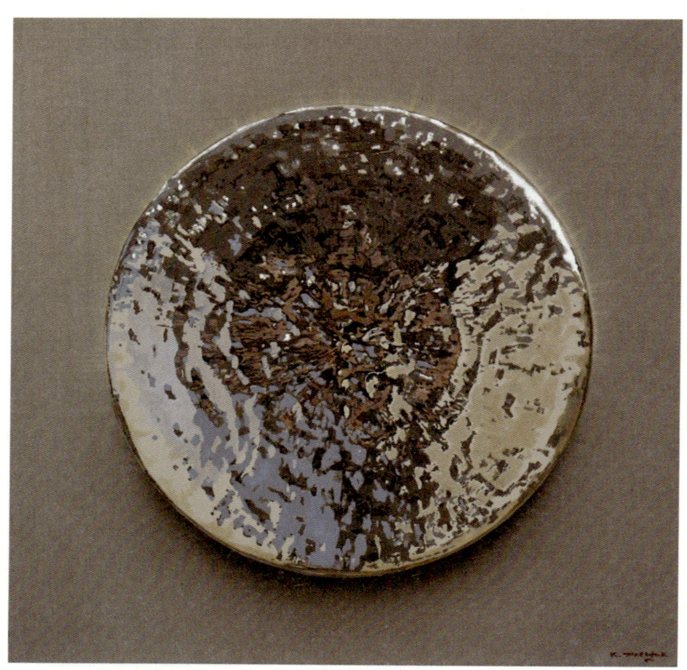

김재학, **소리+징**, 2011, oil on canvas, 140x140cm

28. 미술 감상은 숨은 그림 찾기다

"역시 넌 감각 있어!!"라는 말을 가끔 합니다. 여기서 말하는 감각이란 보통의 사물을 특별한 사물로 변환시키거나 아무것도 아닌 사건을 특별한 사건으로 만들어내는 능력을 말합니다. 스카프 한 장으로 패션을 이끌어가는 일이나 집안 정리할 때 물건의 위치를 잡는 일 따위에서 이런 말이 오고갑니다.

그러면 예술에 숨어 있는 가치란 무엇일까요? 일차적으로는 재능을 발견하는 일입니다. 대중스타에게 붙는 "끼"와 같은 말일 것입니다. '끼'라고 하는 것은 남다른 성향이나 성격을 의미하지만 '끼가 있다'는 것은 비슷한 신체 조건 속에서 동일한 언어를 사용하지만 특별한 표현에 강한 이들에게 쓰는 말이기도 합니다.

이성을 처음 만난 날 "그래 이 느낌이야!" "느낌이 왔어!"라고 말을 하죠. 이 느낌은 과거에서부터 학습된 감각입니다. 학창시설 공부는 뒷전이고 이성교제에 열성인 어떤 친구가 결혼을 잘한다는 사실은 누구나 잘 알고 있습니다. 배 아프지만 사실입니다. 그만큼 경험이 풍부하다는 것입니다. 경험은 감각을 기르는 좋은 수단이거든요.

예술에 숨겨진 가치는 미래를 창작할 수 있는 감각을 발전시키는 일입니다. 특별한 자신만의 능력입니다. 특별함은 보통, 일반의 기술력이나 능력을 뛰어넘는 일입니다. 보통과는 다른 무엇입니다. 어떤 아이가 레고 블록으로 다른 아이들은 만들 수 없는 무엇인가를 표현해냈다면 그 아이는 색다른 감각을 지니고 있는 것입니다. 틀림이 아니라 다름을 가르치는 일이 어른의 역할입니다.

미술 감상이란 작품에 담긴 '미적 가치를 발견'하고 '심미관에 대한 감성'을 이해하는 일이라고 합니다. 도대체가 알 수 없습니다. 보통 사람들은 '미적 가치'라는 말을 잘 쓰지 않습니다. 그런 일상에서 미적 가치를 발견하라니, 감상을 하지 말라는 것과 마찬가지 아닙니까?

미술 감상에서 말하는 미적 가치(美的價値)란 화가가 그리고자 한 의미와 내용이 감상자에게서 나타나는 마음의 변화와 정신을 의미합니다. 누군가 어떤 그림을 보고 '너무나 아름다워 그곳에 살고 싶다'는 생각이 든다면 미적 가치가 발휘된 것이라고 할 수 있습니다.

여기에 덧붙여 예술 중의 일부는 과거를 현재에 존재하게 하는 일입니다. 예술작품은 안 보이는 것, 볼 수 없는 것을 시각적으로 보이게 합니다. 예술작품으로 공개된 이상 보이지 않았거나 없었던 상황이 세상에 존재하는 것으로 취급되기 시작합니다. 역사의 기록과도 비슷합니다. 과거는 현재의 유물입니다. 그러나 그것이 문자로 남거나 시각화되지 않는다면 잊혀진(없는) 시간일 뿐입니다.

여행에서 남는 것은 사진뿐이라고 말합니다. 전시에서 남는 것은 팸플릿뿐이라고 말합니다. 이 말은 미래에 현재를 기억할 수 있는 기록이 필요하다는 의미입니다. 현재 시점에 과거를 기억하고 활동할 수 있게 만드는 주요 수단이 바로 예술작품입니다. 많은 미술가들이 이러한 사실을 잘 알고 있기 때문에 지나간 상황을 작품으로 만들어냅니다. '기억',이나 '추억', '상징'을 재현해내는 것입니다.

자신을 불편하게 하는 정치나 어떤 대상을 작품으로 재현하여 세상에 공개합니다. 기록화나 영웅담, 박물관이나 역사관에 들어가는 영정 등은 과거를 현재에 존재하게 하는 방법입니다. 때로는 과거를 현재에 보이게 하여 역사를 바꾸기도 합니다.

　　그림을 지칭하는 한자 중에 그림 도(圖)와 그림 화(畵)가 있습니다. 그림 그리는 사람을 화가(畵家)라고 하죠. 도가(圖家)라는 말을 쓰지 않습니다. 말 그대로 풀이하자면 도(圖)는 주어진 의미와 내용, 교훈과 훈육, 길상(吉祥)과 벽사(辟邪) 등을 우선시하는 그림입니다. 창작자의 자유 의지나 해석의 가감(加減)이 자유롭지 않은 의미가 강조되는 그림을 총칭합니다. 한자 풀이로는 경계를 나타내는 큰 입구(口)에 지역경계를 의미하는 비(啚)자가 틀어 앉아 '정해진 그림' '결정된 그림'이라는 의미를 담고 있습니다.

　　그림 화(畵)는 붓을 쥐고 있는 모습이 형상화된 붓율(聿)자와 밭전(田)자에 입벌릴감(凵)자가 합쳐진 글씨입니다. 붓으로 그린[田] 모양서를 담는 것, 그냥 자유로운 그림이라는 의미입니다. 따라서 조선시대의 도화서(圖畵署)는 나라에 필요한 지도나 도표, 도안(圖案), 정해진 제례의식의 모습 등을 그리거나 자유로운 그림을 그리는 일을 맡은 관청임을 알 수 있습니다. 도화서에서 일하는 사람들을 화공(畵工)이라 하였습니다. 누가 뭐라 해도 기술적인 부분은 반드시 필요합니다.

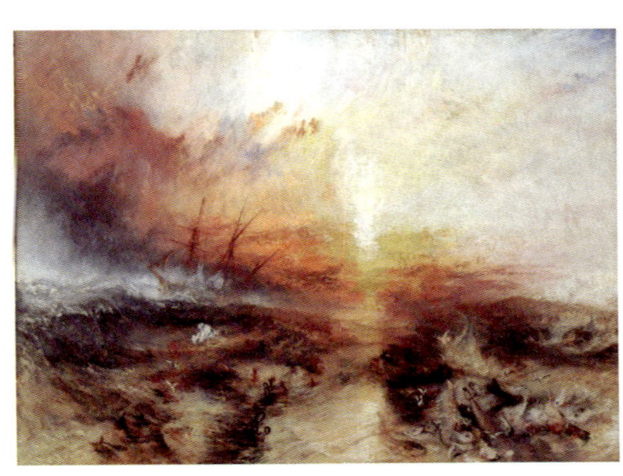

윌리엄 터너, **노예선(바다로 던져지는, 죽었거나 죽어가는 노예들, 몰려오는 태풍)**, 1840, 캔버스에 유채, 90.8cm×122.6cm, 보스턴 미술관

윌리엄 터너의 「노예선」이라는 작품이 있습니다. 1781년 9월 아프리카의 노예 400명을 팔기 위해 자메이카로 항해하던 중 배에 질병이 퍼져 노예들이 죽어가고 있었습니다. 선장이 보험금을 타기 위해

노예를 선박 밖으로 던지는 그림입니다. 윌리엄 터너는 자신이 살던 시대로부터 60년 전의 사건을 그림으로 옮겼다고 합니다. 노예제가 폐지된 1830년대에도 스페인과 미국의 노예무역은 합법적이었다고 합니다. 여기에 자기나라 스페인의 인신매매를 고발하기 위해 예전의 사건을 끄집어내었다고 합니다.

낭만주의 시대의 화가 페르디낭 들라크루아의 「민중을 이끄는 자유의 여신」(1830)이 있습니다. 이 그림은 1789년 프랑스 혁명을 이야기하고 있습니다.

자크 루이 다비드의 「마라의 죽음」(1793)이라는 작품도 있습니다. 철학가이자 정치가인 장폴마라가 프랑스 혁명 당시 자코뱅 클럽의 급진개혁파인 산악당의 지도자로서 숙청대상자를 정하는 중 죽임을 당한 모습을 그렸습니다. 프란시스코 고야의 「이성이 잠들면 악마가 나타난다」라는 작품도 있습니다. 고야의 43번 판화입니다. 이 작품은 이후에 여러 예술가들의 작품에 다시 등장합니다. 빅토르 휴고는 자신의 습작 스케치에 이 그림을 인용했으며, 모네도 인용했습니다. 보들레르는 시를 쓰기도 했습니다. 「이성의 잠」이라는 주제로 음악이 만들어지기도 합니다. 테오도르 제리코의 「메두사호의 뗏목」(1819)이라는 작품도 있습니다. 1816년 7월2일에 일어난 실제 사건을 들은 제리코가 상상으로 재현한 작품입니다. 배가 난파되어 12일 만에 149명 중 15명만 구조된 사건입니다. 생존자가 난파 당시 상황을 글로 발표함으로써 세상에 알려졌으며, 이 작품을 통해 사회적 반향이 일어났다고 합니다.

미술뿐만 아니라 모든 예술 장르는 과거를 현재에 존재하게 할 수 있는 힘이 있습니다. 잊혀진 과거를 현재에 존재하게 함으로써 과거를 인식하게 합니다. 인식된 과거는 미래를 만드는 원동력이 됩니다. 예술작품 가운데 어떤 것은 미래를 미리 보여주기도 하고, 현재를 알리

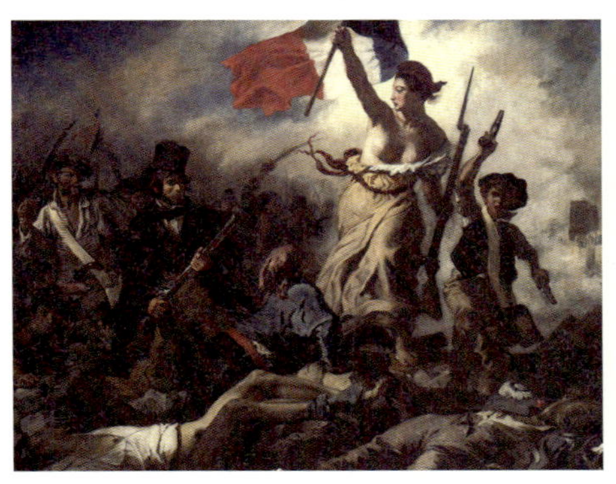

돌라크루아, **민중을 이끄는 자유의 여신**, 1830,
캔버스에 유채, 260x325cm

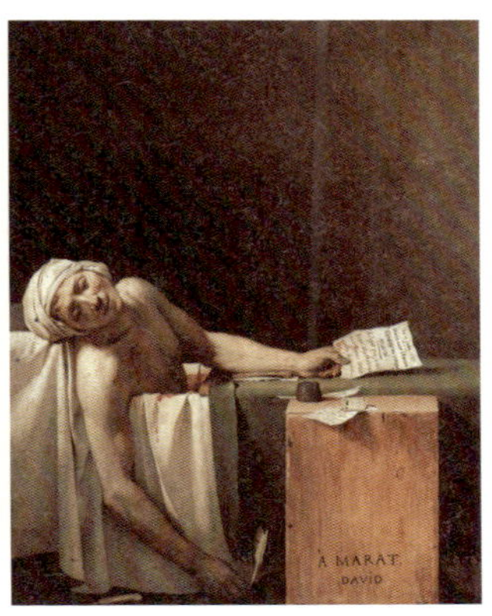

자크루이 다비드, **마라의 죽음**, 1793,
캔버스에 유채, 162x130cm

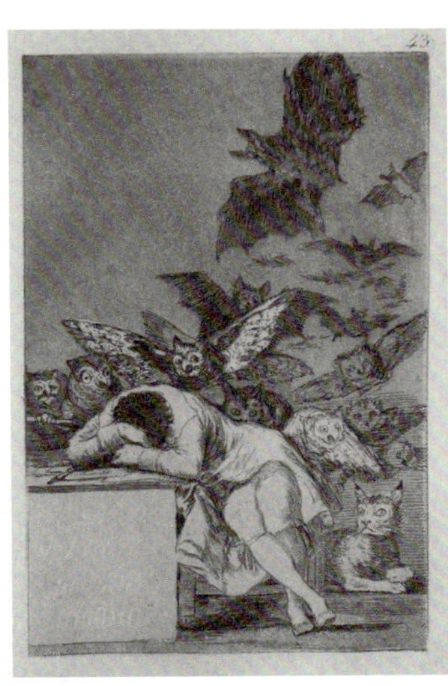

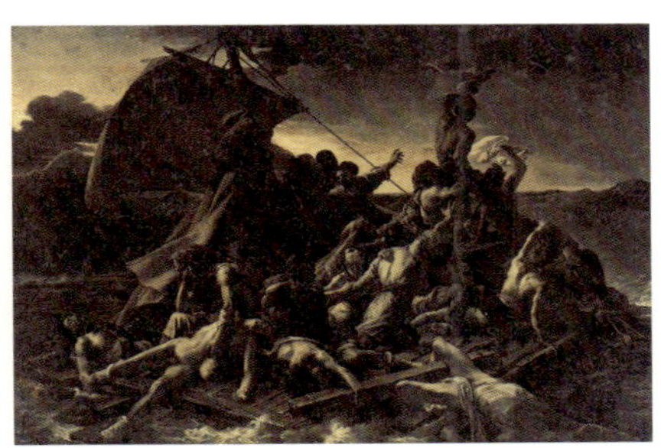

테오도르 제리코, **메두사 호의 뗏목**, 1819,
캔버스에 유채, 491x716cm

프란시스코 고야, **이성이 잠들면 악마가 나타난다**,
1797-1798, 에칭 에쿼틴트, 21.6x13.2cm

기도 합니다.

황제성의 작품 「순환의 바람-따스한 사랑」을 보면서 생각해보면
좋을 것 같습니다. 화가는 자신의 마음속에 있는 아름답고 이상적인
세계에서 즐겁고 행복한 삶을 추구하고자 하는 그림을 그립니다. 별

따스한 날, 수려하고 화려한 꽃 사이로 바람이 불어옵니다. 할미꽃 솜털을 헤집으며 산들거리는 바람이 슬며시 사라집니다. 따뜻한 색상과 꽃잎파리 사이를 왕래합니다. 그림을 보는 순간 꽃을 통해 감상자는 화가와의 접속을 시작합니다. 화가가 어떤 의도로 그림을 그렸는가는 중요하지 않습니다. 화가의 의도와 상관없이 자기 마음대로 접근하면 됩니다. 화가는 그림으로 우리에게 말을 합니다. 그 말을 못 알아듣는다고 감상자의 잘못이라고 이해하면 곤란합니다. 전시장에서 그림이 하는 말은 자신의 의도를 밝히는 것이기 때문에 화가는 감상자가 알아듣도록 해야 할 의무가 있습니다.

보는 사람 마음에 따라 그림에 나타난 이미지가 달라질 수 있습니다. 할미꽃은 누구에게는 애인이 되고 누구에게는 돌아가신 조상이 되기도 합니다. 꽃을 보면서 누군가를 기다리는 간절함으로 전환되기도 합니다. 따라서 감상에서 말하는 미적 가치란 어떤 그림을 보고 자신의 마음을 유입한 이후에 발생하는 독자적 감성이라 할 수 있는 것입니다. 사람마다 좋아하는 꽃이 다를 수 있으나 꽃을 싫어하는 사람은 거의 없습니다. 일상에서 발견된 꽃을 모방하여 그려진 그림이지만 작품에서 의미하는 내용은 다양하다 할 것입니다.

어려운 말이긴 합니다만 '심미관에 대한 감성'이란 말도 미술품에 담겨진 가치를 발견하고 정신적인 느낌으로 그림을 바라보는 마음입니다. 따라서 미술 감상은 작품을 분석하는 일련의 해독 행위와 비슷합니다. 예술가의 개성과 주관에 따라 미술품이 제작되었기 때문에 감상자 역시 자신의 개성과 주관에 따라 의미를 부여하면 그만입니다.

초등학교 시절, 어린이 신문에 그려진 "숨은 그림 찾기"에 열광한 적이 있을 것입니다. 숟가락이나 모자, 고무신, 오리와 같은 단순화된 그림을 사람이나 풍경 그림에서 찾는 일이었는데, 마지막 한두 개를

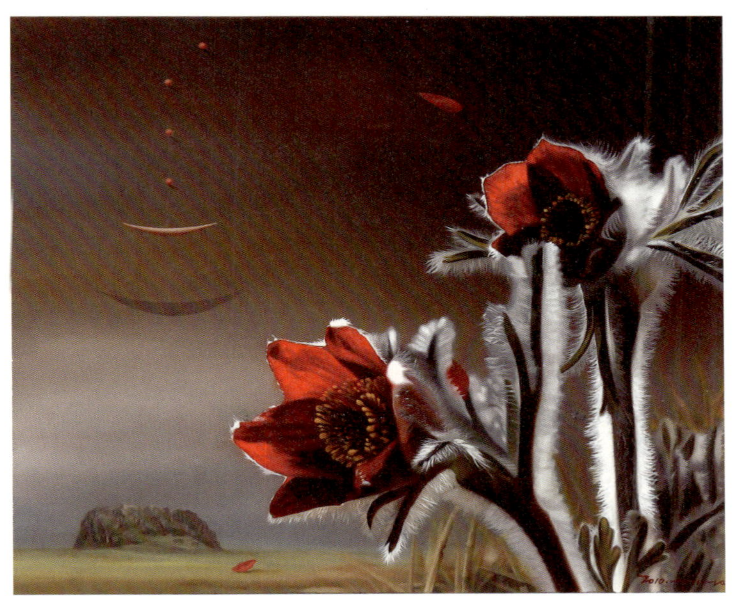

황제성, **순환의 바람–따스한 사랑**, 2010, 캔버스에 혼합재료, 38cm×45.5cm

찾지 못하면 신문을 뒤집어보고 옆에서 보기도 하였습니다. 요즘에는 컴퓨터에서 다른 부분 찾기를 하는데, 두 개의 이미지를 동시에 보여 주면서 다른 부분을 골라내는 게임도 있습니다. 이러한 놀이와 게임은 창의성 개발을 위한 틀림과 다름을 이해하는 기초 교육들입니다. 미술 감상이 숨은 그림 찾기는 아닙니다만 숨겨진 의미를 찾는다는 것에는 일맥상통합니다. 화가는 숨은 그림을 그리는 사람이며, 감상자는 숨은 그림을 찾는 것과 비슷하다 할 것입니다. 숟가락을 숨기기 위해서는 숟가락이 나무의 기둥도 되고, 사람의 옷자락도 됩니다. 화가의 숟가 락은 할미꽃이거나 바람입니다. 우리는 여기에 숨겨진 조형의 의미와 감정을 찾아 느끼고 즐기는 것입니다.

29. 여백은 채움이다

우리말에 여백의 미(美)라는 것이 있습니다. 여백은 아무것도 그리지 않은 공간을 말하는데 동양화의 여백은 서양화의 공란이나 배경과는 의미를 달리 해서 사상과 마음에 대한 공간을 확장시키는 역할을 합니다. 비워두는 것이 아니라 너무나 많은 사물이 담겨 있기 때문에 보이지 않는 공간이기도 합니다. 왜냐하면 동양회화에서 활용되는 선은 라인(line)이 아니라 공간(space)으로 이해되어야 하기 때문입니다.

'침묵의 소리', '소리없는 아우성' 등과 같은 역설의 의미와는 다릅니다. 동양회화에서 여백은 의미하는 바에 대한 도움이거나 강조의 공간으로 사용됩니다. 동양의 사상은 자연을 중심으로 표현하고자 하는 의미를 강조하기 위해 어떠한 사물도 그리지 않는 경우도 있습니다.

"채우기 위해 비운다"는 의미와도 흡사하다 할 것입니다. 안호균의 작품 「향노도출사(向怒濤出使)」를 보면 글씨가 쓰여진 부분과 화면 상단이 비어 있습니다. 그리지 않은 것이 아니라 의도적 그리기를 멈춤으로 해서 더 많은 공간으로 확장시킵니다. 거센 파도를 헤치고 나아가기 위한 마음을 작은 배로 표현한 것입니다. 마음의 힘찬 기상을 나타냄과 동시에 관람자에게는 자유로운 상상의 공간이 되고 있습니다. 이와 같이 마음속에서 일어나는 감정과 경치를 의경(意境)이라고 합니다. 여백으로 인해 의경이 확장되어 감상자의 마음에 닿는 전통적 사유방식입니다.

　　그러므로 동양회화에서 먹선은 라인이 아니라 스페이스로 이해되어야 합니다. 선을 긋는 단순한 행위가 아니라 평평한 화면 위에 구획을 긋는 입체적 접근이 중요합니다. 예를 들자면 남한과 북한의 경계는 휴전선입니다. 휴전선은 철조망으로 갈려진 단순 경계구획이 아닌 것과 마찬가지입니다. 우리 민족의 아픔과 이산가족의 고충과 고통이 스며 있는 마음의 경계이기도 합니다. 따라서 동양회화의 선은 공간을 구성하는 요체임과 동시에 공간 그 자체이기도 합니다. 동양회화에서 공간을 구성하는 방식에 여백이 중요한 이유는 여기에 있습니다. 여백은 자연에 순응하며, 자연의 변화에 적응하는 것을 기본으로 하는 동양인들의 심성과 관련되어 있다고 볼 수도 있습니다. 여백은 비워둠이 아니라 작품의 의미를 강조하거나 내용을 풍부하게 하는 출발점이며,

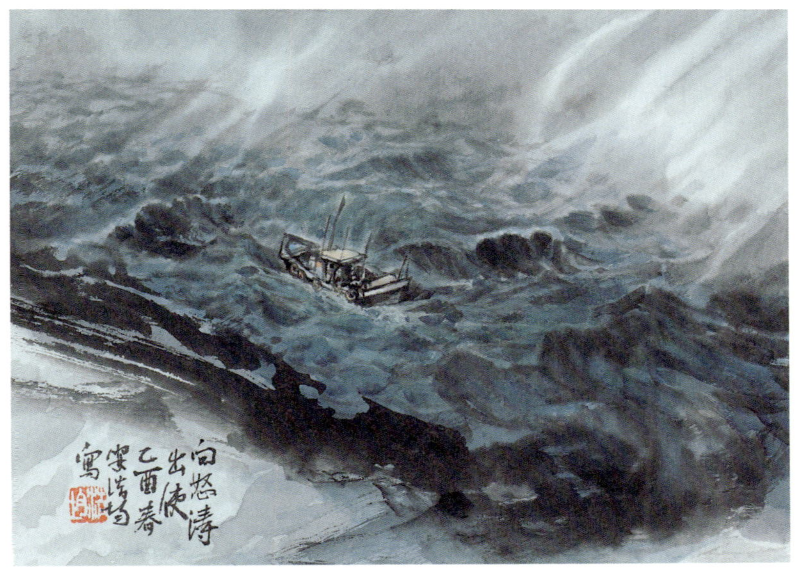

안호균, **향노도출사(向怒濤出使)**, 2005, 화선지에 수묵채색, 32X41cm

화가가 그리고자 한 의미를 강화시키고 의경에 숨은 의미를 풍부하게 하는 동양정신의 표현 수단인 것입니다.

수묵회화를 감상할 때는 표현된 형상을 음미하면서 그리지 않은 부분에 대한 의미를 생각해보는 것이 기본입니다. 여기에 덧붙여서 검은색 선이 차지하는 공간감을 상상해야 합니다. 오랜 전통과 역사를 지닌 동양화는 형상이나 색보다는 어떠한 의미를 생각하면서 그려집니다.「향노도출사」와 같이 어떤 목표를 지향하는지에 대한 작가의 의도는 드러나지 않는다 할지라도 그림을 감상하는 사람의 입장과 여건에서 파도가 될 것인가 아니면 거기에 몸을 맡긴 배가 될 것인가, 이도 저도 아니면 이를 극복해가는 의지를 표현할 것인가가 결정되어야 합니다. 이를 감정이입이라고도 합니다. 여백을 통해 자유로운 마음과 생각에 의해 감상자만의 목표가 형성되는 것입니다. 이를 마음으로 보는 것이라고 합니다.

보이지 않는 감성을 표현하기 위하여 화가는 자신의 주변에서 발견되는 다양한 인공적 기물과 자연물을 작품의 소재로 삼기도 합니다.

배경의 공간은 공백이 아니라 세상 전체의 일부분인 채움을 위한 비움으로서의 여백입니다. 그림을 본다는 것은 그려진 사물만을 보는 것이 아니라 사물과 사물이 지닌 의미를 파악하는 것이기도 합니다. 어떤 화가는 색에 의미를 두어 빨강색은 믿음이며, 파랑색은 사랑이라고 주장하기도 합니다.

자신이 그리는 그림에서 화가는 조물주가 되고 창조자가 되고 전지전능한 역할을 맡습니다. 서양회화에서는 신의 영역이라는 관념 때문에 창조라는 개념이 14세기가 넘어서야 형성되지만 동양회화에서는 창조가 태고적부터 끊임없이 연구되어온 진리와 탐구의 영역입니다. 화가는 자신의 순수한 마음으로 기물을 바라보며 마음에 존재하는 진리를 회화작품으로 표현합니다. 모든 창작방식이 그러한 것만은 아닙니다만 자연에서 발견된 기물이 화가의 마음에서 형성된 새로운 표상이 되기도 합니다. 그림에서 보이는 것과 같이 크고 작은 자연물들과 인공물들이 서로 대립하거나 조화를 이루고 있습니다. 정신적인 삶과 현실의 고단함을 이야기합니다. 현실은 힘들지만 정신의 자유와 미래를 위한 희망을 찾아간다는 의미가 있습니다.

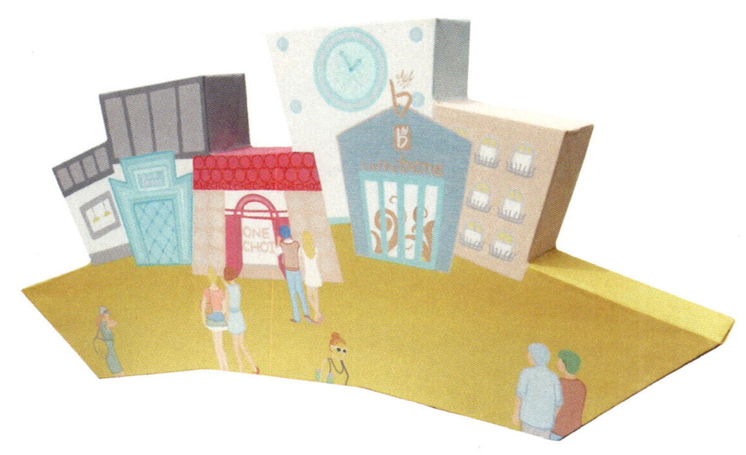

김성희, **我—세상 속으로**, 2012, 장지에 채색, 28x64cm

30. 색으로 말한다

　　　　우리는 색에 많은 의미를 담습니다. 하지만 미술작품에서 색은 의미와 표현의 보조 수단일 뿐입니다. 색의 의미는 지역마다 사회구조마다 다릅니다. 색은 의미와 표상의 성격이 강합니다.

　　　　미술가는 색이나 습득된 마음에서 자유로워야 합니다. 구속이 없어야 새로움이 활달해집니다. 정신의 자유는 미술가가 지닌 마음의 눈입니다. 그러면 마음의 눈은 어디에 있을까요. 사물을 마음의 눈으로 바라보라고 합니다. 마음이라고 하는 것은 본능의 것이 아니라 습득된 지식 중에서 지식을 바라보는 또 다른 자신의 시선입니다. 예술은 인간의 내면세계를 다루는 학문입니다. 내면세계를 보이게 하여 그것이 세상에 존재한다는 사실을 인식시켜주는 것이 시각예술입니다.

　　　　동양회화에서는 묵색(墨色) 하나로 모든 것을 다 표현하려 했습니다. 색이 없어서가 아니라 모든 색의 근원을 현색(玄色)으로 보았기 때문입니다. 현색은 검은색이라기보다는 하늘의 색이며, 이상이 도달해야 하는 도(道)의 색입니다. 자연의 섭리를 이해하여 사물의 외형보다는 사물의 의미와 본질을 찾고자 하는 노력이었습니다.

　　　　동양에서 말하는 사물의 본질과 서양에서 말하는 사물의 본질은 근본을 달리 합니다. 동양은 조화와 합일을 찾지만 서양은 분리와 독립의 균형을 추구합니다. 사회운용의 원리가 다르기 때문입니다. 서양에서의 색은 상징이지만 동양에서의 색은 의미가 됩니다. 간혹 색 자체가 어떤 의미를 지니고 작품에 담긴 의미를 강화하는 경우도 있습니다. 색에서 의미를 찾는 것은 미술가보다 감상자의 견해가 우선되어야 합니다. 작품에 대한 해석은 감상자의 몫이기 때문입니다.

사람이라면 누구나 자신을 방어하거나 과시하기 위한 표현을 합니다. 그 표현방법은 경우에 따라 다양한 방식으로 구현됩니다. 특히 예술가의 경우에는 표현과 주장이 색다릅니다. 표현하고자 하는 의미와 내용이 개인적인 것에서 출발했다 하더라도 일단 예술작품으로 표현되면 그것은 개인의 것이 아닙니다. 개인이 아니라 사회에 환원되는 독특한 물건이 됩니다. 개인의 취향이 사회를 대변하기도 합니다. 그러므로 예술가의 표현방법에 사용되는 색은 자신의 감성 미학인 동시에 보편성을 지닌 사회적 용어로 전환됩니다. 미술작품을 보고 '이것은 무엇이다'라고 판단하는 외관의 이미지 분석과는 별개로 의미론적 접근이 필요한 부분입니다. 이 부분에서는 전통적으로 내려오는 색에 대한 일반적 해석을 주로 많이 활용합니다.

자연의 운행 이치를 오방(五方)과 오행(五行)에 두었던 동양의 사상에서 색 또한 가치를 확보합니다. 색은 시각적 감각과 더불어 사고체계나 문화와 환경과의 관련에서 특정의 의미와 내용을 확보하고 있습니다. 색은 추상적이고 정서적인 내용을 가진 일정한 역할로서의 언어입니다. 전통적으로 내려오는 색의 의미는 다음과 같습니다.

녹색은 오방색에 포함되지 않으면서도 동서고금을 막론하고 늘 활용되어오는 색입니다. 청색과 황색이 겹친 색이지만 자연계에서 나타나는 색이 주로 초목의 잎이고 새 생명을 의미합니다. 녹색을 의미하는 북유럽계의 언어 green(영), grun(독) 등은 원래 자라나다(grow)를 뜻하는 말과 어원을 같이 하며 이것도 또한 자라나는 색입니다. 푸르름은 한국정서에서 수려함과 고고함을 의미합니다. 청색은 방위로는 동쪽, 신체적으로는 간장(肝臟), 감성적으로는 기쁨을 이야기합니다. 시대정신을 표현하기 수월한 명쾌함입니다.

옛날이나 지금이나 그림에는 많은 색이 입혀져 있습니다. 사찰에 가면 탱화라 하여 현란한 색이 입혀진 귀신이나 부처가 많습니다. 현재에 와서, 현재에 살고 있는 화가에게 색은 무엇일까요? 흰색을 포함한 두서너 가지 색을 칠한 그림이 2007년 뉴욕 소더비 경매에서 50년대 이후 작품으로 사상 최고가인 673억 원에 낙찰되기도 했습니다. 마크 로스코(Mark Rothko)의 「White Center」라는 작품입니다.

그림에서 색은 어떤 사물이나 분위기를 표현할 때 주변의 색들과 어우러져 하나의 이미지를 조성합니다. 색을 이용하여 사물을 또렷이 만들거나 색 자체를 사물의 표현방법으로 활용하기 시작한 회화기법은 인상주의 시대에 클로드 모네에 이르러 전성기를 구가합니다. 섞고 배합하여 마술을 그리기도 하지만 색 자체만을 위한 색이 강조되기 시작합니다. 색과 색의 대비와 조화에서 오는 조형성을 거부하면서 빛과 색의 고유한 독립을 추구한 것입니다. 빛에 의해 변화되는 색 자체를 화폭에 담아냈습니다. 색채의 화가라 불리는 마티스는 하늘색이나 나무색 등과 같은 본래 색에서 벗어나 자신의 감성과 감정에 따라 색을 자유롭게 활용하여 불후의 명작을 많이 남기기도 했습니다.

우리는 흔히 좋아하는 색을 물어보면서 성격을 파악한다고 하는데, 이는 개개의 주체적 색채감보다는 사회의 관념적으로 만들어진 의미에 맞춘 것입니다. 색은 시대적 상황과 역사적 관념 안에서 변화하고 있음을 알아야 합니다. 색에 대한 인간의 감성은 지역과 역사에 따라 달라지는 것입니다.

정열과 열정이라는 의미로 사용되는 붉은색 하나만을 보더라도 과거에는 황실에서 사용하거나 액을 물리치는 의미로 사용되어왔습니다. 중국에서 붉은색은 성공의 상징으로 통합니다. 고대 중국인들은 붉은색이 태양에서 유래되었다고 여겨 상서로움과 행복, 행운으로 여겼기 때문입니다. 미국에서는 독립전쟁 당시 붉은색 드레스가 인기를 끌었는데 이는 붉은색이 영국에 대한 반항을 의미하였기 때문이라고 합니다. 인도에서는 붉은색이 환영을 뜻하며, 독일 속담에 '오늘은 빨강, 내일은 죽음'이라는 말이 있는 것을 보면 붉은색을 살아 있는 현실이라 여긴 것 같습니다.

각각의 색은 사회적, 역사적으로 획득한 고유한 의미들이 있지만 미술품을 감상할 때는 화가 개인이 추구하는 색의 의미를 이해하는 것이 중요합니다. 색 사용에 대해서는 개인별로 독특한 차이가 있기 때문에 접근이 용이하지는 않지만 주의를 기울여 감상하면 미술에 대한 새로운 접근이 시작될 것입니다.

왕열, 희망을 향한 모두의 동행

청색이 있습니다. 청색이라기보다는 하늘색이며 세상을 살아가는 색입니다. 하늘도 파랗고 물도 파랗습니다. 파란 하늘을 배경으로 새들이 무리지어 날아갑니다. 추운 겨울을 피해 남쪽으로 가는지, 더운 여름을 피해 북쪽으로 가는지는 알 수 없습니다. 화려하지는 않지만 화사하고 청명한 기분인 것 같습니다. 아이들 등살에 피곤한 새댁이 어른들 눈을 피해 잠깐의 단잠을 자고 난 후의 기지개와 비슷합니다. 눈으로 보는 즐거움과 마음으로 느끼는 행복함이 있는 아침 풍경과 비슷합니다. 새는 어디론가 날아갑니다. 그곳은 이곳보다 나을 것이라는 희망이 있습니다. 이상향을 향한 가족의 동행입니다. 그림을 보는 사람도 한 마리 새가 되고 맙니다.

오랫동안의 날개짓에 힘겨워 잠시 쉬고 싶습니다. 앞자리를 피하면 누군가 제일 앞에서 바람을 맞아야 합니다. 누구에게는 싱그러운 바람일 수 있지만 가장 앞에 선 새에게는 너무나 무겁고 빽빽한 공기가 실려 있습니다. 숲이 있는 산이라면 잠시 쉬었다 가고 싶습니다. 하지만 세상은 그리 만만하지 않습니다. 등 따습고 배부른 첫 출발에는 즐겁기만 합니다. 그러다 산을 지나고 들을 넘어서 바다에 이르면 순수함이나 즐거움이 삶의 무게로 다가옵니다. 이 길을 지나면 즐겁고 행복한 휴식처가 있다는 사실을 잘 압니다. 하지만 지금 바라보고 있는 것은 출렁이는 파란 바다입니다. 산꼭대기에서 바라보던 바다는 쾌활하고 청명한 파란색이었습니다. 그러나 지금은 한없는 슬픔과 고독을 간직한 깊고 푸른 바다일 뿐입니다.

그래서 행복했던 기억을 간직하고 있습니다. 힘겨운 겨울이 지나고 먹거리 풍부한 봄을 맞습니다. 아이들도 태어납니다. 걱정 없는 삶이 시작됩니다. 시끄럽고 소란스럽지만 가장의 눈에는 조용한 행복만 있습니다. 쿵쾅거리는 소리에 아랫집 할머니의 잔소리도 금세 잊혀지고 맙니다. 그때를 잘 기억하고 있습니다. 삶의 무게만큼 무거워지는 짐이 있습니다. 무게를 덜기 위해서는 고난의 시간이 필요합니다. 삶의 무게는 언제나 같습니다. 때와 시간과 상황에 따라 그 무게를 느끼는 감정이 다를 뿐입니다. 그래서 무게를 비우기 위해 고난과 역경을 채웁니다. 언젠가 새로운 무게를 감당할 수 있을 때까지 말입니다.

「가족」은 흰색으로 그려져 있습니다. 목을 길게 빼고 옹기종기 모여 앉은 모습에 5남매 6남매를 키우시던 어른의 모습이 투영됩니다. 이렇듯 왕열의 작품은 소담스럽습니다. 새를 그리고 있지만 새(아이)를 키우던 어른들의 손길이 함께 그려집니다. 흰색은 방위로는 서쪽,

계절로는 가을, 신체로는 폐장(肺臟), 감성적으로는 의(義)를 상징합니다. 작품에서는 계절로 많이 표현되며, 서정성과 감춰진 미감으로서 풋풋한 의로움을 말하기도 합니다.

직접적이지는 않지만 언제나 함께한다는 사실을 알려줍니다. 새를 통해 가족의 소중함을 일깨우고 모든 것을 그리지 않아도 모든 것이 있다는 사실을 확인하게 하는 정신활동의 영역을 잘 표현하고 있습니다.

또 다른 가족이 있습니다. 꽃무늬가 수놓인 화려한 황색을 배경으로 웃고 떠들고 놀고 있습니다. 웃음짓는 표정이 행복하기 그지없습니다. 황색의 배경에는 특별한 의미가 있습니다. 그것은 삶의 가치를 이해하는 자연 속의 인간임을 암시합니다. 황색은 중앙, 비장(脾臟), 단맛, 신(信) 등을 상징합니다. 정확히 끄집어낼 수 없는 풋풋한 정감을 표현할 때 주로 사용합니다. 일종의 부적과도 같은 감성이 숨겨져 있습니다. 붉은색은 남쪽, 여름, 심장(心臟)과 즐거움을 뜻합니다. 작품에서는 자연에서 풍기는 즐거움으로 표현되기도 합니다. 대자연의 기운 속에 녹아들어 있는 풍요입니다.

이번에는 검정색입니다. 흑색은 동양회화에서 먹색으로 풀이하기도 합니다. 먹색은 방위로는 북쪽, 계절로는 겨울, 신체로는 신장(腎臟)을 이야기하며 감성적으로는 지(智)를 의미합니다. 동양회화에서는 먹과 여백에 의해 무한히 확장된 공간을 구성합니다. 억지로 만들어지는 먹색보다는 자연스럽게 발현되는 먹을 소중히 여깁니다.

전통적으로 색에 대한 의미는 변화과정을 겪습니다. 작품 「유토피아-동행」을 보세요. 몇 가지 색이 보입니까? 그림 가운데 흰말과 흰 새를 흰색으로 보지 말고 칠하지 않은 색이라고 상상해보세요. 인식하지 못한 사이에 총 천연색으로 보일지 모릅니다. 누구는 세상을 몇 가

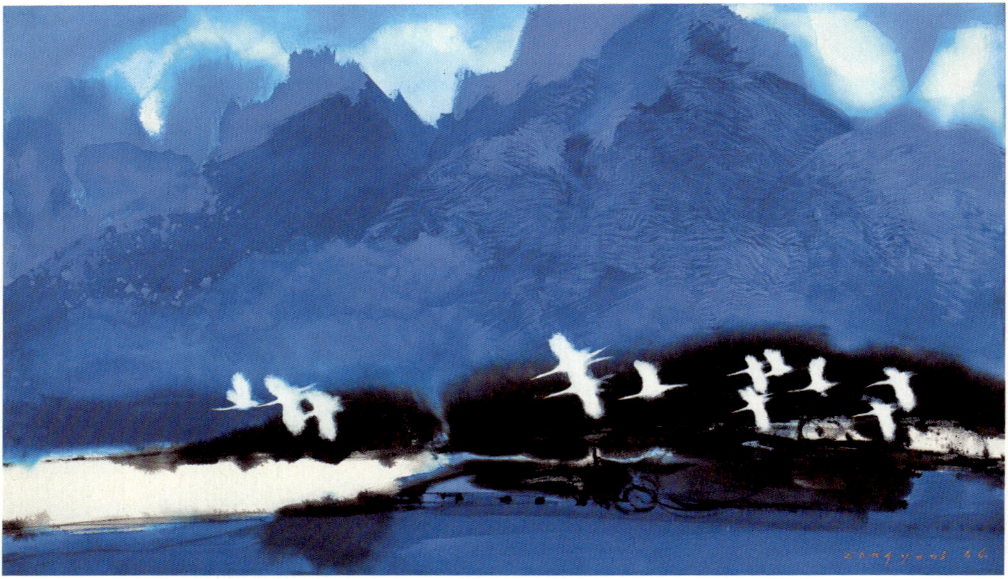

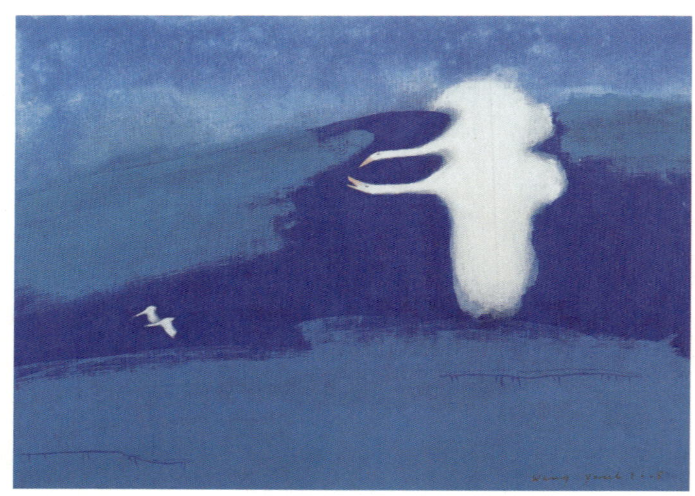

왕열, **Utopia—companion**, 2006, Ink—Stick and Acrylic on Canvas, 143x244cm

왕열,
Utopia—동행,
2012,
Ink—Stick and Acrylic
on Canvas,
73x91cm

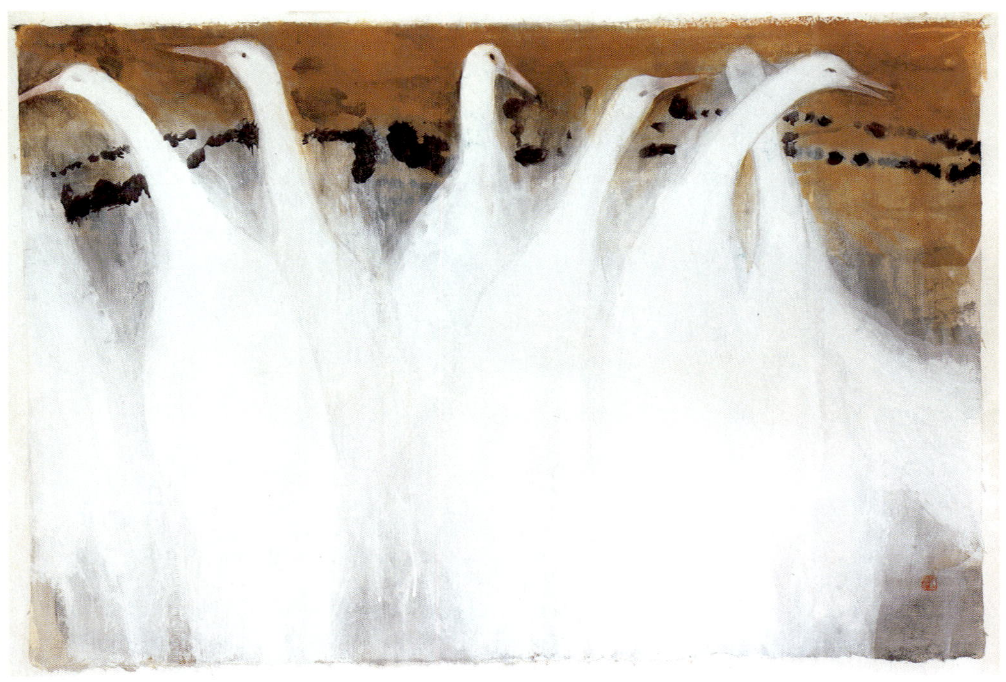

왕열

홍익대학교 미술대학 및 대학원 동양화과 졸업. 홍익대학교 대학원 미술학 박사.

개인전 47회(중국, 일본, 독일, 스위스, 미국, 프랑스 등). 동아미술제 동아미술상 수상(동아일보사). 대한민국미술대전 특선 3회(국립현대미술관). 대한민국미술대전 심사위원 역임. 한국미술작가대상 (한국미술작가대상 운영위원회).

단체전 420여 회. 작품소장:국립현대미술관, 경기도미술관, 대전시립미술관, 미술은행, 성남아트센터, 성곡미술관, 홍익대학교 현대미술관, 고려대학교 박물관, 워커힐 미술관 등. 현재 단국대학교 예술대학 동양화과 교수.

221

지 색과 명암으로 바라봅니다. 색은 살아가는 데 어떠한 영향을 지니고 있을까요? 우리 민족은 흰색을 좋아한 백의민족이 아니라 온갖 컬러를 다 좋아한 오색찬란한 즐거운 민족입니다. 농경사회에서 삼베로 짠 옷은 입을수록 흴 수밖에 없었고, 농사짓는 데 굳이 알록달록한 옷을 입을 이유도 없었을 것입니다.

　그렇지만 예술작품에서는 색을 최대한 자제하는 경우도 많이 생깁니다. 왕열의 「유토피아-동행」은 흑백입니다. 흑백이지만 바람의 색과 풀잎의 색이 저절로 느껴집니다. 자극적이지 않고, 처음 보는 것임에도 어디선가 본 듯한 익숙한 느낌들을 자아냅니다. 보통의 눈에서 발견될 수 있는 풍경에 억겁의 시간을 담습니다. 색이 있으면 오히려 표현하고자 하는 것이 반감되는 경우를 미연에 방지하고 있습니다. 보고 있는 상황보다 보았던 기억 속의 영상이 첨가되어 이미지의 중층 구조를 형성합니다. 본 것이 아니라 마음에서 그려낸 풍경입니다. 그러면서 시선에 멈춘 풍경 자체만으로도 정겨운 우리네 감성을 머금고 있습니다. 흑색이기 때문에 오히려 많은 색을 상상할 수 있습니다.

31. 욕망의 가치

      예술에 속설과 외설은 없습니다. 다만 욕망이 있을 뿐입니다. 욕망이라는 말은 친근하면서도 왠지 석연치 않은 여운을 남기는 단어입니다. 욕망에 의해 미래를 준비하고 욕망에 의해 과거가 망가지기도 합니다. 현재의 기준에서 법과 도덕에 어긋나는 욕망을 해소하려 하면 과거의 행적이 모두 잘못된 것으로 판단되기 때문입니다. 욕망이라는 것은 참으로 변화무쌍한 놈입니다.

      사람들은 자신의 욕망이 어디에서 비롯되었는지 관심이 별로 없습니다. 먹고살기 힘들 때 배고픔은 욕망이 아니라 생존 본능입니다. 욕망이라는 것은 본능이 어느 정도 충족된 이후에 부족함을 채우려 하거나 누리려는 마음에서 비롯됩니다. 여기에는 욕심이나 욕구, 의욕, 야심과 미래에 대한 야망도 포함됩니다. 처음에는 배고픔을 견디다 못해 남의 것을 취합니다. 그러다 배고픔을 느낄 때마다 타인의 물건을 자신의 것으로 만듭니다. 배고픔을 채우기 위함이 아니라 느낄 때마다로 전환됩니다. 이것을 문화적 접근이라 볼 수 있습니다. 자신이 살아온 환경 속에서 습득된 경험과 지식이 욕망으로 전환되며, 욕망의 충족을 위할 때 다양한 문화가 형성됩니다.

      예술은 인간적 욕망을 제어하고 통제하면서 형성됩니다. 제어하고 통제하는 감각을 통해 표현이 발현됩니다. 어떠한 욕망이 생길 때 예술의 감각은 어디쯤에 있을까요? 먹고 싶고 자고 싶은 욕망이 생기면 예술의 감각은 이를 되새김질합니다. 이성과는 다른 감정으로 욕망을 통제합니다. 이를 어떻게 표현할 것인가에 대한 고민에 앞서 신체적으로는 표현 욕구에 의한 도파민이 분비됩니다.

우리는 이러한 도파민의 분비를 예술에 대한 열정으로 해석합니다. 예술가들이 술을 좋아하는 이유도 이와 비슷한 것 같습니다. 술이 취하지 않는다면 마시지 않았을 것입니다. 알코올이 장과 위에서 흡수되어 혈액과 섞입니다. 혈액에 있는 산소량이 줄어들면서 뇌신경의 활동을 방해합니다. 너무 많이 마시면 아주 가끔 뇌가 미치거나 멈추기도 합니다.

미술대학에서 그림을 그렸던 사람은 화가 활동을 하지 않는다 할지라도 그림을 그리고 싶은 욕구를 억제하기 힘든 경우가 많습니다. 표현 욕구에 대한 중독이기도 하지만 정신과 마음의 에너지가 충만한 상태이기도 합니다. 자신이 요구하는 욕망에 대한 표현은 아주 다양합니다. 표현방법에 있어 정신적으로, 남들에게 피해가 가지 않는 범위 내에서 우회적으로 표현하는 것을 예술표현이라고 할 것입니다. 예술작품으로 표현하는 것은 욕망에 대한 집착과는 별개의 것입니다. 자신을 제어하고, 좀 더 객관적 입장에서 사회를 판단하고, 사회의 욕망과 개인의 욕망의 상충작용을 이해해야 합니다. 간혹 자신이 무엇을 하는지 모르는 채로 욕망해소를 위한 '붓질'이나 '그림 질'을 하기도 합니다. 이것이 잘못된 것은 아닙니다. 이러한 과정을 겪어야 '질'에 대한 책임감이 형성되니까요.

그렇다면 욕망 중에서 본능에 속하는 음란외설은 어디쯤에 존재할까요? 사람마다 그 가치와 규모가 다릅니다. 예술과 외설의 경계는 어디일까요? '몸이 반응하면 외설이고, 머리가 반응하면 예술'이다라는 말도 있습니다. 미술품을 관람하면서 야스런 생각을 한다거나 원초적 본능을 자극당하는 그림을 본 일 있으신지요? 훌륭하게 잘 그려진 누드 작품일지라도 누구에게는 포르노그라피가 되고 맙니다. 누구에게는 좋은 예술품이 누구에게는 포르노가 되는 상황에서 예술과 외설의 잣대를 긋기란 쉬운 일이 아닙니다.

미술대학의 교과 과정중에는 누드 크로키라는 것이 있습니다. 타과 학생들의 부러움의 대상인 수업이기도 합니다. 1학년 첫수업의 기대감은 수업시작과 함께 여지없이 무너집니다. 상상 속의, 혹은 간음의 대상으로서의 여성이 아니라 그림을 그리기 위한 대상일 뿐입니다. 아무런 반응이 일어나지 않습니다.

외설과 관련된 미술품으로 우리나라를 포함한 동양권에는 춘화도(春花圖)라는 것이 있습니다. 운우도(雲雨圖)라 하기도 하는데 남녀간의 성희장면을 노골적으로 그려낸 작품들입니다. 오래된 역사를 지니고 있는 춘화도는 중국과 밀접한 관계를 맺고 있던 조선왕실에서 시작하여 조선후기에 이르면 일반인에게까지 퍼져나갔습니다. 중국이나 일본에서는 성행하였지만 유교사상이 지배적인 우리나라에서는 조심스럽게 확산된 문화입니다.

윤대라의 「천상의 맛이로세」는 이미지 자체를 보여주는 평면의 작품입니다. 잘 그렸다는 일반적 의미와는 다소 멀어져 있습니다. 잘 그린다는(무엇과 흡사한, 혹은 입체감이 느껴지는) 것은 약간의 훈련을 가하면 누구나 가능한 일이기 때문에 작가는 잘 그린다는 것보다는 마음과 감성이 가는 그대로의 표현을 중요시합니다. 욕망에 대한 표현의 가치입니다. 욕망은 욕심이기도 하지만 희망이며 미래입니다.

불로불사의 영약으로 취급되는 영지버섯 아래에 어린 얼굴의 영성이 명상에 잠겨 있습니다. 버섯은 여성의 성기를 의미합니다. 과반에 담겨진 두 개의 탐스러운 복숭아는 상상하시는 편이 좋습니다. 그

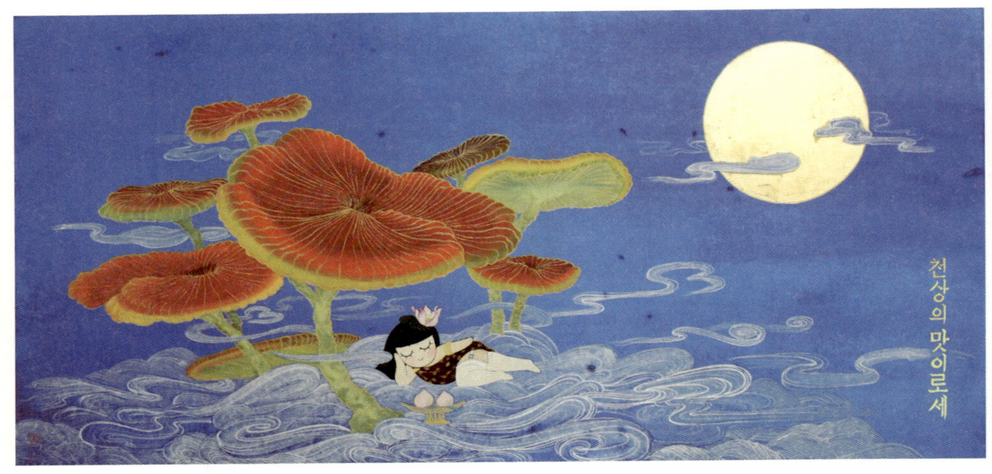

윤대라, **천상의 맛이로세**, 2012, 장지에 수간채색, 58X120cm

것이 정답이니까요. 상상하면 외설이지만 보이는 그대로에는 영지버섯과 아래에 달관한 듯 누워 있는 귀여운 여성이 복숭아를 먹으려 할 뿐입니다.

화가의 손에서 만들어지는 세상에는 상상과 이성이 공존합니다. 개인의 감각이나 상상, 기억에 대한 회상 등과 관련된 것이지만 결국 사회 전체를 이야기합니다. 사회는 화가의 창작과정에 다양한 형식과 내용으로 깊게 관여합니다. 따라서 비록 개인의 입장에서 창작된 이미지라 할지라도 무엇인가를 논증하거나 설득하거나 하는 현명한 판단을 제공합니다. 표현의 자유입니다.

표현의 자유는 있어야 합니다. 특정한 질서나 위계를 벗어나지 않는다면 말입니다. 그러나 예술가에게 표현의 자유는 사회질서와는 다른 부분입니다. 예술작품으로 변화된 표현에 대해서 관객이나 법의 잣대로 평가할 수는 없는 일입니다.

우리나라를 돌아보면 재미있는 일이 참 많습니다. 외국에서의 예술작품이 우리나라에 와서는 포르노가 되고 맙니다. 외국작품이기 때문에 우리나라의 법으로 규제할 수 없을 뿐입니다. 세계적으로 유명한 화가 중에 에곤 실레라는 사람이 있습니다. 그는 예술과 외설 사이를 교묘히 넘나드는 화가입니다. 성적인 생각과 성과 관련된 상황을 세밀히 묘사하였는데도 누구도 이의를 제기하지 않았을 뿐만 아니라 세계적인 명성을 얻었습니다.

'몸이 반응하면 외설, 정신이 반응하면 예술'이라는 말을 또다시 써봅니다. 예술에서 외설이라는 것은 적당한 선에서 규정 지을 수가 없습니다. 작품의 내용과 상관없이 본능을 자극하면 예술로 칭해지지 못하는 환경에 살고 있습니다. 작가의 의도와 관련 없이 관람자가 음란한 메시지를 발견해내고 있다면 그것은 외설이 되고 맙니다. 우리사회에서 예술이냐 외설이냐의 잣대는 권력과 관련을 맺고 있을 뿐입니다. 그런데 그 권력은 어디에 있는 것일까요? 욕망도 예술에 오면 중요한 가치가 됩니다.

32. 최초가 최고는 아니다

"저 작품 내 거 베낀 거야!"

"내 작업실에 놀러 와서 이것저것 묻더니 내 거랑 똑같이 그리고……"

미술계에 있다 보면 이런 말을 심심찮게 듣습니다. 없던 물건을 만들거나 없던 사건을 그리면 좋을 일이지만 창작이라는 것이 그리 호락호락하지 않기 때문입니다. 이와는 별도로 '이 작품 누구 거랑 비슷해'라는 말을 들으면 상당히 기분 나빠 합니다. 없던 것을 만들어야 하는 창작의 부담감 때문일 것입니다.

누군가 누구의 작품을 베꼈네, 똑같네 해봤자 아무 소용 없습니다. 이런 말 하는 작가님치고 잘나가는 분 별로 없습니다. 자기보다 못난 사람이 비슷한 그림을 그리면 그냥 두지만 경쟁이 되거나 비슷한 명성이 있는 대상이라면 말이 달라집니다. 비슷한 그림이 동시다발로 나올 수 있기 때문입니다.

인사동 중심거리에서 종로구청 방향으로 조금 떨어진 곳에 '화신 먹거리 촌'이라는 포장마차 군집시장이 있습니다. 예년에 인사동 이곳 저곳 흩어져 있던 포장마차를 한자리에 모았는데 밤이면 약간의 명소로 자리 잡은 곳입니다. 이곳에서 두세 잔의 술잔이 오가면 어김없이 계란 프라이 서비스가 나옵니다. 앉은 사람 숫자만큼 프라이를 내오는데 올 초까지만 하더라도 없던 서비스 품목입니다. 이 서비스를 최초로 만든 사람은 주인장일 수도 있고 아닐 수도 있습니다.

이곳에는 제가 10여 년 째 애용(?)하는 외상도 가능한 '영희네'라는 가게가 있습니다. 출출하면 라면 먹고 막걸리도 마십니다. 지난 겨울 라면을 먹으면서 라면에 계란을 풀어넣지 말고 프라이로 달라고 부탁한 적이 있었습니다. 그러다가 출출하면 라면 따로 프라이 따로를 주문했습니다. 그러던 것이 가끔씩 서비스로 프라이만을 부탁했습니다. '이래서 단골이야. 나만 할 수 있어'라는 으쓱한 기분에 말이죠. 동석한 이들에게는 단골 좋다는 기분을 팍팍 내면서 말입니다. 그러던 것이 한 집 두 집 퍼지더니 지금은 거의 대다수 가게의 서비스 품목으로 자리 잡았습니다. 눈도장 많이 찍은 사람들만의 특혜였습니다.

이러한 이야기를 하는 이유는 최초가 최고일 수는 없다는 말을 하고 싶어서입니다. 누군가에 의해 최초의 서비스 품목이 만들어졌지만 최초에 대한 궁금증은 아무도 없습니다. 단골과 라면과 인심과 즐거움이 버무려진 서비스일 뿐입니다. '내가 시작했어'라는 말에는 누구도 관심 두지 않습니다.

미술에서 창작이나 재료는 계란 프라이가 아니라 프라이 '서비스'와 비슷합니다. 계란 프라이 자체가 서비스는 아닙니다. 서비스 정신에는 주인장의 관심과 마음이 담겨 있기 때문입니다. 형식에 정신이 담겨 예술이 되는 것이지 형식만을 가지고서는 예술이라고 하지 않습니다. 누군가 없던 색을 만들어 그림을 그렸는데, 누군가 그 색을 따라 칠한다고 문제가 되지 않습니다. 어떤 것이든 최초가 있습니다. 그 최초는 최초일 뿐이지 최고가 되는 것은 아닙니다. 최초는 기록과 경쟁의 것이지 창작의 모든 것이 될 수 없습니다. 미술에서 최초는 아주 중요하지만 그렇다고 그것이 전부는 아닙니다.

최초로 인물화를 그린 사람은? 최초로 인간의 감정을 표현한 사람은? 최초라는 것보다는 최고로 잘 표현한 화가나, 어떤 최초의 것을 최고로 그린 이만을 기억할 뿐입니다. 최고의 인물화를 남기거나 최고의 종교화를 남기거나, 전쟁의 참상을 최고로 잘 표현한 사람은 기억합니다. 그렇기 때문에 누가 누구의 작품을 베끼는 데 좀 더 관대할 필요가 있습니다. "누가 내 거 베꼈어"라고 말하는 사람은 유명한 사람이 아닙니다. 본인이 최고라면 자신의 작품을 베껴주기를 바라기 때문입니다. 비슷한 형식의 작품은 오늘도 내일도 전국 전세계에서 동시다발로 창작되고 있습니다. 미술작품에서 최초는 내용과 관련된 사유의 측면이 바닥에 깔린 창의성이지 새로운 색이나, 새로운 형태나, 기기묘묘한 스타일이 아닙니다.

"원래 예술이란 반이 사기입니다. 속이고 속는 거지요. 사기 중의 고등 사기입니다. 대중을 얼떨떨하게 만드는 것이 예술입니다." 1984년 인공위성 프로젝트 "굿모닝 미스터 오웰"이 우리나라에 소개되면서 한국에 입국한 백남준의 인터뷰 한 대목입니다. 그는 1963년 독일에서 첫 개인전 "음악의 전시-전자 텔레비전"을 열어 최초의 비디오 아티스트로 기록되었습니다. 클림트는 연애를 그리고, 피카소는 죽음을 그렸습니다.

우리나라 대부분의 화가들이 자연 풍경에 대한 동경과 같은 인상주의 류의 그림을 그리던 시기에 박수근 화백은 전후사회의 서민의 모습을 그려냈습니다. 박수근이 우리나라 최초로 서민을 그린 것은 아니지만 그는 전쟁 후의 서민을 담은 화가로 인정되고 있습니다.

레오나르도 다빈치의 「모나리자」가 유명한 이유는 신권과 왕권, 교권이 득세하던 시기에 최초로 보통의 인물을 모델로 그림을 그렸기 때문입니다. 인상주의 역시 최초가 있습니다. 종교적 관점에서 벗어난 낭만주의의 고전적이고 설화적인 주제에서 나아가 자연의 풍경과 주변 환경에 대해 화가가 느끼는 사실을 그린 것이 인상주의입니다. 인간의 시각으로 인간의 감흥을 그리기 시작한 최초의 미술 경향입니다. 인상주의를 현대미술의 시발로 보는 이유가 여기에 있습니다.

그림값 비싸기로 유명한 고흐에게도 최초가 있습니다. 고갱과의 공동생활에서 성격 차이로 고갱이 떠나버리자 자신의 감정을 주체하지 못해 자신의 귀를 자른 고흐. 사물만을 있는 그대로 그렸던 시기에, 작품 속에 사람의 감정을 그려넣기 시작한 최초의 화가입니다. 고갱은 미술품의 조형방법 안에서 색채의 해방을 추진했고, 보이는 사물에 대해 단순화, 단편화를 추구하던 입체주의에는 세잔이 그 선두에 서 있습니다.

미술은 발명품이 아닙니다. 발명품에서는 세계 최초로 무엇인가를 발명해냈다면 그가 특허권을 가지고 있다는 의미입니다. 그러나 예술에는 세계 최초라는 말이 잘 맞지 않습니다. 예술에서 최초의 의미는 얼마만큼 소통되느냐 혹은 작품의 의미가 어떤 경향으로 사회에 확산되느냐에 따라 달라지는 것입니다. 뭉크는 공포를 잘 표현했고, 피카소는 전쟁과 죽음을, 클림트는 사랑을, 에곤 실레는 애정을 세계 최고로 잘 그렸습니다. 최고라고 해서 반드시 최초인 것은 아닙니다. 세계적 명성을 얻고 있는 화가들의 대다수는 동시대에 비슷한 경향의 미술품 중에서 최고가 되었을 뿐입니다. 미술품을 감상하면서 어디서 본 듯하다거나 누구의 작품과 흡사하다 할지라도 외면해서는 안 됩니다. 무엇인가를 표현하려는 수단에 의한 자연 발생적 상황으로 이해해야 합니다. 최고를 기다리는 마음으로 최초인양 치켜볼 의무가 있습니다. 미술품은 무엇인가를 표현해야 합니다. 그것이 소통되고 이해되는 것입니다. 아름답다는 것은 시각적 즐거움만을 말하는 것이 아니기 때문입니다.

33. 드러나지 않은 가치 찾기

청각, 후각, 미각, 시각, 촉각을 인간의 오감이라 말합니다. 현대 생리학의 측면에서는 이 오감이 인간의 모든 감각을 포괄할 수 없지만 사회 안의 의사소통과 관련해서는 오감으로 대부분을 설명할 수 있습니다. 특히 일상적 생활 안에서 일반적 소통의 도구가 청각을 통한 소리임에는 분명합니다. 어떤 물건이나 매체의 진동을 통한 파장이 청각에 의해 포착되는 것을 소리라고 하는데, 의사 전달을 위한 소리 언어는 상당히 중요한 위치를 점하고 있습니다. 소리로 전달하기 어려운 상황에 처했을 경우 수화나 모스 부호, 깃발신호를 쓰거나 봉화처럼 연기를 활용할 수도 있습니다.

여기에 더불어 미술작품과 관련해서는 보는 것이나 느끼는 것 모두 감상자의 몫입니다. 화가는 자신의 감정이나 오성을 드러낼 뿐입니다. 그러면 눈에 보이는 사물과 들리는 느낌, 이러한 상황들 중에서 감정으로 만들어지는 작품을 위하여 화가들은 무엇을 먼저 생각할까요? 미술품을 감상할 때 어떤 작품은 느낌을 우선시해야 하고, 어떤 작품들은 그려진 사물을 보면서 자신의 느낌을 이입시켜야 합니다. 느낌이라고 하는 것은 감각이나 마음으로 느끼는 기운이나 감정인데 워낙 다양한 미술품이 존재하다 보니 여간 혼란스러운 일이 아닙니다.

17세기 유럽 회화의 거장 렘브란트는 인간의 눈에 보이지 않는 신의 모습을 잘 그린 화가입니다. 신을 표현한 것이 아니라 종교적 신넘에 의한 접근이었습니다. 보이는 것을 있는 그대로 그려냈던 사실주의 화가 귀스타브 쿠르베는 자신의 제자에게 "천사를 본 일이 있는가? 그대 아버지를 보고 그려라"라고 하면서 보이는 사실 그대로를 표현하는 것을 미술표현의 중요한 덕목으로 삼았습니다. 말 그대로 보이지 않는 것, 이성으로 판단되지 않는 것은 진짜가 아니라고 생각했나 봅니다. 자신을 도와주는 사람은 좋은 사람으로 그려내기도 했습니다.

중국 북송시대의 정치가이자 문학자였던 소식(蘇軾)은 "대나무를 그릴 때 거기에는 자연환경과 어울린 끊임없는 변화가 있다. 현재의 대나무는 대나무 자체가 아니라 세상 만물의 한 모습이다. 따라서 겉모습뿐만 아니라 내면에 감추어진 진실까지 파악해야 한다"고 하면서 화가가 무엇인가를 그리고자 할 때는 사물의 모든 상황을 이해한 연후에 작품제작에 임해야 한다고 했습니다.

보이지 않는 것을 보이게 하는 것으로 과거의 인물을 표현하기도 합니다. 이것은 신화나 영웅담이 됩니다. 꽃이나 풍경을 통해 정신을 드러내는 경우도 있습니다. 과거의 인상주의자들은 빛을 그리려고 무던히도 애를 썼습니다. 빛 자체를 그릴 방법이 없었기 때문입니다. 표현주의에 가면 기후나 기상의 변화를 그리고자 노력합니다.

사회가 불안할 때는 보이지 않는 어떤 것을 표현하고자 하는 시도가 많이 나타납니다. 역사적으로 보면 전쟁이나 폭동과 같이 사회변화가 심각할 때를 즈음하여 수준 높은 미술품이 많이 생산되었습니다. 죽음이나 공포, 환락과 현실 도피, 연애와 오르가슴, 행복과 불행과 같은 추상적 개념들이 구상으로 재현됩니다.

현대미술에서 보이지 않는 무엇을 보이게 하는 데 가장 큰 공로자는 인터넷입니다. 인터넷의 보이지 않는 사이버 스페이스는 현대사회의 집단성과 개념을 전파하는 미디어와 결합되어 있습니다. 보이는 것이 먼저인가 느끼는 것이 먼저인가 하는 문제는 미술품을 감상하는 입장에서는 아주 어려운 문제임에 틀림없습니다.

예술가들은 작품에 대한 표현 방법과 예술적 관점이 각기 독특하기 때문에 감상자의 입장에서만 보아서도 안 되기 때문입니다. 보이는 것이거나 보이지 않는 것이거나 할 것 없이 무엇을 왜 표현하려 하는가에 대한 접근이 필요합니다. 항아리와 꽃무리를 통해 생명의 관계가 아니라 감성과 마음의 관계를 이야기합니다. 여기에서 꽃은 특정한 사물을 지칭하지는 않습니다. 바람이라 해도 좋고, 물결이라 해도 좋습니다. 그것도 아니면 항아리에서 풍겨나온 삶의 애환이나 한숨소리라 해도 좋습니다. 어떤 상황이 꽃 무더기처럼 보이는 대상으로 재현되었을 뿐이니까요. 보고 듣고 느끼는 가치들이 한꺼번에 숨겨져 있는 그림입니다.

주변에는 소리를 그림으로 그리는 화가들이 있습니다. 들리는 소리를 그림이나 여타의 조형으로 표현한다는 것이 쉬운 일은 아닐 것입니다. 노래와 관련된 소리는 우리가 사용하는 표기문자인 말이 악음(樂音)과 함께 들리기 때문에 소통이 쉽습니다. 음악(특히, 대중가요)은 파장의 높이, 크기, 음색(노래를 부르는 가수의 것을 포함한)을 시간적으로 조합시켜 만든 예술인데 그중에서도 소리의 높이는 대단히 중요합니다. 악기를 통한 소리의 높이와 문자언어가 활용된 가수의 목청이 적절히 배합되어야만 듣는 이들의 감상의 폭이 넓어집니다. 또 그 소리들은 음파의 진동수의 비가 간단한 정수비를 이룰 때 조화롭게 된다는 것이 그리스시대부터 알려져 있었습니다.

어떠한 소리를 통해 만들어진 회화작품은 소리 자체에 대한 완전한 장악이 일어날 수 없습니다. 그러나 시각예술이라는 언어와 소리라는 비구체적인 언어를 하나의 의미로 만들어낼 수 있다는 것은 시각예술이 소리의 한계를 넘어설 수 있다는 가능성을 보여주는 것으로 해석됩니다. 소리 역시 조형이라는 형이상학적 상정이 아니라 특정의 보여짐을 들음으로 변화시킨 새로운 이상적 세계를 구현합니다. 소리를 그림으로 그리면 어떤 작가만이 가진 상황이 재현되며, 작품에 표현되는 색이나 형태에 의해 소리가 전달되기도 합니다.

신주호, 기억-그 시간의 단상에서

기억을 하나의 가치로 바라보는 미술가도 있습니다. 기억은 추상적일 수밖에 없습니다. 개인의 기억은 많은 사람들의 역사와 비슷합니다. 역사는 변형되며 농축됩니다. 역사에서 악인은 없습니다. 현재 누군가의 적일 뿐입니다. 먹을 이용한 채색을 위주로 그리는 신주호 작가의 작품은 개인의 기억이 중심이 됩니다. 그러나 그것은 개인의 것이면서 우리 모두의 것이기도 합니다. 기억은 언어의 기본 구성체입니다.

기억은 자율의 공간입니다. 경험했다고 믿어왔던 기억이 사실은 남의 기억에서 전이된 것일 수도 있습니다. 신주호의 작품이 지닌 주저는 '기억 속의 시간' 입니다. 기억은 인간이 지닌 특수한 기능이지만 시간은 인간이 발명해놓은 추상의 개념입니다. 기억에 살아 있는 사물은 현존하지 않아도 가능합니다. 기억에 대한 특별한 풍경을 취득하지 않습니다. 기억에 담긴 잔상을 근거로 도시를 만들고 마을을 형성합니다. 기억에 남아 있는 시간이라는 개념의 특질은 작가 스스로가 처한 현재와 맞물려 과거의 기억이 아니라 현재의 모습으로 재현됩니다. 정경을 과장하거나 특별한 장소를 지칭하지는 않지만 단색 풍경을 배경으로 한 인물이 자신의 단상으로 대체되는 것입니다.

　　기억의 단상을 잡아주는 삶의 공간은 아련한 기억과 같은 형태입니다. 무엇이며, 어디쯤인가에 대한 인지는 가능하지만 건물 개개의 사실적 표현을 자제합니다. 빛에 의해 형성된 명암을 중심으로 단색으로 처리하는 방식입니다.

　　작품은 우리를 과거로 이끌어갑니다. 요란하지 않은 감성의 길입니다. 언젠가 보았음직한 풍경과 누구나 한번쯤은 경험했을, 지금도 경험하고 있는 단상들입니다. 현재의 시간이라는 개념은 추상적입니다. 실체가 없으나 거기에 맞춰 생활합니다. 하지만 그의 작품이 말하는 「기억 속의 시간」은 지극히 구체적입니다. 특정한 무엇을 지칭하지 않으면서도 지나온 시간을 바라보는 빛 바랜 흑백사진과 같습니다. 흑백사진에는 지금은 존재하지 않는 풍경이나 사람이 살고 있습니다. 누렇게 퇴색된 오래전 책갈피에서 발견되는 연애편지와 같습니다.

　　아이의 성화에 못 이긴 엄마는 시장에서 비눗방울 장난감을 사옵니다. 불어도 만들어지지 않는 비눗방울에 화가 난 아이는 아빠를 찾습니다. 아빠는 아이의 성화에 못 이기는 척 비눗방울을 만듭니다. 아이를 위한 것이지만 아빠가 먼저 즐기고 맙니다. 이러한 작품 속의 기억은 아이의 기억이거나 어른의 기억이거나 상관없습니다. 아이가 자라 어른이 된 지금 그때를 기억하는 것은 어른이 된 아이일 수도 있고, 어른이 된 아이를 기억하는 또 다른 어른일 수 있습니다. 여기에 '기억'과 '시간'이라는 코드가 존재합니다. 예술작품의 기능이 시작되는 부분이기도 합니다. 기억은 경험을 한 과거의 사실입니다. 기억은 과거의 사실을 왜곡하기도 하고 과장하기도 합니다. 흑백의 영상은 소소한 생활의 일부이면서 현재도 곧 과거로 전환될 것임을 암시합니다. 「기억 속의 시간」은 새로운 내일로 향하는 오늘 기록되는 어제입니다.

　　기억 속의 명암은 무한의 생명을 상징합니다. 생명성을 중심으로 단색조로 만들어진 세상은 시간의 멈춤이며, 세월의 퇴색된 흔적입니다. 작품에서 색은 아이만이 가지고 있습니다. 아이만의 특권입니다. 그것은 아이를 기억하는 어른들의 이야기이며, 편안한 삶을 살아가고자 하는 사람들의 즐거운 회상이기 때문입니다. 계절을 넘어 빛 바랜 낙엽의 추억과도 같습니다. 세상을 기억하는 이들은 오늘을 살아가는 우리가 됩니다. 무한의 공간에서 아버지와 함께 했던 놀이와, 엄마와 함께 간 시장을 기억합니다.

집을 잃어버린 아이가 나오는 그림이 있습니다. 아이를 잃어버린 엄마가 아니라 세상 구경 나온 아이의 모습입니다. 온 집안이 혼란에 빠지지만 아이는 한동안 세상 구경을 합니다. 그러다 문득 혼자인 것을 알게 되면서 아이는 두려움에 휩싸입니다. 늘 함께하던 엄마의 잔상을 떠올리며 처음으로 혼자 세상과 만납니다. 어른에 의해 발견된 아이는 집을 잃어버린 것이 아니라 세상을 구경한 여행자로 전환됩니다. 잃어버린 것은 어른들이며, 집을 잃었다고 믿는 것 또한 어른일 뿐입니다. 아이에게는 새로운 세계와의 만남이 시작된 것입니다. 어른이 된 지금, 무서운 기억과 외로운 기억들은 조각나 있습니다. 과거에 대한 단상만이 존재합니다. 또 다른 그림에는 아이뿐만 아니라 사람이 색을 지니고 있습니다. 사람은 자신이기도 하며, 기억에 남은 또 다른 인물이기도 합니다. 인생의 수많은 풍파 속에서도 지난시절의 순수했던 추억을 떠올리며 긍정적인 생각으로 살아가고자 하는 의미를 담은 그림입니다.

신주호는 작품에 표현되는 기억과 자신의 경험에 관여되는 대상의 성격을 세 가지로 구분하고 있습니다. 첫 번째로 숨겨진 정신성에 대한 접근입니다. 작품의 외관으로 드러나지 않지만 표현된 인물에 대한 상상입니다. 자신의 경험을 기본으로 하지만 자신이 아닌 타인의

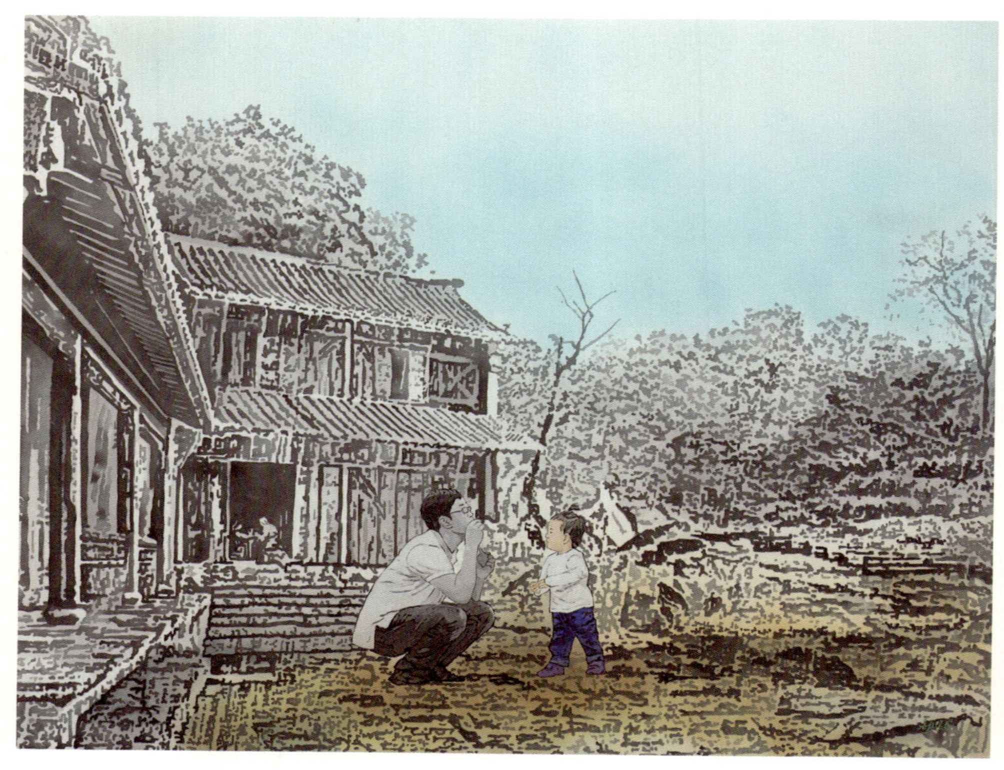

신주호, **기억 속의 시간**, 2012, 천, 혼합재료, 91X116.7cm

신주호

동국대학교 미술학과 및 동대학 문화예술대학원 졸업. 단국대학교 조형예술학과 박사수료. 개인전 11회.
대한민국 미술대전 특선 3회, 경향하우징페어 아트페스티벌 종합대상, 대한민국 불교미술 대전 금상 및 각종 공모
전 수상 다수. 한국—터키 수교 50주년 기념전, 국제 선면전 및 국내외 그룹전 100여회. 현재 광화문아트포럼,
서울미술협회, 일레븐, 한국미술협회, 한국불교미술협회 회원. 단국대학교 예술대학 동양화과 교수.

신주호,
기억 속의 시간,
2012,
천, 혼합재료,
91X116.7cm

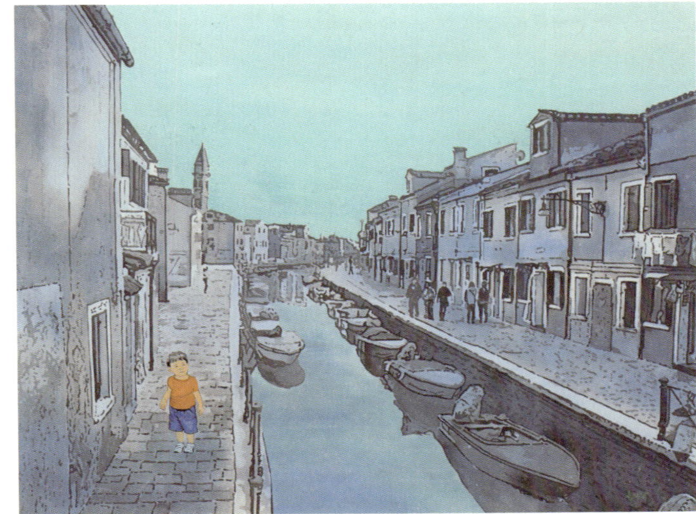

신주호,
기억 속의 시간,
2012,
천, 혼합재료,
91X116.7cm

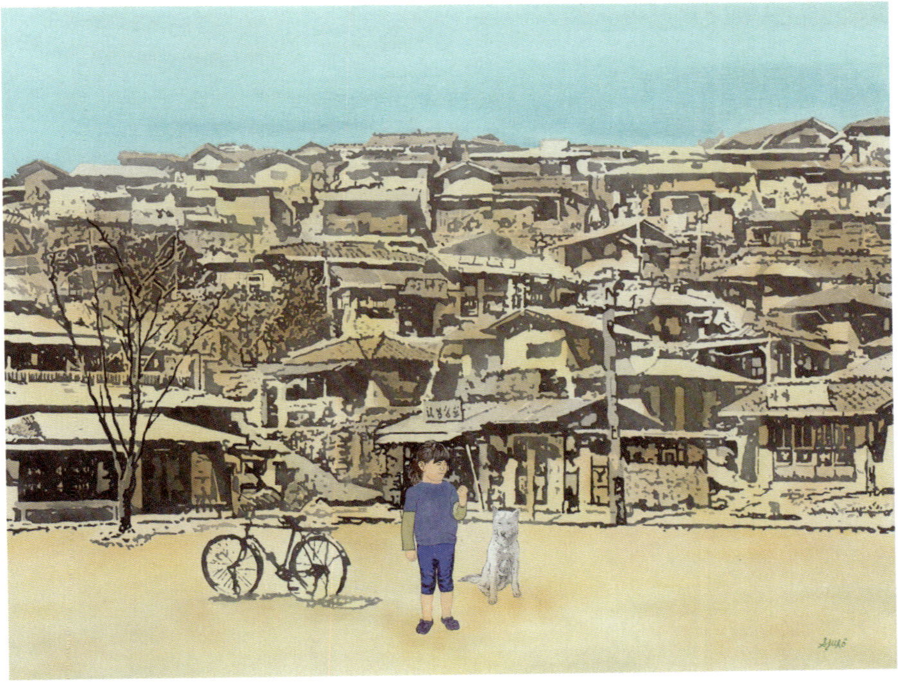

경험과 기억에 관여합니다. 작품에서 명료하게 확인할 수는 없지만 조형적 특징으로서는 인물과 인물의 병치로 나타납니다. 색을 가진 아이와 사물과 같은 색조의 흑백으로 나타나는 어른과의 조우입니다.

두 번째로는 타인의 경험과 비슷한 역할을 하지만 공허함과 허허로움에 대한 추론입니다. 화가 자신의 입장을 철저히 배제하면서 모호한 인식으로 접근합니다. 물체와 관계시키는 것이 아니라 아이의 감정을 작품의 공간으로 분산시키는 방식입니다. 어른이 되었을 때 그 시절을 회상하는 것이 아니라 어른 자체에 대한 기억의 허전함을 드러냅니다.

우리 인생은 가보지 못한 길과도 같습니다. 누군가 먼저 걸어갔지만 내가 가는 길은 새로운 길입니다. 같은 방향이지만 그 끝은 아무도 모르는, 같은 일이 반복되지 않는 미로와 같습니다. 길은 사람이 살아가는 도리와 사회적 방식을 함유하고 있습니다. 어른이 되어서 기억하는 현실과, 미래에 기억할 현재의 모습이 교차됩니다. 달동네의 길, 오래전 역사가 만들어놓은 길과 앞으로 만들어질 마당에서 이어지는 작을 길은 같은 개념입니다.

이 기억은 힘들었던 시간, 혹은 화려하면서 지나치게 달콤했던 기억을 적당히 거슬리지 않게 순화시켜줍니다. 기억은 단순히 지나간 시간에 머무르는 것이 아니고 동시에 미래를 꿈꿀 수 있게 하는 징검다리와도 같은 것이어서 뒤돌아보는 자신을 언제나 아름답게 합니다. 예술작품을 감상하는 것은 이러한 드러나지 않는 것에서 가치를 찾는 일입니다. 창의적 사고가 바로 여기에서 출발합니다.

34. 너 자신을 증명하라

907~960년경 중국 전촉(前蜀)의 우교(牛嶠)라는 문장가가 쓴 『영괴록(靈怪錄)』「태평광기(太平廣記)」에는 천의무봉(天衣無縫)에 관한 이야기가 실려 있습니다.

천상에 살던 직녀는 지상을 구경하다 문장가이며 잘생긴 곽한(郭翰)이라는 사람을 몰래 사랑하게 됩니다. 사랑에 눈먼 직녀는 상제께 고하여 1년의 기한을 얻어 지상의 선비와 살림을 차립니다. 처음에 남자는 아내가 선녀라고 무작정 사랑하다가 시간이 지나자 여자에게 묻습니다. "네가 선녀임을 증명하라"고 말입니다. 여자는 화가 나지만 참고 자신의 옷을 보여줍니다. 자신의 가치를 인정하지 않기 때문에 다른 것으로 인정받으려는 것입니다. 직녀는 자신의 옷을 보여주며 "하늘의 옷은 원래 바늘이나 실로 꿰매는 것이 아닙니다[天衣本非針線爲也]"라고 하며 물건으로 답을 대신합니다. 결점이 없는 완전함을 의미하는 천의무봉(天衣無縫)이라는 고사가 여기에서 시작됩니다.

자신의 가치는 자신의 표현에서 시작된다는 것을 말하고 있습니다. 자신의 가치를 온전히 드러내기 위해서는 결점 없는 표현이 필요합니다. 고사에 나오는 말이지만 직녀의 옷은 진품이며 명품이었을 겁니다. 바늘 땀 하나 없는 완전무결한 직녀의 옷은 지상에서 결코 만들 수 없는 예술품입니다. 우리네 삶에서 표현되는 우수한 예술작품일 것입니다.

반면 예술에는 결점이 없지만 예술작품에서는 결점이 발견되기도 합니다. 여기서 결점은 잘못이 아니라 감상자와 '다른' 그 무엇입니다. 예술행위는 하늘의 것(정신)일 수 있으나 대다수의 예술작품은 세상사에 녹아 있습니다. 예술작품과 예술행위가 일치되어 고고하고 우아한 천상의 그것으로 변화될 수만 있다면 얼마나 좋겠습니까?

어느 날 원로에 속하는 작가님 한 분이 아주 상기된 얼굴로 찾아오셨습니다.

"아니, 공항에서 입국하는데 내 그림이 있는 것이야. 기가 막혀서. 예전에 판매된 작품인데 글쎄, 30만 원에 파는 거야. 이거 말이 돼? 가짜도 아닌데 말이야. 내가 사왔어."

10호 정도 하는 작품인데 본인이 미술시장에 내놓는 가격은 400만 원인데 30만 원에 팔리고 있더라며 화를 내십니다. 속으로 말했습니다. 겉으로 밝혀지면 큰일 납니다.

'선생님 작품, 30만 원에 많이 거래돼요. 진품이요.'

많은 화가님들은 자신의 작품이 진품이며 명품으로 유통되는 줄 알고 계십니다. 자신의 가치를 돈으로 환산하면서 낮은 가격이 아님을 증명하려 듭니다.

"가장 한국적인 것이 세계적인 것이다"라는 말만 무성합니다. 정작 가장 한국적인 것이 무엇이냐 물으면 딱히 정할 것이 없는 현실입니다. 가장 한국적인 것은 무엇일까요? 다른 말로 하자면 가장 자신 있는 것이 무엇일까요? 자신의 가치를 보여줄 수 있는 방법은 무엇일까요? 쉽게 대답할 수 없습니다. 여기에 표현이라는 것이 있습니다. 자신을 가장 잘 말할 수 있는 것을 말하지 못한다면 지금을 생각하지 말고 미래를 생각해야 합니다.

자신의 모습을 가장 잘 표현할 수 있는 그 무엇인가를 찾아야 합니다. 그것이 어떤 것이 되었든 지금 현재의 모습 중에서 가장 잘나가는 무엇인가입니다. 현재의 감수성은 미래의 자신이 되고 현재의 상황은 그것의 밑거름이 됩니다. 좋은 예술이 무엇인지 명확히 서술할 수는 없지만 현재의 가치와 현재 이전의 가치가 어우러져 새로운 가치를 조성하는 것이 중심이 됩니다. 직녀가 자신이 선녀임을 증명하는 바늘땀 없는 옷을 가지고 있지 않았더라면 참으로 곤란한 일을 겪었을 것입니다.

주변을 살펴보세요. 어린 시절부터 국보 1호라고 했던 남대문은 불 타버리고, 부채춤은 민속 공연으로 보이기 쉽고, 아리랑은 한국을 대표하기에 뭔가 부족합니다. 이 모두가 한국적인 것일 수는 있지만 우리나라를 대표하기에는 2% 부족해 보입니다. 100년 전이나 200년 전 공예품이나 인간문화재의 전승 공예를 한국의 전통 이미지라 하기도 어렵습니다.

자신의 가치를 찾기 위해서는 정신성의 향상을 위한 예술 활동이 필요합니다. 미술작품을 시대 상황으로 보면 지금 현재의 정보를 담으면서 미래와의 경계를 구성합니다. 다른 한편으로는 지금이 아닌 미래로 이어집니다. 미술은 이렇게 시대적 정신으로까지 확장되는 중요한 문화입니다. 미술품은 한 시대의 양식이라기보다는 어느 시대나 장소, 어떤 문화에서도 발생할 수 있는 존재 양식 그리고 정보입니다. 미술품이 비싼 이유도 여기에 있습니다. 현재의 정보가 담겨 미래의 가치로 살아남을 수 있는 미래 사회의 기반이 되기 때문입니다.

"2010년 우리나라의 감수성은 무엇일까요? 어떤 그림을 그리면 화랑에서 주목받을 수 있을까요? 어떤 재료와 어떤 형식으로 그려야 할까요?"

"어떤 작품을 골라야 돈이 되죠?"

　이런 질문보다, 이런 고민에 앞서, '자신을 표현하는 가장 좋은 것이 무엇인가?'를 고민해야 합니다. 어느 아트 페어 현장에서 만났던 외국 큐레이터는 대한민국과 같은 특수한 상황의 사회에서 왜 특수한 상황을 이야기하는 미술품이 없는지를 물어왔습니다.

　"중국은 천안문 사태 이후 현대미술이 유입되어 지극히 중국적인 미술품이 만들어졌잖아요. 중국 사회주의를 비판하는 것이 아니라, 자국의 사회주의를 인정하는 범위 안에서 자본주의를 수용하는 형태의 감수성이 작품으로 나타납니다. 한국은 유일한 분단국가임에도 분단국가의 감수성을 그린 미술품을 발견할 수가 없어요. 싫으면 싫은 대로 좋으면 좋은 대로 한국의 문화를 그려내는 것이 세계 미술시장에 호소할 수 있는 독특한 감수성으로 보입니다. 그러한 작가를 찾고 싶어도 찾을 수가 없군요."

　역사에 남아 있는 미술품들은 전쟁이나 사회 격변기를 거치면서 탄생한 경우가 많습니다. 피카소의 「게르니카」 역시 스페인 내전을 라디오로 전해 듣고 그린 그림이라고 하지 않습니까? 1차 세계대전의 다다이즘이나 구성주의, 2차대전의 추상표현주의, 동서냉전 시대의 미니멀과 앵포르멜, 중국의 냉소적 사회주의 등 사회격변기에 예술이 감당하는 역할은 몹시 크다 할 것입니다. 그러나 우리나라는 식민시대에는 일본군 때문에 의지를 나타낼 수 없었고, 전쟁이 끝나고 50년대에는 이데올로기에 의해 표현을 억압당해왔습니다. 60, 70년대 역시 마찬가지였습니다. 미국과 구소련의 냉전 이데올로기 때문이 아니라 우리나라 정부가 정권 유지를 위해 창작의 자유를 막아왔다고 볼 수 있습니다. 사회의 정보가 있는 그대로 알려지면 곤란했기 때문입니다. 이를 극복하는 과정에서 우리나라에서는 선정적이고 격한 표현의 민중미술이 만들어졌습니다. 정서적 교감보다는 사회적 교화가 시급했던 시점이기 때문입니다. 80년대의 민중미술은 시대논리에 의해 만들어진 정치적 성향이 강한 미술이기에 전체를 대변하기에는 또 2% 부족해 보입니다. 지나친 폭력성이 보통 사람의 눈에 오히려 역효과를 나타냈고 극렬하게 대비되는 사회성이 서정적으로 전파되어야 했음에도 그러하지 못했습니다.

자신의 가치를 발견하고 싶다면 지금 현재의 감수성이 수반된 미술품을 찾아야 합니다. 사람마다 개성화된 감수성 모두를 포함할 수는 없습니다만 마릴린 먼로나 아톰, 미키마우스가, 체 게바라나 마오나 만화책에 나오는 슈퍼 영웅이 우리를 대변할 수는 없는 노릇입니다.

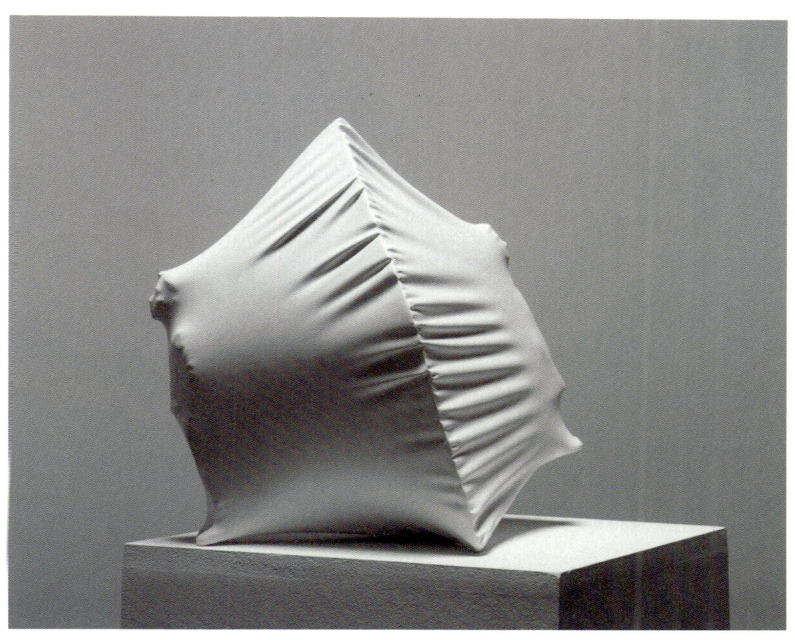

권치규, *Life-desire-110812*, 2011, Urethane painted on FRP, 30x27x30cm

245

35. 아기는 울음으로 화가는 그림으로

갓난아이들은 울음으로 자신을 표현합니다. 엄마는 아이 울음에 따라 배가 고픈지 어디가 아픈지, 오줌을 쌌는지 등을 잘 구분합니다. 아이의 울음소리는 자신이 살아야 한다는 본능과도 연결되어 있습니다.

예술가의 표현은 대체적으로 사회를 중심으로 일어납니다. 비록 자기 자신에 대한 탐구와 질문에서 출발한다 할지라도 말입니다. 사회적 사건이나 이념과 관련된 의미일지라도 자신이 중심이 되어 판단하고 예술작품으로 구성시킵니다. 스스로 많은 질문을 하고 이를 조형화하거나 이미지를 통해 어떤 의문에 대한 무한의 질문을 반복합니다. 그러면서도 정답을 구하거나 해답을 찾아가는 것은 아닙니다. 정답이나 해답은 감상자나 사회에 맡기는 방식을 택합니다. 표현을 위한 작품 제작과 감상, 사회적 소통 등이 합해져 예술작품에 대한 가치가 만들어집니다. 예술작품의 가치는 곧 사회적 가치로 전환됩니다. 오늘도 그림이거나 문학이거나 수많은 새로운 의미들이 탄생하고 있습니다.

영화는 예술입니다. 극 전체에 대한 스토리가 예술이면서 어떤 사건이나 상황에 대한 새로운 표현방식이 특별하기 때문입니다. 예를 들어 어떤 사건의 중심에서 죽음에 이르는 방식에 대한 표현이 있다고 가정해보면 죽음에 이르는 표현이 새롭게 형성됩니다. 이에 반해 텔레비전 드라마는 익숙한 상황에 대한 답습이기 때문에 예술 창의와 다소 멀어져 있습니다. 비 올 때 헤어짐이나, 슬플 때의 포장마차, 주인공을 괴롭히는 악한 이의 등장이 다소 진부합니다. 하지만 대중은 결말과 상황을 뻔히 알면서도 여기에 젖어듭니다.

흔히 예술영화라고 하는 것은 어떤 상황을 표현할 때 지금까지 없었던 영상으로 드러내는 것을 의미합니다. 따라서 모든 표현이 무조건 예술이라고 할 수는 없습니다. 예술행위와 예술작품을 구분해야 합니다. 어떤 작가가 의도대로 작품을 표현하지 못했다 할지라도 관람자가 그의 의도를 온전히 이해하기도 합니다. 작가는 자신의 표현방법에 정답을 기록하지 않기 때문입니다.

어떠한 가치를 획득하기 위해서는 표현이 우선되어야 합니다. 예술가가 무엇을 무엇으로 표현하는가는 미술비평이나 미학적 측면에서의 접근이 아닙니다. 그런데 우리나라는 일제 강점기를 포함하여 해방 후 50여 년 동안 자유로운 표현이 힘들었습니다. 가치를 갖지 못했다는 것입니다. 해방 후 빨강색을 쓰지 못했던 일, 초등학교시절 반공 이데올로기와 관련된 포스터 그리기 대회, 구상과 추상의 대립, 젊은 세대들의 무비판적 포스트모더니즘, 유행처럼 활동하던 만화 주인공 그림들 등. 우선은 이들 가운데서 자유로운 선택을 해야 합니다.

얼마 전 홍콩 경매 한국지부를 담당하는 분을 만난 일이 있습니다. 그에게 경매 작품을 선정하는 기준을 물었습니다. 그가 말하는 경매 출품 작품 선정기준은 첫째, 형식이 독창적일 것, 둘째, 철학과 이념이 있을 것, 셋째, (그림으로 그려진) 철학과 이념을 보통사람이 이해할 수 있을 것, 넷째, 현대적일 것으로 정리할 수 있었습니다. 이것은 표현의 가치를 높이라는 말과 상통합니다. 그림을 그리는 것도 중요하지만 어떤 생각을 표현하는가가 더욱 중요한 요소로 작용합니다.

미술품으로 장식을 할 수도 있지만 표현의 가치를 이해하는 것이 선행되어야 합니다. 표현이란 상상을 구성하는 것이며, 개인의 환경과 사회적 여건을 버무린 창작의 기초 구성입니다. 잘 그린 그림보다는 잘 표현된 그림이어야 하고, "세상에 이런 일이"에 출연할 수 있을 정도로 독특한 개성이 넘쳐야 합니다. 철학과 이념이 담긴 그림을 보통 사람에게 이해시키기 위해서는 손으로 그리기보다는 머리로 먼저 그려야 합니다. 이것이 창작을 위한 가장 기초적인 표현입니다.

　행복한 마음으로 그려진 그림은 행복을 전달합니다. 예술가 스스로 믿고 의지하는 예술정신이 작품을 통해 전달되기 때문입니다. 송미영의 작품에는 행복과 기쁨이 있습니다. 스스로 남에게 전달하고 싶은 행복한 마음이 있습니다. 자신의 반성도 있으며, 미래에 대한 희망도 있습니다. 소담스러운 이야기도 있습니다. 보통의 생각에서 확장된 자

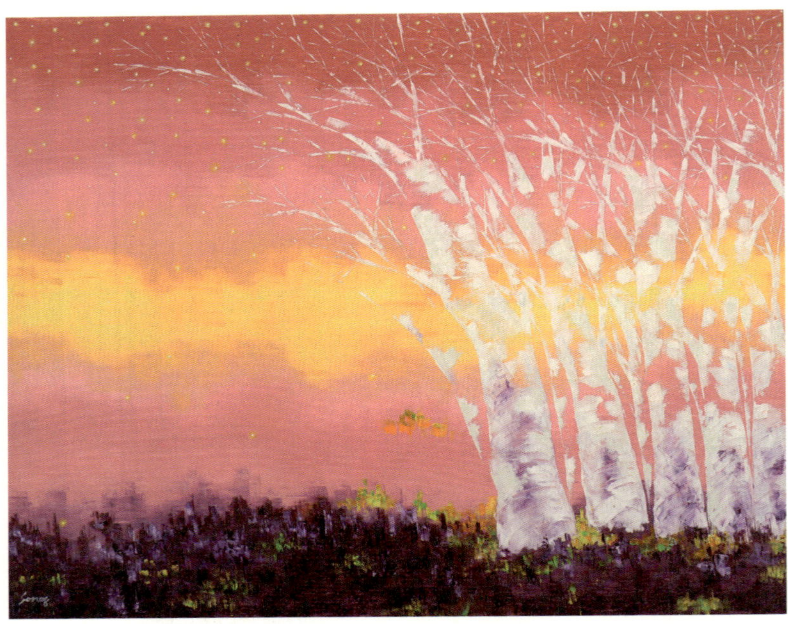

송미영, **별을 세다**, 2012, 캔버스에 유화, 72.7x90.9cm

신의 마음을 그대로 보여줍니다. 현실과 사회에서 오는 경험, 외부인과의 관계에서 설정된 상황을 잘 정리하면서 자신의 마음을 드러냅니다. 이것이 그녀의 작품입니다. 여기에서 자신의 가치를 발견합니다.

라디오 시절에 미술가는 표현주의와 아방가르드와 같이 인간의 감정과 삶의 새로운 가치를 찾았습니다. 흑백 텔레비전 시절에는 색면 추상이나 팝을 통해 색의 의미와 다변성을 추구했고, 컬러 텔리비전 시절에는 미니멀과 앵포르멜이라는 이름으로 현실과 사물과 색을 단순화하고 평면화합니다. 보통사람이 총천연색 이미지를 다루기 시작하는 비디오와 디지털 카메라가 활성화되는 시점에서는 플럭서스와 모노하(物波)와 같은 정신운동으로 사유의 원리를 찾고자 노력했습니다. 그러던 현재, 컴퓨터 그래픽과 가상공간이 자리하는 현시점에서 미술은 무엇을 해야 할지 방황하고 있습니다. 미술가가 그리는 법을 상실해가고 있습니다.

어떤 미술가는 정신으로 그림을 그립니다. 온 세상의 고민을 혼자 다 짊어진 듯한 정신으로 그림을 그립니다. 고민이 많기 때문에 몸으로 그림 그릴 시간이 없습니다. 이들은 많은 사람들과 만납니다. 만나면 정신으로 그린 그림을 설명하기 바쁩니다. 상대가 아무리 관심을 두지 않아도 큰 목소리와 우격다짐으로 그렇게 하고야 맙니다. 그러지 말라고 하면 싸움이 시작됩니다. 맨정신에는 그저 조용하다가 술 한 잔에 용기백배합니다. 술이 미쳤습니다.

어떤 미술가는 눈으로 그림을 그립니다. 이들은 들로 산으로 스케치 여행을 다닙니다. 눈으로 보고 눈에 들어찬 광경을 그리는데 화폭에는 다른 그림이 나옵니다. 감성이 포함되어야 한다고 말합니다. 현장 스케치가 최고라 생각하는 이들은 혼자서는 잘 안 다닙니다. 손은 눈으로 그리는 것에 대한 따라쟁이가 됩니다. 다니지 않을 때는 바구니에 과일을 담거나 도자기 화병을 식탁에 두고 눈으로 그립니다. 이들은 무척 바쁩니다.

어떤 미술가는 손으로 그림을 그립니다. 정신을 표현한다고 하면서 어떤 정신인지는 스스로도 모르는 어떤 것을 그립니다. 우주의 기(氣)나 세상 흐름의 원리를 좇는다고 말합니다. 어떤 경우는 자신의 미술품에 기(氣)가 있기 때문에 아픈 사람이 낫기도 한다고 주장합니다. 이들은 대단히 많은 시간을 붓질로 보냈기 때문에 소위 말하는 필력이 대단합니다. 붓이 지나간 자리에 바람이 불 정도입니다. 기분이 내키면 얼마 지나지 않는 시간에 많은 작품이 생산됩니다. 이들은 철학자이기도 합니다.

어느 전시장에 가면 말로 그림을 그리는 이들을 만납니다. 미술작품과 전혀 다른 이야기를 합니다. 말로 그림을 그리는 이들은 언제나 이웃 아줌마와 옆집 아저씨와 참 친하게 지냅니다. 그림 그리는 시간보다 사람들하고 만나는 시간이 더 많습니다. 금방 그릴 그림도 무진장 오랫동안 그린 척합니다. 말로 그리는 이들은 대체로 예쁘거나 잘 생겼습니다. 이렇듯 미술가가 그리는 법은 다양합니다. 창의적이고 신선한 그 무엇을 찾아 오늘도 미술가는 무엇인가를 그리고 있습니다.

제5장

도깨비? 봤어야 그리지

예술은 풍경이나 인물을 손으로 재현하는 테크닉이 아니다.
당신이 보고 있는 것들에 대해 생각해 보라.
자신이 생각하지 않은 것들에 대해 가장 많이 생각하라.
–마르셀 뒤샹

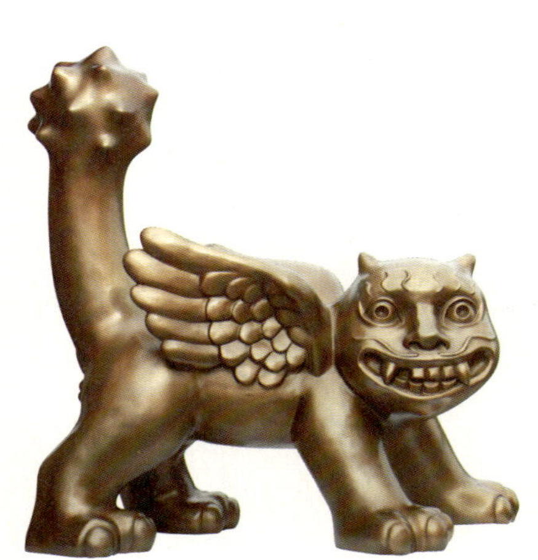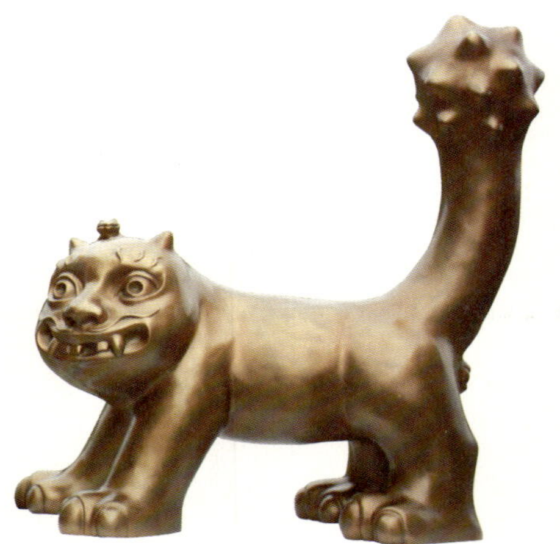

김성복, **신화**, 2013, 브론즈, 각 110x70x115cm

36. 예술가적 끌림

'느낌이 왔어~' 이 말은 온 동네 공용어입니다. 낚시꾼은 손 끝에서, 예술인은 정신에서, 스포츠 선수는 마지막 동작에서, 바람둥이는 이성의 가능성에서 찾는 말입니다. '느낌'이라는 말은 쉽고도 어렵습니다. 후각이나 미각, 촉각, 청각, 시각에도 느낌이 있고, 보이지도 들리지도 않지만 무엇인가를 느끼는 여섯 번째 감각인 '육감'도 있습니다. 한참 전 "식스센스(Sixth Sense)"라는 영화도 있었습니다.

인간이 만물의 영장일 수 있는 것은 생각할 줄 알고, 도구를 만들며, 이를 후대에 물려줄 수 있는 기록과 정보의 활용능력을 가졌기 때문입니다. 인간을 보는 기준에서 서양과 동양의 차이는 분명합니다. 서양에서는 인간을 창조물로서 신이 될 수 없는 존재로 보지만 동양사상에서 보는 인간은 만물의 영장이면서 만물의 일부분입니다. 중국 전국시대의 사상가인 장자(莊子)는 세상의 끊임없이 변화하는 자연과 인간은 하나라는 물아일체(物我一體) 사상을 주장하였습니다. 예술학적으로 말하자면 어떤 사물의 모습에 화가가 심취되는 것이 아니라 화가의 모습이 곧 사물의 모습으로 표현된다는 사물과 인간의 경계를 의미합니다. 그림을 그리는 화가의 입장에서 보면 화가 자신은 조물주이며, 창조자가 됩니다.

예술의 감각은 사물과 인간의 경계에서는 전지전능한 창조자가 됩니다. 신의 영역과는 별개의 것입니다. 때로는 사물과 인간을 동급

으로 취급하기도 합니다. 여기에 육감을 넘는 예술가만의 특별한 감각
이 필요합니다. 감각에 대한 종합선물 세트와도 같습니다.

신영진의 작품 「그리움」과 「사랑 그리고 달콤한 사과」는 전혀 별
개의 것으로 그려진 두 개의 작품입니다. 사과가 그려진 작품만 보자
면, 별다른 감흥이 일어나지 않습니다. 버전이 맞지 않아 읽을 수 없는
컴퓨터 기호들 속에 더 큰 사과의 환영이 있을 뿐입니다. 하지만 위 그
림의 옷 벗은 여인과 비교해보면 많은 의미가 드러납니다. 사과와 누
드의 표현방식과 의미하는 내용은 거의 흡사합니다. 사과와 옷 벗은
여인이 어떻게 같은까라는 의문이 들겠지만 화가의 눈에는 옷 벗은 여
인이나 사과는 같은 개념의 사물일 뿐입니다. 화가는 옷 벗은 여인을
그리더라도 어떠한 의미를 위한 부속물로서 바라볼 뿐입니다. 만일 일
반인들이 바라보는 야한(?) 관점에서 본다면 창작에 대한 의미는 사라
지고 몽환적 분위기만 남게 되거든요.

같은 작품을 통해 잘못 전달된 기호라 할지라도 소통될 수 있음에
대한 의미를 전달합니다. 컴퓨터로 전달되는 문자정보들은 높은 버전
이 낮은 버전으로 읽히지 않습니다. 어떤 정직한 정보라 할지라도 낮
은 곳에서 높은 곳으로 전달되면 왜곡되고 변질되어 정확히 전달되지
않음을 이야기합니다. 옳고 그름에 대한 현대문명의 잣대가 하향전달
식에 대한 일침을 가하기도 합니다. 따라서 예술작품에 나타나는 인물
은 초상화가 아닌 이상 특정한 인물을 지칭하지 않습니다. 옷 벗은 여
인으로 이해하기보다는 현대사회를 살아가는 동안 발생되어 알게 된
기호일 뿐입니다.

예술에서 육감을 넘는 느낌을 예술가적 끌림이라 말하고 싶습니
다. 아이나 어른이나 무슨 일을 할 때 끌림이 있으면 신명이 생깁니다.
억지로 하는 일과는 능률의 차이가 많습니다. 예술가는 자신의 끌림을

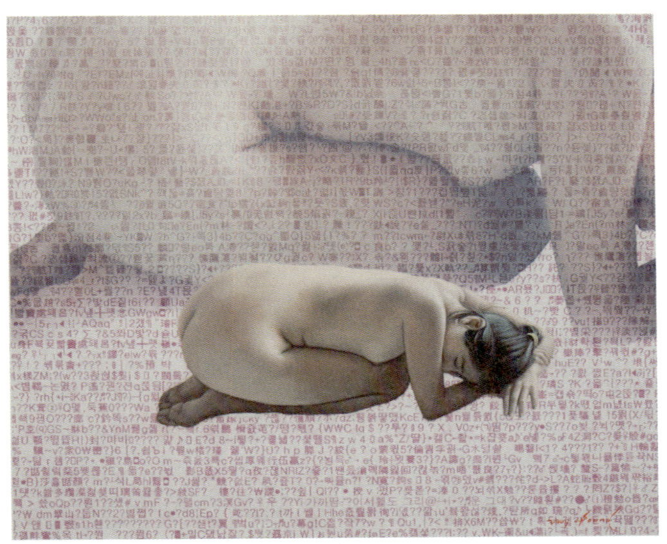

신영진, **그리움**, 2009, oil on canvas, 60.6x72.7cm

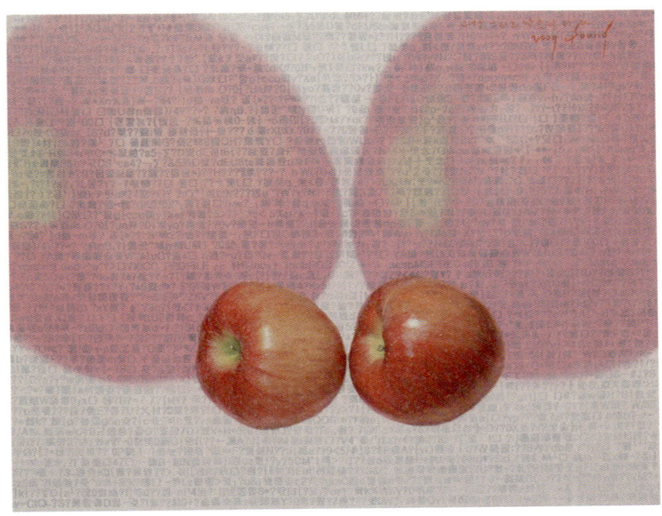

신영진, **사랑 그리고 달콤한 사과**, 2009, oil on canvas, 41x53cm

거부하거나 부정하지 않는 사람이기도 합니다. 배고플 때 음식이 끌리는 것과는 종류를 달리합니다. 외로울 때 이성에 대한 그리움과도 다릅니다.

여기서의 끌림은 이성 친구를 유혹하기 위해 사용하는 이성적 분위기나 행동과 비슷합니다. 배고픔의 음식이 아니라 유혹을 위한 먹거리를 이용한 유혹법과도 비슷합니다. 분위기 좋은 식당에서 음악소리와 함께 은근한 눈빛으로 상대를 바라봅니다. 적당한 내숭과 적당한 콧소리, 적당한 무게감을 겉모습으로 가장하되 두뇌의 회전은 몹시 빨라집니다.

예술가는 어떤 순간의 끌림에 혼을 잃어버리기도 합니다. 어떤 착상에 이르면 신들린 듯 정신없이 작품 활동에 빠져듭니다. 결과와 상관없이 무수한 붓질과 망치질, 펜질, 자판 두드리기 등이 시작됩니다. 이럴 때 결과는 그리 중요하지 않습니다. 정신이 들어 자신의 작품을 남의 시선으로 바라볼 때에야 스스로 싫음과 좋음이 나오지만 끌림의 순간만큼은 이성으로 인지하기 어려울 정도로 두뇌회전 속도가 빨라집니다.

이러한 끌림은 관심과 가치, 욕망을 다스리는 지속적 학습에 의해 보상받는 종합선물 세트와도 같습니다. 어느 한 부분이나 어느 한쪽에서 분명한 모습으로 등장하지 않습니다. 많은 작품 활동의 결과 중에서 '좋음'으로 판명한 부분들이 조금씩 조금씩 모여 '욕망'에서 예술가적 초감각으로 형성됩니다. 그렇기 때문에 모든 예술작품에는 예술가의 과거와 현재가 포함됩니다. 자신을 부정하면서 얻어진 '좋음'이나 긍정하면서 얻어진 '가치', 싫음을 강조하면서 얻어진 '편리함'과 같은 것들이 모여 하나의 작품으로 형성됩니다. 어떤 예술작품을 감상할 때 이러한 '끌림'을 찾아내는 것이 중요합니다.

박명선, 빛을 심다

느낌과 기분이라는 것을 이해하기 위해서는 박명선의 작품을 볼 필요가 있습니다. 작품은 보이는 것보다 느끼는 것을 더 중요하게 생각합니다. 박명선은 이전과 다른 모습을 보여주려고 늘 노력합니다. 항상 새롭고 싶어 합니다. 다음 페이지의 작품들은 조용한 새벽이슬과 같다고 할 것입니다. 이러한 작품이 형성되기 이전에는 산책길에서 만나는 자신의 모습을 표현하였습니다. 이전까지 연작으로 진행되어온 소요(逍遙) 시리즈에서 변화된 새로운 모습입니다. 소요(逍遙)-바라보기, 마주하기, 함께하기 시리즈의 전작들에서는 빛이 구체적으로 등장하지는 않았습니다. 그러다가 빛을 그리기 시작합니다. 인상주의 화가들이 그리던 빛과는 다른 개념입니다.

삶에 대한 애착과 안정을 구가하다가 여성으로서 사회성을 확장하는 의미의 작품들입니다. 이전의 작품에서는 주로 자연에 대한 접근과 사물과 자연, 사람의 모습이나 손길이 닿은 물건들을 소재로 사용하였습니다. 그러다가 점차 여성으로서의 자신이 소재가 됩니다. 「빛」 연작들은 사회적 가치와 삶의 방식을 조심스럽게 풀어갑니다. 어쩌면 한편의 시를 읽는 듯한 기분으로 감상하여도 좋을 것 같습니다. 사춘기 시절에 읽는 시가 아니라 오랜 연륜과 정서적 안정이 깃든 어른들의 시로 가득 차 있습니다. 작품 활동을 하는 여성의 솔직한 마음을 우리에게 건네고자 노력합니다. 그렇다고 개인적인 신변잡기나 하루의 일과를 적어나간 자신만의 일기를 내보이는 것은 아닙니다.

보아서 행복하고, 읽어서 즐거운 삶의 소리이며, 마음에 닿아 있는 안정감 높은 품과 같습니다. 가정과 사회에서 알게 되는 여성으로서의 소담스런 생활과 여성이기 때문에 더욱 소중한 삶을 찾아가는 방

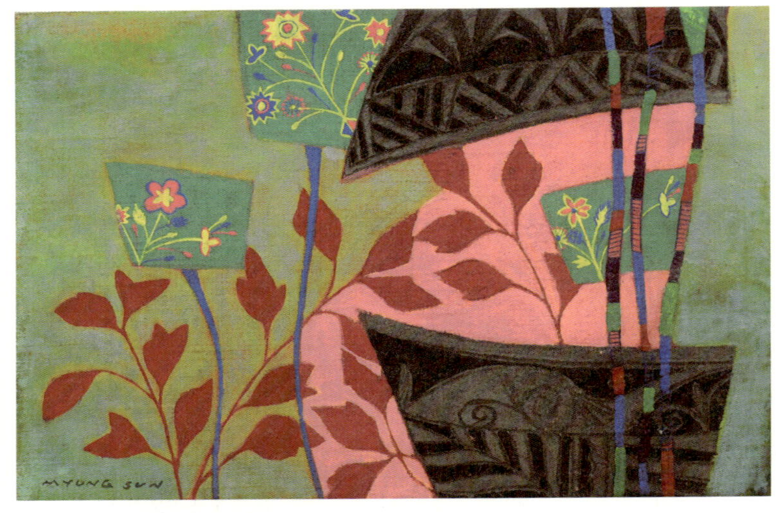

박명선,
빛-날다,
2011,
광목 위에 혼합재료,
20.5x30.3cm

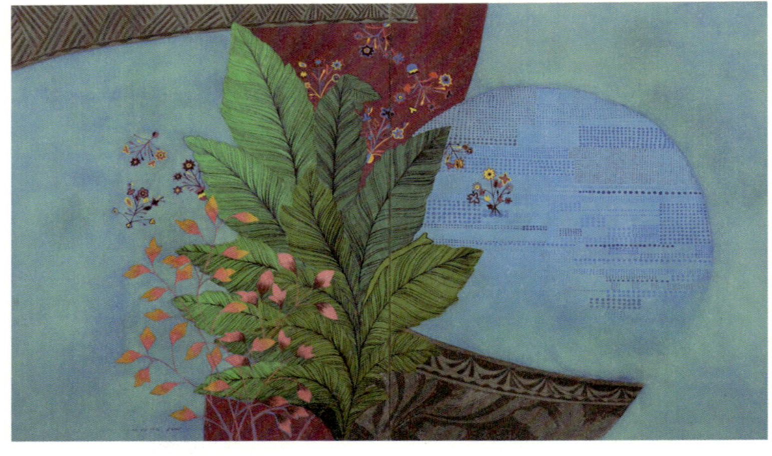

박명선,
달빛 심기,
2011,
광목 위에 혼합재료,
60.6x145.5cm

박명선

경희대학교 미술대학 졸업 및 동 대학원 졸업, 홍익대학교 대학원 미술학 박사. 개인전 14회.
아트 페어(화랑미술제, 한국국제아트페어, Open Art Fair, 시카고 아트페어 등), 단체 기획, 초대전 350여 회, 대한민국미술
대전, 단원미술대전 심사위원, 경기미술대전 운영위원 등 역임. 작품소장:서울시립미술관, 국립현대미술관, 외교통상
부, 한미은행 등. "동안미녀", "오작교 형제들", "당신뿐이야", "영광의 재인" 등 드라마에 작품 찬조.
현재 단국대학교 교육대학원 미술교육전공 조교수에 재직중.

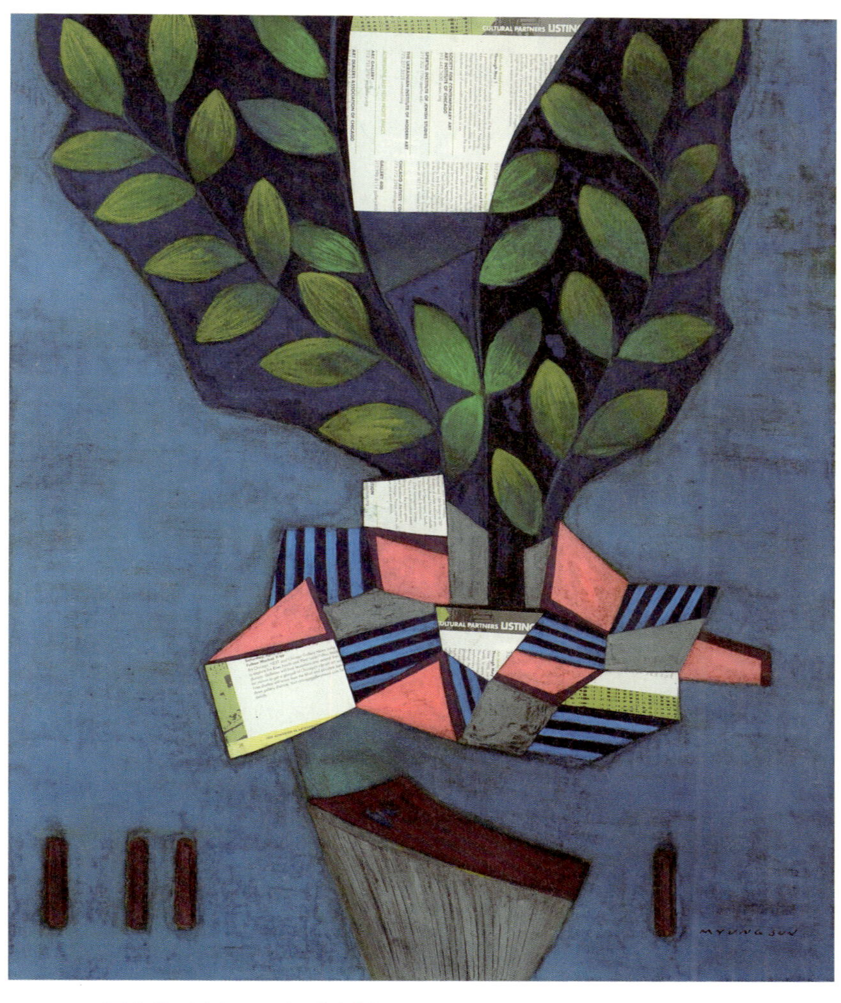

박명선, **빛-자라다**, 2011, 광목 위에 혼합재료, 72.7x60.5cm

식을 구가합니다. 작품 활동을 하는 여성의 마음이 소롯이 있습니다. 거기에는 삶에 대한 조건과 파격적인 파괴가 있습니다. 아무도 간섭하지 않는 그녀만의 공간이 만들어집니다. 그곳에는 정치를 이야기하지 않아도 정치가 있고, 드러나지 않는 이념이 있습니다. 표현하지 않아도 존재하는 고향에 계신 어머니의 감정과도 같습니다.

작품을 보고 있으면 어느새 감정은 풍요에 젖습니다. 엄마의 가슴과도 같이 포근합니다. 작품 「달빛 심기」를 보시지요. 작품은 푸른색으로 점점이 찍힌 달빛을 중심으로 합니다. 쏟아지는 달빛은 사춘기 시절 애잔한 가슴으로 연애편지를 쓰는 마음과 같습니다. 그곳에는 연애편지 쓸 때 쓰려고 했던 책갈피의 은행잎이 있고, 납작해졌지만 색바라지 않은 꽃잎이 있습니다. 예쁘게 건네던 한 줌 꽃은 어느새 나비가 되고 바람이 됩니다. 바람에 날리는 꽃과 나비는 달빛을 타고 어디론가 향합니다. 잔잔히 흐르는 보라색 강물에는 달빛이 스미고 생활의 고단을 잦게 하는 안전함이 있습니다. 먹지 않아도 배부른 밥이 있습니다.

「빛-자라다」에는 꾸준하게 지켜온 종이 콜라주가 등장합니다. 박명선의 콜라주는 작품의 형식이 아니라 물감과도 같은 재료입니다. 종이를 자르고 붙이는 방식은 붓으로 칠하고 연필로 그리는 방식과 같습니다. 식물이 물과 빛에 의해 자라는 것과 같이 종이에 담긴 언어는 사람과 사회의 관계를 자양분으로 해서 미래를 위한 빛으로 바뀝니다. 사회의 관념과 삶의 방식을 지켜나가는 가치가 존재합니다. 이것이 박명선이 이야기하는 종이 콜라주입니다. 종이에 담긴 문자는 사회의 빛이며, 삶의 가치를 형성합니다. 연애편지를 쓰듯 붙여가며 자신의 삶의 방식이 종이로 피어난 꽃이 됩니다. 그녀에게 종이는 생활의 도구이며, 삶의 방식입니다. 무엇인가 기록된 종이는 단순한 종이가 아니라 과거의 역사입니다. 어떤 글귀나 내용이 쓰인 종이인가는 중요하지 않습니다. 모든 것을 직접적으로 드러내지 않기 때문입니다. 「달빛 심기」에서는 이런 사실들을 쉽게 발견할 수 있습니다.

비 개인 오후 파란색 장화를 신은 아이가 맑게 고인 빗물을 찰박거립니다. 작은 장화에 흩어지는 물 파편은 엄마를 적십니다. 엄마는 아이에게 장난치지 말라고 하지만 물 파편은 고운 빛으로 치마를 물들입니다.

「달빛 심기」의 푸른색과 함께하는 종이 콜라주에는 여성으로서 지닌 생활의 희망과 가치가 차분히 고여 있습니다. 누군가 와서 찰박거려도 그곳은 언제나 조용하고 그저 묵묵히 바라보는 고요가 있을 뿐입니다.

이렇듯 박명선의 「빛」 시리즈는 모나게 등장하지 않습니다. 그것은 삶의 애착을 벗어난 담담한 가치가 있기 때문이며 억지스럽지 않기 때문입니다.

예술 감상은 여기에서 출발합니다. 창의적인 부분입니다. 예술은 육감을 넘은 감각을 최대한 발휘해야 합니다. 남대문 시장의 물건과 백화점 물건이 같은 공장에서 만들어질 수 있지만 예술작품은 같은 물건도 없고 비슷한 물건이라도 공장이 다릅니다. 여기에도 감상자의 욕망이 작용합니다. 백화점 구경 가서 충동구매를 할 수도 있지만 어느 정도까지는 목적을 가지고 방문합니다. 예술작품은 상품구매와 달리 목적 감상이 없습니다. 오늘은 슬프니까 기쁜 작품을 봐야지라고 하지 않습니다. 한 작품(연극, 영화, 미술, 음악 등) 안에 보는 날과 기분과 상황에 따라 변하는 여러 가지가 공존하기 때문입니다.

37. 알고 나면 달라진다

　　　문학의 수사법 중에 반어법과 역설법이란 것이 있습니다. 이 치에 맞지 않는 듯하지만, 속에 담긴 뜻이 강조되어 전달되는 어법입니다. 유치환님의 「깃발」에 나오는 '이것은 소리 없는 아우성' 등과 같은 표현입니다. 문학에서와 마찬가지로 미술작품에서도 역설적인 이미지를 통해 다양한 의미를 전달하기도 합니다. 이런 표현은 어떤 특정한 목적을 위해 사용하기도 하지만 일반적으로는 개인의 사유에서 확장되는 경우가 많습니다.

　　　현대미술은 어렵다고들 합니다. 물건을 통해 물건이 지닌 의미나 내용을 알아가는 것이 아니라 아무것도 없는 데서 무엇인가를 찾으려 합니다. 어떤 물건의 모습을 그린 것이라면 그 물건의 용도나 물건과 관련된 어떤 것을 상상해서 창작자의 의중을 찾아보련만 이건 숫제 아무것도 없는 데서 무엇인가를 만들어낸다 이 말입니다. 전문가들도 모르는 것 많습니다. 텔레비전에 나오는 골동품 감정하시는 분들도 물건을 척 보자마자 역사와 가치를 알아내는 것이 아닙니다. 사전에 물건을 보고 사료를 찾고 정보를 추적한 이후에 텔레비전에 방영됩니다.

　　　현대미술에서는 사물에 대한 모방이 아니라 정신에 대한 감흥이나 철학적 사고 문제가 우선됩니다. 이를 이해하지 않고서는 미술작품에 대한 접근조차 어려워졌습니다. 무엇인가를 표현하고 새로운 사회를 위한 제안에서 한층 발전된 현대미술은 과거와 현재, 시간과 공간을 아우르는 정신을 관찰하는 방식을 취하고 있습니다. 과거에는 보통 사람들이 보지 못하는 무엇인가를 재현하기도 했습니다. 현대에 이르러서는 예술이 창작되는 과정과 그것을 창작하는 여건 자체에 관심을 두기도 합니다. 이때부터 예술 감상이 힘들어집니다.

어떤 예술가는 관람자와 창작된 작품 사이에서 일어나는 공감대는 어떠한가에 대해 관심을 두기도 합니다. 감상자가 참여해야만 작품으로 구성되는 것을 용인하였습니다. 최근에 와서는 창작의 주체와 원리를 탐구하는 것부터 예술이 되기 위해서라는 등의 철학적 정신사적 논지에 이르기까지 무한의 변화가 시도되고 있습니다.

그래도 변하지 않는 것 중의 하나는 예술은 결국 사람을 위한 행위이며 표현이라는 것입니다. 미술작품이 사회의 것인 이유가 여기 있습니다. 미술가가 작품을 제작하지만 미술가는 이미 사회의 일원이기 때문입니다. 예술작품에 포함되는 어떤 '참'이나 '맞음'에 대하여 그것의 '그름'이나 '다름'으로 번역과 소통이 용이해진 시대이기 때문입니다. 사유의 방식이나 감상어법에서도 긍정 혹은 부정에서 확장된 '의문 부호'나 '그럴지도 모른다'는 질문으로부터 작품을 제작하기 때문입니다. 다양한 의미나 형태로 드러나는 것이 현대미술이기도 하지만 현대미술은 동시에 스스로의 한계 지점에 대한 질문으로 사회에 대응하기 때문일지 모르겠습니다.

어떤 그림이 좋은 그림이냐는 질문에 대해 적당한 대답을 찾을 수가 없습니다. 소위 말하는 '잘 팔리는 그림'이 좋은 그림인지 '사람들이 많이 알고 있는 그림'이 그러한 것인지 알 수 없는 노릇입니다. 그렇다고 실험적이거나 사회적 이슈를 담고 있다고 해서 무조건 다가설 수도 없습니다. 답을 모르면 잡아먹히는 스핑크스의 질문이 아니어서 천만다행입니다.

예술가의 삶은 하여간 무겁습니다. 몹시 무겁습니다. 사회 초년생이면서 결혼한 가장으로서 예술가가 사는 삶의 무게는 몹시 힘겹습니다. 그렇다고 슬픈 이야기를 하고자 하는 것이 아닙니다. 이들의 삶 자체가 그러하기 때문에 이들은 그러려니 하고 삽니다.

삶의 무게에 따른 예술작품의 원천에는 반전과 역설이 있습니다. 작가들마다 자신의 원천이 있습니다. 누구는 자연의 모습에서, 누구는 인간관계에서, 누구는 인과관계에 원천이 있습니다. 꽤 많은 이들이 우주의 생성과 소멸과 같은 유(有)/무(無) 혹은 상(相)/생(生)과 같은 철학적 의미에 원천을 두고 답을 찾아갑니다.

생명의 원천은 무엇일까요? 어떤 이는 삶의 가치에 대한 출발점을 여성의 자궁에서 찾기도 합니다. 살아가느냐와 살아지느냐의 관계설정이 필요한 시점입니다. 얽히고설킨 굴곡의 인생을 살아온 촌로(村老)의 삶도 여기에서 출발한다고 생각합니다. 또 어떤 이는 만물의 발생 이전이라고 하는 그리스인의 카오스(chaos)에서 자신의 원천을 발견합니다. 우리는 흔히 카오스를 '혼돈(混沌)'이라고 번역합니다. 혼돈은 사전적 의미로 땅과 하늘이 나누어지기 이전의 상태를 일컫습니다. 카오스는 '아무것도 없는 어두운 공간'을 의미합니다. 엄밀히 말하면 동·서양의 개념이 다르다고 할 수 있습니다. 혼돈은 '존재하지만 정리되지 않은'을 의미하고 카오스는 '무(無)'를 의미합니다.

동양의 개념에 속하는 우리네 예술가가 살아가는 삶의 무게는 외면이나 체념, 회피가 아닙니다. 결코 일탈하는 법이 없습니다. 어떤 경우에는 본인의 힘듦을 포기하기 위하여 '몹시 착해지는' 경우까지 발생합니다. 착하지도 않으면서 삶의 무게를 회피하다가는 '나쁜 분(?)' 소리 듣기 십상이거든요. 결국 예술가의 작품에 등장하는 예술의 원천은 자신에서 출발합니다. 자신이 바라보는 세계의 모순이나 적응, 포기 등이 작품으로 표현되면서 현재의 사회구조에서 한층 발전될 수 있는 미래가 발견되기 때문입니다.

간혹 체념의 경지와 달관의 경지의 높이가 같기 때문에 잘 구별하지 못하는 경우도 있습니다. 예술의 원천을 달관하면 사상과 사유의 공간이 사라진다고 합니다. '산은 산이요 물은 물이다'라고 한 성철스님의 산은 보통사람의 산이 아닙니다. 삶의 원천을 체념하면서 체념의 경지가 극에 달하면 달관의 모습과 같아집니다. 여기에도 예술이 있습니다. 그래서 예술가의 삶은 고단할 수밖에 없습니다. 고단한 삶이 그림으로 드러나지는 않습니다. 감상자들은 즐거운 마음을 찾고 싶기 때문입니다. 고단하면서도 고단하지 않은 삶을 이해하는 것은 예술가들밖에 없답니다.

현대미술의 동향을 정의하기는 어렵지만 현대미술은 그린다는 행위 자체와 그것이 인간에게 어떤 의미를 지니는가 하는 근원적인 질문만 해대고 있습니다. 또한 현대미술의 이면에서는 자책과 비난, 스스로도 답하지 못하는 질문으로 자신을 방어하는 표현방식이 무척 많이 발견됩니다. 스스로 알지 못하면서 아는 척하는 초보 선생님과 같은 마음인가 봅니다. 그러면서 또다시 질문합니다. '니들이 예술을 알어?'라고 말이죠.

컴퓨터 화면에 등장하는 소통의 기호(한글이나 영어)는 우리가 알지 못하는 기계언어에 의해 그렇게 보이게 되어 있다고 합니다. 자연의 부속물로서 인간언어를 뛰어넘는 기계의 공간을 통해야만 인간의 언어로 소통됩니다. 트위터나 페이스북 같은 것들도 마찬가지입니다. 기계를 통과하고, 가상의 공간을 넘어야만 소통된다는 묘한 세계를 살고 있습니다.

새로운 탐구영역이 필요하다고들 합니다. 존재와 비존재가 공존해야만 하는 세계에서 새로운 창의성이란 무엇을 의미할까요? 페이스북을 창업한 이는 무척 부자일 것입니다. 구글 창업 당시 회사의 벽화를 그려준 이가 한국계 미국인이라고 하더군요. 돈 대신 받은 주식이 2,000억 이상의 가치가 되었다는 부러운 뉴스를 접한 적이 있습니다. 미술품에도 역설과 반전이 있습니다. 누가 알았겠습니까? 도토리로 주고받던 일촌 맺기는 죽을 쑤고, 따라쟁이와 흡사한 페이스북이 이렇게 뜰지 말입니다.

지금은 언제나 새로운 무엇인가를 갈망하는 시대입니다. 창작이나 감상을 위한 새로운 대상을 필요로 하며, 어디서 본 듯한 인상은 그다지 환영받지 못하고 있습니다. 회화의 새로운 방식을 절실히 요구하던 70년대의 연장선상인 것 같습니다. 내적으로는 미술개념의 태동기로 볼 법합니다. 예술로서 현재는 언제나 미래의 과거이기 때문입니다.

우리나라에는 소통의 기호로서 소나무가 있습니다. 애국가에 등장하는 '남산 위의 저 소나무'가 보통의 소나무입니다. 소나무는 우리나라 민족 정서와 맞닿아 있는 식물입니다. 식물이라기보다는 살아 움직이는 특별한 소통의 대상입니다. 그냥 보는 것과 알고 보는 것에는 천지차가 있습니다. 송승호의 「송뢰(松籟)」는 알고 보면 더 좋은 작품입니다.

옛 선비들은 소나무 아래서 글쓰기를 즐겼습니다. 그래서 문인들은 소나무 사이를 헤집는 바람을 송뢰(松籟)라 하였습니다. 여기에 지긋한 감성이 더해지면 송운(松韻)이라 하여 잔 바람의 여운을 즐겼습니다. 조금 센 바람이 지나가면 한적한 바닷가의 파도소리에 비견하여 송도(松濤)라고 하였고, 이 중에서 가장 으뜸으로 치는 것은 설야송뢰(雪夜松籟)라 하여 눈 오는 날 밤 조용히 듣는 솔바람소리였다고 합니다.

송승호의 소나무 그림은 여기 있습니다. 그는 특별한 소리를 듣습니다. 특별한 소리는 예술적 '가치'가 됩니다. 소나무에 숨겨두는 가치는 삶의 무게이며 생각과 사유의 현장입니다. 소나무를 그리면서 그는 자신이 살아가는 주변 사람들을 생각합니다. 아내가 있고 친구가 있습니다. 바람이 있고 심한 풍랑과 격하게 요동치는 폭우가 있습니다. 자연의 모든 것이 용트림하는 소나무의 줄기에서, 부러진 가지에서 완성됩니다. 자연의 일부로서 자연에 속해 있기 때문에 자연에

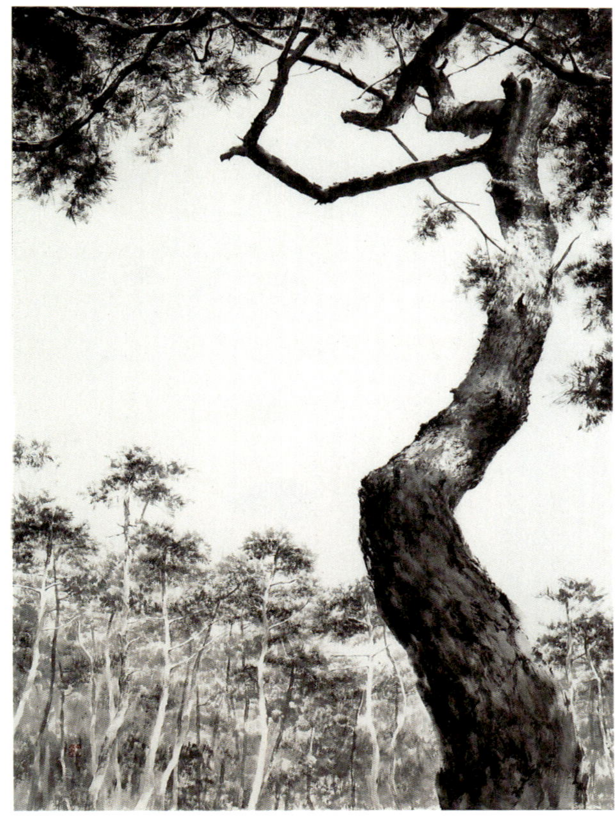

송승호,
송뢰(松籟),
2012,
종이 위에 먹,
100.2x73.2cm

대한 거부나 부정의 상태를 만들지 않습니다. 그래서 알고 보면 훨씬 수월합니다.

어릴 적 매주 수요일 첫 시간이면 교회에 갔습니다. 가고 싶지 않아도 수업시간이라는 의무감에 갔습니다. 넓은 공간에 까만 교복을 입은 한 학년 전체가 졸음을 예방하는 학생과장님의 눈길을 받습니다. '한 알의 밀알이 땅에 떨어져 썩지 않으면……죽어야 많은 열매를 맺는……' 도저히 이해할 수 없는 노릇이었습니다. 죽는데 어떻게 열매를 맺는지 말입니다. 그것이 종교적 관점이 아니라도 사회라는 영역을 유지하고 내일이라는 미래를 생각하는 거시적 관점이라는 것은 나중에 알았습니다. 아주 나중에 말입니다. 썩음은 새로운 시작입니다. 역설입니다.

누구나 어디엔가 쓰임새가 있습니다. 지금은 비록 어떤 집단이나 주변에서 소외당하지만 그 빛을 발할 날이 반드시 옵니다.

작품이 그러합니다. 지나간 시간의 답습만 아니라면 작품의 의미와 개념에 대해 사회가 적응할 때가 있습니다. 그러지 않을지도 모르지만 그것은 나중의 일입니다. 최소한 창의와 창작이라는 개념을 이해하는 범위 안에서라면 무엇이든 소중한 예술 활동입니다.

38. 표현하지 않으면 사랑이 아니다

　　지금 사랑하는 사람과 살고 있습니까? 영화 제목과도 같은 이 말에는 무척 많은 의미들이 담겨 있습니다. 주변은 사랑하고, 사랑받고, 사랑을 준비하고, 사랑을 기다리는 수많은 이들로 법석입니다. 간혹 사랑을 위한 사랑, 사랑한다고 믿으면서 억지로 사랑하겠다는 이들도 있습니다. 지극히 일부 사람들의 이야기일 뿐입니다. 사랑은 무엇보다도 표현이 없으면 성립할 수 없다고들 합니다. 사랑 없이 애정행위는 가능할 수 있을지 몰라도 사랑은 사랑일 뿐입니다. 타인의 시각에는 사랑을 위한 집착과 표현의 겉모습은 같습니다. 그러나 그것을 받는 이의 감정은 전혀 다릅니다. 누군가를 사랑하고 싶다면 지금 당장 표현해야 합니다.

　　봄이면 외로운 청춘 남녀들의 수심은 깊어만 갑니다. 벚꽃놀이라도 함께할 이성이 필요한데 아무도 없으면 티도 못 내고 짜증만 더해집니다. 외로움에서 벗어나고자 한다면 지금 당장 행동에 옮겨야 합니다. 지나가는 이들에게 집적거려야 합니다. 뭐 팔린다고 생각하지 않아도 됩니다. 남의 실패에 무관심한 당신처럼 당신의 실패에 관심을 두는 사람은 아무도 없습니다. 과감하게 행동에 옮기세요. 하다 보면 한 명은 걸립니다. 그 사람이 당신의 짝입니다. 외로운데 맘에 안 들면 어떻습니까? 다른 사랑이 올 때까지 사랑하면 되는 일입니다.

　　이러한 이야기를 왜 하냐구요? 예술가의 사랑 이야기를 하고 싶어서입니다. 예술가는 항상 외롭습니다. 그래서 그들은 온갖 사물에 대해 외사랑을 날립니다. 쉴 새 없이 집적거립니다. 이것도 그리고 저 것도 그려보고, 하다 하다 안 되면 그냥 안 되는 자신을 그립니다. 그 러다가 어느 사물인가를 만납니다. 자신을 받아준다 싶으면 의무적 사 랑이 시작됩니다. 한없는 짝사랑입니다.

그런데 문제는 의무적 사랑이 움직이지 않을 때 발생합니다. 다른 사랑이 왔는데도 사회적 조건이나 남들 눈 때문에 의무적 사랑이 자 신의 참사랑이라 우기는 일입니다. 지금은 많이 달라졌습니다만 과거 에는 '산 그림 작가' '계곡 그림 작가' '구름 작가' '하늘 작가'라는 식의 같은 이미지를 무한 반복 생산하던 때가 있습니다. 자신을 처음 받아 준 사랑이 자신의 사랑이라고 세상에 공표를 했기 때문에 다른 사랑을 하면 배신인 줄 알았습니다. 다른 사랑을 하면 작품이 안 팔리고, 처음 부터 다시 시작해야 한다고 생각했습니다.

그럴 수 있는 시대였습니다. 지금처럼 인쇄물이 활성화되고 인터 넷이라는 것이 없었기 때문에 개인의 홍보를 생각하자면 특정 이미지 를 홍보하는 편이 빨랐습니다. 지금은 움직이는 사랑을 더 좋아합니 다. 새로운 사랑이 생기면 새로운 사랑을 해야 합니다. 이 이야기는 사 람 이야기가 아니라(절대 아닌 것이 아니라, 때로는 그럴 수도 있겠지만?) 화가가 표현하는 사물에 대한 사랑 이야기일 뿐입니다.

예술가는 수많은 연애를 해봐야 합니다. 한 번에 좋은 상대를 만 날 수 있지만 그건 어려운 일입니다. 예술가와 사물의 연애는 곧 표현 으로 이루어진 작품이 됩니다. 그렇기 때문에 예술가들의 사랑은 언제 나 의무적입니다. 그들의 사랑은 습관적입니다. 어떤 생산을 위해 의 무적으로 사랑합니다. 의무적인 사랑을 통해 탄생한 작품에 대해 관람 자의 사랑이 시작되는 것입니다. 우리는 그들이 만들어놓은 결과물을 사랑할 뿐입니다. 간혹, 치열한 연애를 했다는 이야기를 듣기도 합니다. 다만 그것은 작품이 좋을 때만 가능한 일입니다.

한편으로 화가는 그림을 사랑하는 것이 아니라 그림 그리는 행위와 어떤 그림을 그려야 하는가 하는 고민을 사랑합니다. 의무적 사랑입니다. 절대로 사랑에 빠지지 않겠다고 주장하면서도 어느새 조형 중독에 젖어듭니다. 그림을 그리면서 완전 몰입에 빠집니다. 무엇을 하고 있는지조차 알지 못하면서 무의식에 빠집니다. 그러다 문득 깨어나면 아침이거나 많은 시간이 흐른 이후입니다.

처음 시도된 의미와 내용이 드러난다면 몹시 만족합니다. 그렇지 않을 경우에는 스스로 자학하고 번민에 빠집니다. 어떤 경우에는 작품이 맘에 들지 않는데 왜 맘에 들지 않는지조차 모르기도 합니다.

이러한 예술가의 사랑행위는 대체적으로 자기 자신에 대한 탐구와 질문에서 출발합니다. 사회적 사건이나 이념과 관련된 의미일지라도 자신이 중심이 되어 판단하고 예술작품으로 구성시킵니다. 스스로 많은 질문을 하고 이를 조형화시키거나 어떤 질문에 대한 무한의 질문을 반복합니다. 이러한 애정 행위들 속에서 다양한 의미가 탄생합니다.

현대사회뿐만 아니라 모든 소통은 표현에 있습니다. 지금 누군가를 혼자서 사랑한다면 표현해야 합니다. 이메일보다 손편지를 쓰세요. 간나기 쑥스럽다면 전화를 하세요. 목소리에는 정감이 묻어나고 손편지에는 진심이 서립니다. 오래되지 않은 과거까지 우리나라에서는 표현의 자유로움이 온전하지 못하기도 했습니다. 일제 식민시대에는 온건한 표현만 권장되었습니다. 해방 후에는 이데올로기의 심각한 양립으로 서로를 비판해야 했습니다. 민중미술의 사회적 수용 이전까지는 비판적 예술행위를 할 수 없었습니다. 비판이 없었기 때문에 적극 옹

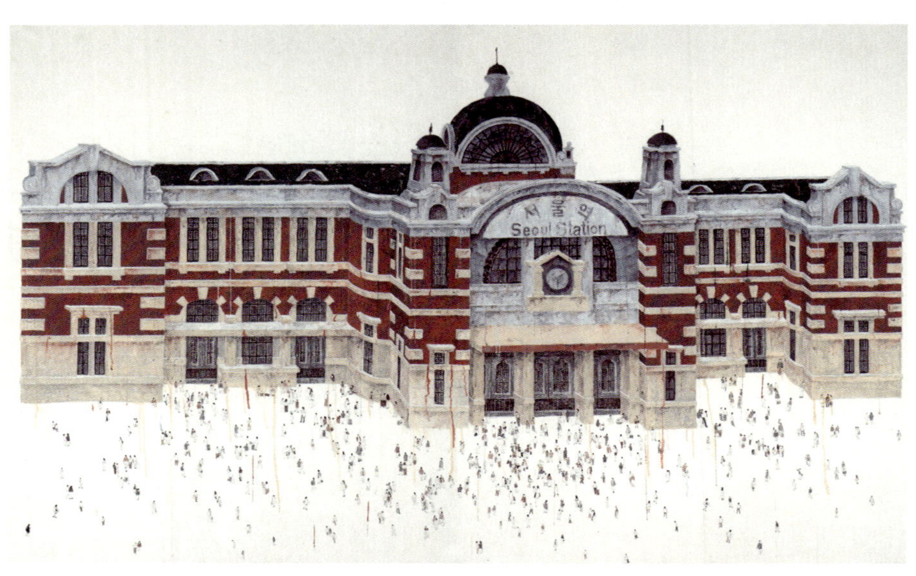

정나래, **서울역**, 2010, 장지에 혼합재료, 162X260cm

호의 예술 표현도 드물었습니다. 요즘말로 중도우파가 득세했습니다.

이제는 무엇이든 표현이 가능한 자유로움이 있습니다. 자본주의의 물질만능에 대한, 미디어에 대한 자유로움으로 팝이 종횡무진 활약하기도 했습니다. 그러다 보니 적당한 비판을 좋아하는 젊은 예술인들 사이에서는 무엇을 표현해야 할지 모르는 '소재 빈곤 상태'가 시작됩니다.

젊은 예술인들은 자신의 작품에 대해 무엇을 표현하려고 했는가 하는 질문과 자신이 그토록 의무적으로 사랑하는 대상이 무엇인지 자문해보아야 합니다. 창의적 표현이라는 것은 사춘기 시절 사전을 뒤적이고, 시집에서 발췌한 감정 섞인 단어들을 조합하여 쓰던 연애편지와는 다릅니다. 기묘한 물건을 사랑하는 사물인양 착각하여 전시장으로 옮겨두지 않았으면 좋겠습니다. 무늬의 조합을 가지고 창의적 표현이라 하지 않았으면 좋겠습니다. 예술가는 발명가가 아니랍니다.

사랑을 시작하는 이들은 상대의 호감을 얻기 위해 많은 이벤트를 기획합니다. 분위기 좋은 레스토랑 전체를 예약한 후 잔잔한 재즈 음악을 배경으로 와인과 장미꽃을 준비하고 싶지만 현실은 적당한 스테이크 한 접시 정도일 뿐입니다. 그런 반면 사랑을 위한 이벤트 회사에서는 수십 종류의 이벤트를 보유하고 있습니다. 꽤 많은 사람에게 소개된 이벤트라 할지라도 '당신만을 위한' 것인양 떳떳하게 소개합니다. 스테이크 접시를 제공하지 못할지라도 지극히 통속적인 애정표현을 합니다.

그림을 그리는 이들은 사회의 호감을 얻기 위해 다양한 표현형식과 퍼포먼스 등과 같은 이벤트를 선보입니다. 미국의 크리스토 자바체프(Christo Javacheff)라는 사람은 천으로 퐁뇌프 다리를 감싸는 등의 포괄적 예술표현을 보여주었지만 보통의 예술가에게는 캔버스조차 버거운 것이 사실입니다. 그렇지만 사회는 어떠한 표현이라도 처음인 것처럼 덤덤히 받아들입니다. 이벤트가 비록 통속적이거나 속물적이라 할지라도 받는 이는 상대에 대한 애정이 있기 때문에 그렇게 느끼지 않습니다.

과거 전 국민을 울음 속으로 안내했던 "이산가족 찾기"를 기억하시나요? 당시 4천여 쌍의 이산가족이 재회하는 것을 보면서 우리는 4천 번을 울어야 했습니다. 이러한 만남이 통속적이라면 두서너 번 울고 맙니다. 하지만 인간성이나 인간적인 문제는 나의 문제일 수 있기 때문에 통속적이지만 특수합니다. 조금 어려운 용어로 '보편성 속의 특수성'이라고도 하죠. 여기에는 개인의 사랑에 대한 나름의 특수한 상황이 있기 때문입니다. 헤어지고 만나는 상황은 같지만 말입니다.

'인생은 연극이다', '연극은 예술이다' 따라서 '인생은 예술이다'라는 삼단 논법에 대해 어떻게 생각하시나요? 시각예술의 입장에서 보았을 때 인생은 예술을 위한 '무늬'일 뿐입니다. 창의적 표현은 무늬의 나열이 아닙니다. 기묘한 물건을 캔버스에 붙인 후에 '무제'라는 제목을 붙이는 일도 아닙니다. 청계천 일대를 나들이하다 발견된 독특한 기계를 이용한 설치로 모든 것이 해결되는 것이 아닙니다. 우선되어야 할 것은 '무엇을 표현하기 위한' 재료로서 사물에 접근해야 한다는 것입니다. 사물을 먼저 사랑해서는 곤란합니다. 사물에 대해 먼저 애정을 가지고 집착하다 보면 다른 세계를 발견하지 못합니다.

자신이 표현하고자 하는 이벤트에 걸맞은 사물을 찾아야 합니다. 집안 좋고 돈 많은 이와의 애정 없는 결혼은 순탄하지 않을 경우가 더

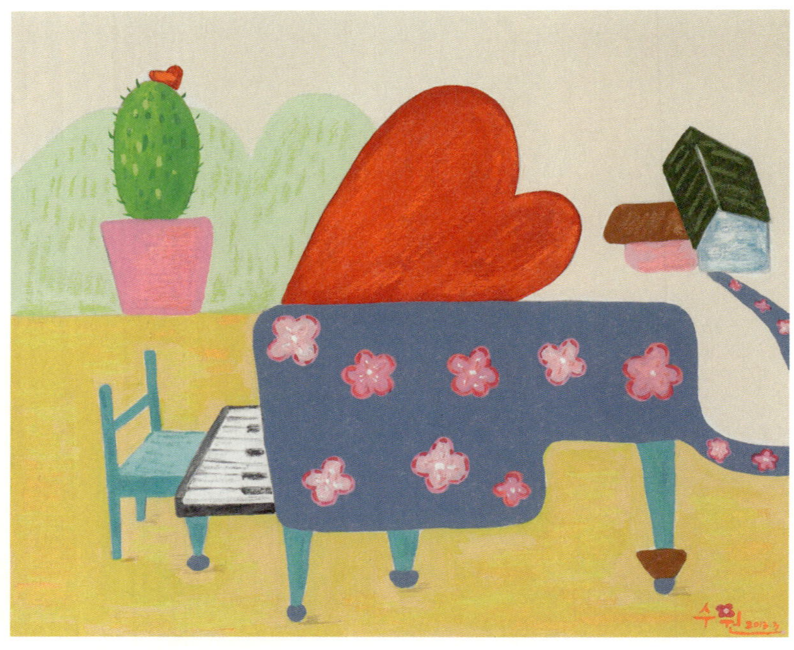

신수원, **사랑의꿈**, 2013, Acrylic+oil pastel on canvas, 46X38cm

많습니다. 자신이 사랑하는 어떤 대상을 위한 자신만의 독특한 이벤트를 찾아야 합니다. 한편으로 예술가의 사랑은 사회를 위한 완전한 의무성을 지니고 있습니다. 창의성이라는 이름으로 접근하면 작가 자신의 의도와 전혀 상관없이 소통되기도 합니다. 작가는 자신의 표현방법에 사랑하는 대상을 직접적으로 기록하지 않기 때문입니다. 사물을 사랑하는 것이 아니라 어떤 사랑에 의해 사물에 애정이 부여됩니다. 사물에 대한 해석은 감상자의 몫입니다. 지금 사랑하는 사람과 살고 있습니까?

39. 공간은 시간이다

　　유화로 그린 동양화 형식의 미술품이 종종 눈에 들어옵니다. 서양에서도 동양의 정신성에 대한 접근이 많고, 이를 수용하는 분위기가 확연한 것 같습니다. 사실 동양화니 서양화니 하는 것은 보통사람들에게는 중요하지 않습니다. 그냥 대학에서 전공하는 학생들과 교수님의 문제일 뿐이지요.

　　예술가가 무엇을 무엇으로 표현하는가 하느냐는 미술비평이나 미학적 측면에서의 접근이 아닙니다. 무엇인가를 그려야 한다는 강박은 미술가이기 때문에 겪어야 하는 의무입니다. 그런데 우리나라는 이념이나 정치적인 문제로 인해 수십 년 동안 자유롭지 못했음이 사실입니다.

　　영화나 소설도 비슷한 것 같습니다. 통치이념에 반하는 이야기는 절대로 해서는 안 되는 것 말입니다. 얼마 전 "부러진 화살"이라는 영화가 주목을 받더군요. 어떤 내용인지는 잘 모르지만 거대 조직에 맞서는 양심적 교수가 주인공이라는 정도는 압니다.

　　무척 힘이 듭니다. 많은 사람이 옳다고 하는데 권력을 지닌 몇몇이 아니라고 말하는 것도 힘듭니다. 대다수의 사람들이 틀리다고 하는데 자기 조직을 지키기 위해 기어이 맞다고 하는 경우도 있지요.

　　세상에는 잘못 표현된 예술은 없다고 생각합니다. 잘못이라고 하는 것은 현재에 반하는 것일 뿐이거든요. 그래서 표현의 자유가 아주 중요합니다. 미술학원에서 꽃을 그리고 태양을 그릴 때 왜 아이 스스로 표현하지 못하게 할까요? 정답은 이것입니다. 미술학원은 아이를 위한 학원이 아니라 엄마를 위한 학원이기 때문이죠. 엄마에게 잘 보이는 그림을 그려야 하고, 완성되어야 하고, 엄마가 이해하는 꽃과 태양이어야 하기 때문입니다. 다른 아이들은 붉은색 동그라미에 사방팔방으로 선을 그려 빛이 나는 듯한 기호를 그리는데 자기 아이만 녹색 동그라미에 파랑색으로 주변을 칠하면 문제가 있다고 봅니다.

예술가에게 공간이라고 하는 것은 우주만물의 근원입니다. 평평한 종이에 세상을 만드니 말입니다. 모든 것을 하나로 보거나 모든 것을 모든 것으로 보는 조금 의아한 상태입니다. 캔버스나 화선지라는 평면 위에 입체를 만들어야 하기 때문에 힘들긴 합니다. 그렇다고 그것을 시각효과나 마술적, 사기성과 같은 방식으로 접근해서는 곤란합니다. 예술가의 입체라는 것은 시각만을 이야기하는 것이 아니기 때문입니다. 경우에 따라서는 정신적 혹은 철학적 접근에서부터 사회구조나 이념 등을 입체적으로 포함하고 있기 때문입니다.

조금 더 구체적으로 말하자면 그림이나 소설로 어떤 상황을 전개한다고 가정하면, 어떤 그림 안에 이질적인 그림을 그려 넣습니다. 이미지의 중첩이라고 합니다. 소설에서는 이야기 전개방식을 전혀 다른 쪽으로 가져가기도 합니다. 이를 복선이라고 한다죠. 그렇기 때문에 예술가의 공간이란 우리가 사는 모든 세계를 의미합니다. 과거와 현재, 미래를 통틀고 우리가 보는 것, 감춰져 있는 것 모두를 포함하죠.

중학교 때인가 고등학교 때인가 배웠을 겁니다. 질량 불변의 법칙이라고 말입니다. 프랑스의 화학자 라부아지에라는 사람은 물질과 산소의 결합에 의해 연소가 발생하고, 화학 반응에 참여한 물질의 총질량은 변화가 없다는 질량 불변의 법칙을 발견하였습니다. 화학에서 불변하는 질량은 정신이나 감각 등의 예술에는 별개의 것으로 자리합니

다. 물리적으로 통과할 수 없는 벽을 화가는 뚫어버리고 그 안에 새로
운 세계를 구현합니다. 아이들이 그리는 우주나 해저세계와 같은 상상
화를 현실적이고 구체적인 상황으로 만들어냅니다.

　　예술작품 자체는 질량과 입체가 있지만, 예술작품에 담긴 예술정
신이나 감성에서는 모든 것이 무시되거나 무관심의 것으로 외면당하
기도 합니다. 물질에 질량이 있다면 거리에 대한 감각과 사물에 대한
입체감의 이해에는 두 개의 눈이 있습니다. 하나의 눈으로는 거리감과
입체감이 명확하지 않습니다. 예술에서는 질량과 마찬가지로 두 개의
눈에 보이는 거리와 입체감 역시 별개의 것으로 작용합니다.

　　송은영의 그림을 봅시다. 「Orange Cushion」은 이와 같은 질량 불
변의 법칙과 사물에 대한 감각을 완전히 무시합니다. 작품에 표현된
오렌지색 쿠션은 창을 뚫고 바깥에 나가 있고 바깥 풍경은 실내를 침

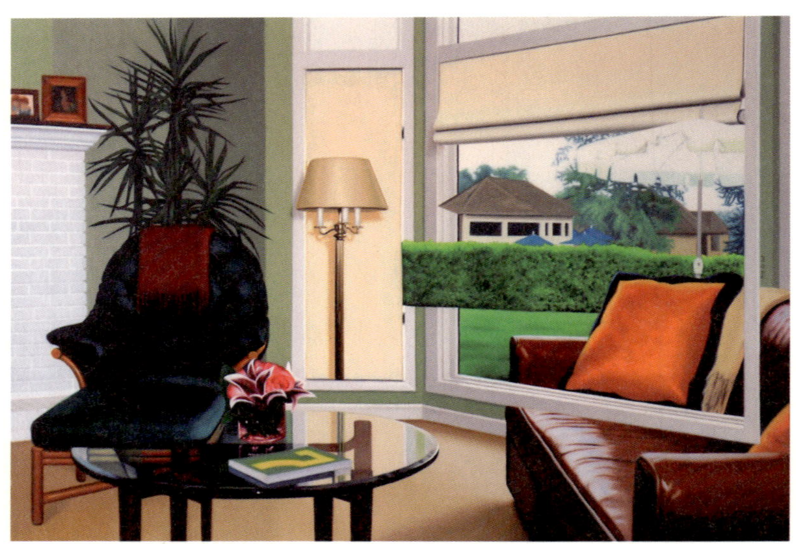

송은영, Orange Cushion, 2009, oil on linen, 110x158cm

범하고 있습니다. 사실적으로 그려진 유리 테이블과 안락의자는 원근법을 무시하고, 입체감과 시선의 감각을 침범합니다. 야외의 파라솔은 어느 사이 창에 드리워진 블라인드의 앞면을 장악합니다. 환영이라고 하기에는 다소 문제가 있지만, 각각의 사물은 자신의 질량과 입체감을 두시한 채로 서로가 서로의 공간을 파괴합니다. 뒤틀린 공간 속에서 실재로 형성될 수 없는 각각의 사물들은 감상자의 기억에 의해 온전한 사물로 인식됩니다.

우리가 알고 있는 사실을 기억이라고 할 수 있습니다. 우리의 기억이라는 것은 과거의 실재 경험에 의해 형성되지만 현재의 환경과 조건에 의해 일그러져 없었던 사실을 있었던 것으로 착각하기도 합니다. 전혀 다른 형태의 것으로 남기도 하는 것이죠. 그러하지 않았음에도 그러한 것으로, 경험하지 않았음에도 어떠한 조합에 의해 경험한 것으로 착각합니다. 송은영의 작품은 시선을 어지럽히고, 환영을 좇지만 기억에 대한 잔상과 현실에 대한 불확실성이 작품 이면에 존재합니다. 예술가의 공간은 자유롭습니다.

미술작품에서 말하는 공간이란 그림이 그려지지 않은 공백이거나, 동양화에서 말하는 여백입니다. 사람이 그려진 그림이라면 사람의 표정과 배경 또한 공간일 수 있습니다. 서양에서 말하는 배경은 그려진 대상을 돋보이게 하는 역할을 하지만 동양화에서의 여백은 작품의 주제에 대한 의미론을 강화시킵니다.

황상오의 작품에도 공간이 있습니다. 시간과 공간이 함께 사용된 작품입니다. 여기에는 작가 자신과 자신을 포함한 사회에 대한 시작 이야기가 있습니다. 우리는 매일 무엇인가를 시작합니다. 하루를 시작하거나 한 달 혹은 1년의 시작이 있습니다. 미술가는 오랫동안 그림을 그리면서 늘 새로운 시작을 꿈꿉니다. 그러면서 작품에 자신의 이야기

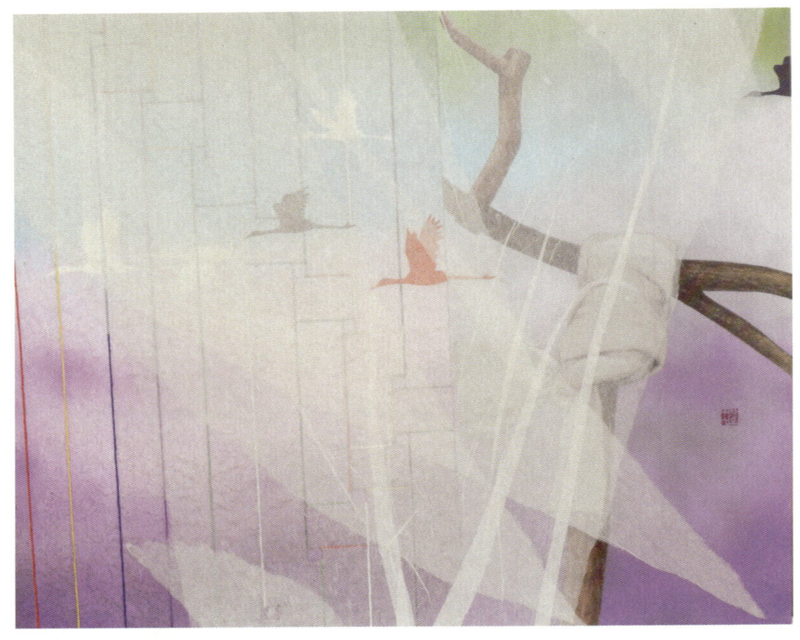

황상오, **돌아가련다!**(歸去來兮-5), 2013, 한지 위에 채색+한지, 45.5x53.0cm

를 담아냅니다.

　작품 「돌아가련다!(歸去來兮-5)」는 미술가로서 자신의 삶과 주변의 삶의 이야기를 함께 풀어낸 것입니다. 커튼 같은 한지가 화면을 덮고 있습니다. 그 뒤로는 시간의 영속성을 이해하는 철새와 언제나 마을 어귀를 지키던 솟대가 있습니다. 여기까지는 시간입니다. 여기에 새로운 희망과 풍년을 기원하던 씨앗 주머니를 끌어들이면서 작품은 삶의 공간으로 변화됩니다. 작가는 세상을 살아가는 근본 이치를, 돌아보는 혹은 돌아가는 귀거래(歸去來)에서 찾습니다. 세상을 살아가는 사람들의 가장 큰 근본이 과거를 중심으로 미래를 여는 일에 있다고 본 것입니다. 귀거래(歸去來)는 1천 6백년 전 중국의 도연명(陶淵明)의

귀거래사(歸去來辭)에 나오는 첫 구절입니다. 영화 "박하사탕"에서 "나 돌아갈래!"라고 소리쳤던 설경구의 목청과도 비슷합니다.

숫대에 감긴 씨앗 주머니 위로 새가 날아갑니다. 씨앗 주머니가 있는 것을 보면 추위를 피해 남쪽으로 가는 것이 아니라 새봄을 맞아 돌아오는 새로 보입니다.

지금 사는 오늘은 과거의 결(結)이면서 살아갈 미래에 대한 영속적 흐름(결,wave)입니다. 봄기운 완연한 커튼(한지)사이로 바람이 일렁입니다. 포근한 어머니의 품과 같습니다. 오방색 면사가 촘촘히 박힌 작품에는 살아가는 현실의 공간이 철학적으로 재현되어 있습니다. 그것은 흐름이며 세상을 둘러친 넉넉한 공간입니다.

아인슈타인이 물리적 공간을 증명하고자 했다면 수많은 예술가들은 사유적 공간을 표현하고자 철학적 의문을 끊임없이 제기하고 있습니다. 사람들이 살아가는 공간은 모든 사람들의 공간인 동시에 한 개인의 공간입니다. 기억은 사유의 공간이며, 작품으로 제작된 사유의 공간은 감상자 모두의 공간으로 전환됩니다. 간혹 잊은 물건을 발견한 후 물건과 관련된 기억의 단편을 새롭게 인식하듯 작품을 통해 자신의 모습을 찾기도 합니다.

김미경, 잘 아는……자신을 발견하다

자신 안에 자리 잡은 자신과 스스로를 바라보는 자신과의 분리를 꿈꿉니다. 내 자신인 것을 알면서도 타인처럼 느껴지는 자신을 발견합니다. 어릴 적 기억들이 애드벌룬처럼 부풀어오릅니다. 풍선 안에서 공기가 부딪히듯이 어렴풋한 사건들이 뒤엉켜 있습니다. 들판에서 발견된 풀잎의 색이 캔버스 전체를 장악합니다. 작품에는 아무것도 없지만 모든 것을 포함하고 있습니다. 김미경 자신의 본성을 따릅니다. 그것은 자연인으로서 자연의 본래 모습을 찾아가는 일입니다.

그녀의 작품에 나타나는 이야기는 세 가지 유형으로 구분됩니다. 첫번째는 트라우마입니다. 과거는 지금의 자신입니다. 즐겁거나 슬프거나의 문제가 아니라 과거의 기억 자체에 대한 탐구가 트라우마(trauma)입니다. 두 번째는 세상살이에 대한 탐구입니다. 그것은 누구나 지니고 있는 가면이며, 진짜 자신의 모습을 찾아가는 자아에 대한 접근입니다. 페르소나(persona)를 위한 표현입니다. 표현하고 싶은 것을 버리기 시작합니다. 버리다 보면 모든 것에 자유로울 수 있음을 알기 때문입니다. 그래서 그녀의 작품에는 무형이지만 가면의 흔적이 있습니다. 마지막은 치유(healing)의 공간입니다. 작품에 대해 굳이 설명하지 않아도 무엇인가 있을 법한 상태를 이해하면 충분한 감상이 됩니다. 만지고 해석하고, 셈이 정확해야 만족하는 현대인에 대한 일종의 반감일는지도 모릅니다. 이성이 요구하는 다양한 것을 버리기 시작하면서 감정이 살아나고, 감정에 대한 적절한 대응이 가능해졌습니다.

트라우마(trauma), 모든 것이 존재한다는 사실을 알고 있으나 그 모든 것을 인지하지 않습니다. 칠흑 같은 어둠은 낮에 보았던 모든 사물을 삼킵니다. 어디에 무엇이 있는지, 그것이 어디에 쓰일 것인지도 잘 압니다. 방안 가득 깊은 숨이 내려앉습니다. 공기를 압축하면서 서서히 가슴을 조여옵니다. 낮잠을 자고 난 아이의 두려움과 흡사합니다. 엄마 품에서 잠들었던 아이는 휑한 방을 돌아봅니다. 낯설기만 합니다. 옷장도 그대로고 엄마의 외투도 그대로입니다. 적막합니다. 아이는 최선을 다해 울음을 웁니다. 어디선가 듣고 달려올 엄마의 품을 가질 때까지 멈추질 않습니다. 눈물과 콧물이 달린 채로 문을 박찹니다. 맑은 하늘과 따뜻한 햇살이 마루 끝자리에 걸려 있습니다. 텃밭에서 풀을 뽑는 엄마 등이 보입니다. 더 화가 납니다. 울어도 돌아보지 않은 엄마에 대한 분풀이라도 되는 듯 더 큰 소리로 울다가, 돌아보는 엄마의 얼굴에 울음을 멈춥니다.

김미경의 작품이 여기에 있습니다. 돌아보는 엄마의 포근함에 울음을 멈춘 아이의 표정과 닮아 있습니다. 자신이 살고 있는 사회에 대한 분풀이나 요구가 아닙니다. 단순해 보이지만 거기에는 많은 붓질과 기억의 잔상이 담겨 있습니다. 언제나 조화를 꿈꿉니다. 서로가 서로의 입장을 주장하지만 상생과 조화의 가능성을 유지합니다. 언제나 일정한 거리를 두고 있을 뿐입니다.

어린 시절의 기억들은 세상을 평면으로 바라보라고 강요합니다. 무엇인가에 순응할 여유조차 갖지 못했던 기억들입니다. 어디엔가 안착할 포근한 품이 필요합니다. 자신을 찾는 매개로서 색은 자신의 감성을 담고 시간을 투영하면서 기억에 대한 이미지를 오롯이 유지합니다. 자신을 바라보는 방식은 자신의 가치와 과거의 기억을 하나로 만들어냅니다. 또 다른 자신을 만듭니다.

페르소나(persona), 사람은 누구나 가면을 쓰고 삽니다. 세상과 타협하는 가면이 아니라 살아가면서 만들어진, 거부할 수 없는 기본 요소입니다. 가족을 대할 때와 사회활동을 할 때의 모습은 다릅니다. 작품을 그리기 위한 자신의 감정과 생활에서의 감정은 판이합니다. 그래서 그녀는 색을 칠합니다. 색은 볼 때마다 새로운 가면으로 다가옵니다. 그녀의 색과 캔버스에 남겨진 미세한 흔적들은 자신의 경험을 따르는 잔상입니다. 무엇을 그린다기보다는 기억과 마음에 남아 있는 정신과 감정을 따라갑니다. 정신과 관련된 철학적 접근이 아니라 감정의 의지를 통제하고 절제하는 자아(ego,自我)에 대한 객관적 접근입니다.

김미경, **깊은 풍경**, 2013, 캔버스에 아크릴, 180x360cm

김미경,
짧지만 강렬한 순간이 있다.
2013,
캔버스에 혼합재료,
73x59cm

김미경, **선의 사유**, 2013, 캔버스에 유화, 72.5x91cm

김미경

개인전 7회(정수화랑, 삼현 갤러리, 정글북 갤러리, 아람누리 누리 갤러리, 갤러리 쿤스트 독, 인사 갤러리, 유나이티드 갤러리), 아트페어(상하이, 광저우, 홍콩, 고양, 경주, 통영, 청주 등). 아흥 다흥 드리 전(국회의원 회관 2층), 경기 경찰청 개관 기념 전(경기 경찰청), knock, knock, knock 전(고양 아람 누리 내 누리 갤러리), 사금파리·한지 문화 일기 전(국회의원 회관 1층 로비) 외 100여 회. 현재 한국미술협회, 고양미술협회, 경기북부작가회, 일산 미술인회 등에서 활동중.

명료한 감정은 있으나 명료한 설명이 어렵습니다. 사용하는 물건이나 자연환경을 전달매체로 사용하고자 하나 거기에는 관념이 스며 있습니다. 사회와의 소통보다는 자신과 타인과의 관계가 우선입니다. 비록 현재의 모습은 과거와 환경에 의해 만들어지고 형성된 가면이라 할지라도 그것은 이미 자신의 모습입니다. 아니라고 우겨도 이미 그렇게 되어 있음을 인정할 수밖에 없습니다.

색은 많은 이야기를 지니고 있습니다. 오늘 즐겁던 붉은 색은 내일이 되면 슬픔과 분노의 색으로 변하기도 합니다. 색과 색 사이를 자유롭게 퍼지기도 하고, 흐르기도 하는 또 다른 색은 세상에 왔다가 흔적 없이 사라지는 사람들의 인생이 됩니다. 특별한 색을 칠하기보다는 색이면 족합니다. 작업실에서 차분하고 조신했던 녹색은 전시장에서 활달과 분주함으로 바뀌기도 합니다. 특별히 그것을 통제할 필요를 느끼지는 않습니다. 그것은 마음의 가면입니다. 가면은 외모에만 있는 것이 아니라 마음에도 있습니다. 그리움을 담거나 빛에 취하기도 합니다.

힐링(healing), 조화롭게 따르는 삶을 살면서 마음의 상처(안 좋은 것만을 의미하지는 않는)를 치유하는 것입니다. 원색을 사용한 것 같지만 원색이 아닙니다. 붉은 색과 황색, 녹색을 칠하지만 색을 칠하기보다는 마음이 요구하는 색을 바르는 것입니다. 색은 아픈 배를 쓰다듬던 거친 엄마의 손 같고 가려운 등을 긁어주시던 까슬까슬한 할머니의 손바닥 같습니다. 누군가 다녀갔을 흔적만 아련합니다. 솜털까지 곤두세워 흔적을 좇습니다. 갑자기 유년시절의 기억이 무감각해집니다. 낯선 이방인입니다. 그러면서 현재의 모습에 중첩됩니다. 이 또한 트라우마와 연결되어 있습니다. 자신의 내면에 있는 과거의 기억을 치유하면서 현재의 자신을 다독입니다. 작품의 행위가 치유의 과정이며, 표현된 작품에는 우리를 치유하는 감정이 담깁니다. 거칠거나 곱게 지나가는 붓의 흔적에는 삶을 위한 에너지가 있습니다. 그녀의 작품은 어떤 모습을 만들기 위한 행위에서 벗어나 있습니다. 아직 마르지 않은 물감 위에 또 다른 물감을 덧댑니다. 색이 섞이며 나타나는 흔적에 조용한 명상을 보탭니다. 일종의 구도입니다. 천천히, 때로는 강한 붓질로 자신과 자신의 작품을 바라봅니다.

　남들보다 늦게 시작했지만 남들의 길을 가지는 않습니다. 늦게 시작한 것은 나이와 시간일 뿐입니다. 작품에 대한 몰입에는 자신의 감정에 있는 욕망과 존재의 공허함을 채워주는 열정이 녹아 있습니다. 그림을 내려놓으면서 새로운 세상과 만납니다. 그림은 세상과 만나는 또 다른 감정이며 세상입니다. 거기에 더 이상 그녀는 없습니다. 그녀가 표현하는 세계와 그림과 만나고, 그림과 세상이 만나고 있습니다.

40. 무제라니, 이름을 붙여다오!

어려움이 많습니다. 도대체가 말이 되질 않습니다. 그림을 그려놓고 '무제'라니요. 제목도 없는 그림을 그립니까? 물건을 만들어놓고 '아무 의미 없는'이라니요?

생각해보면 그럴 수 있겠다는 생각도 들지만 여전히 잘 모르겠습니다. 솔직히 말씀드리면 그림 그리는, 혹은 그림 글을 쓰시는 분들도 모르는 경우 많습니다. 진짜입니다. 누군가 횡설수설하면서 약간 맛이 간 상태의 말을 한다면 못 알아듣게 됩니다. 외국말을 못한다고 소통 안 되는 것은 아니거든요. 언어가 다른 사람들과 이야기 가능합니다.

하지만 예술가는 말이 안 되는 것을 표현할 줄 알아야 합니다. 이미 알고 있는 것, 이미 소통되고 있는 것을 표현해봐야 재현에 지나지 않거든요. 그렇다고 재현이 예술이 아니라는 의미는 아닙니다. 재현은 새로운 해석의 경지로 이해되기도 합니다.

모든 것을 그리기 위해 아무것도 그리지 않는다는 말이 있습니다. 화가는 보통사람들과 다른 눈을 지니고 있어야 합니다. 세상을 지식과 경험의 눈으로 보기보다는 아무것도 없는 마음으로 보기도 합니다. 어떤 이들은 사람으로 살면서도 사람이 아닌 또 다른 존재이고자 노력합니다. 우리는 그것을 보고 '미쳤다'고 합니다.

예술작품으로 표현되는 사물은 구체적인 무엇을 그렸다 할지라도 그것만을 의미하는 것이 아닙니다. 산은 산이 아니어도 좋고, 허공에

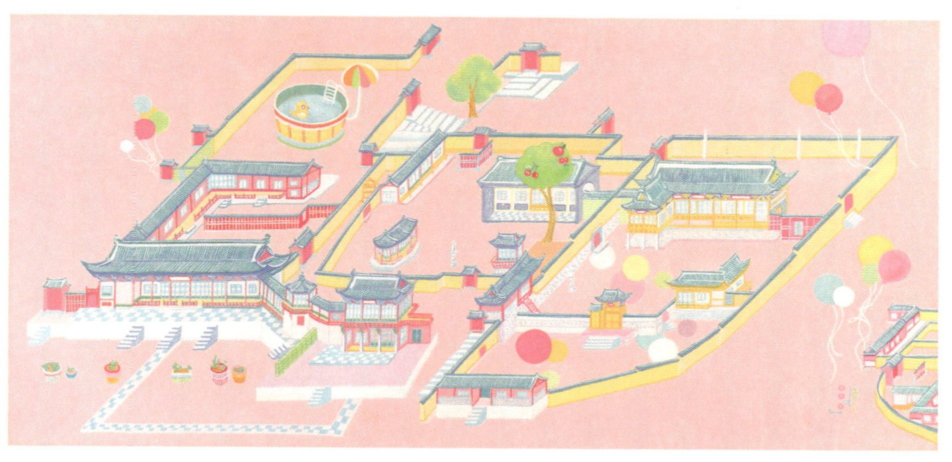

이미연, **미미의 집에 오신 걸 환영합니다**, 2012, 장지에 채색, 35.0×73.0cm

떠다니는 집은 집이 아니어도 상관없습니다. 보는 사람에 따라 새로운 생명을 지녀야 합니다. 화가가 간직한 마음속의 집이 바람결에 날아다닙니다.

이미연의 작품 「미미의 집에 오신 걸 환영합니다」가 그러합니다. 마음속에 생겨난 풍경을 그려냅니다. 작가는 우리 사회에서 꿈을 잃어버린 현대인을 이야기합니다. 잃어버린 공주는 살 곳이 없습니다. 화려하고 거대한 궁궐에는 매일 반복되는 일상만 있습니다. 그래서 '미미'는 우리시대의 현대인입니다. 여성이기도 하고, 꿈을 잃어버린 40대의 생활인이기도 합니다.

작가는 조선시대 마지막 황녀였던 덕혜옹주의 다큐멘터리를 보고 아이디어를 얻었다고 합니다. 조선의 마지막 공주로서 창덕궁의 어린 시절과 일본으로 끌려간 이후의 갖은 설움에서 생의 이미지가 각인되었다고 합니다.

'미미'는 우리의 미래이면서 현재입니다. 그녀가 사는 집은 우리

289

시대의 풍경입니다. 화려한 치장이지만 거기에는 사람이 살지 않습니다. 이제는 우리 스스로가 그곳에 사람이 살도록 배려해야 합니다. 꿈을 잃어버린 현대인의 마음에 희망을 불어넣어야 합니다. 그래서 그녀의 풍경은 깔끔하고 정갈합니다. 집 나갔던 아이가 돌아와서도 전혀 낯설지 않은 풍경으로 만들어냅니다. 거기에는 꿈이 있습니다. 작품을 감상하는 우리가 어느새 '미미'가 되고 맙니다. 꿈을 찾아야 하는 '미미'입니다. 이미연의 풍경은 마음에서 시작된 풍경입니다. 따라서 이와 같은 풍경은 사실은 풍경이 아닙니다. 동양회화에서는 이를 두고 의경(意境)이라 하였습니다.

풍경화뿐만 아니라 미술품을 감상할 때 제목을 유심히 고민해볼 필요가 있습니다. 풍경이면서 풍경이 아닐 수 있는 작품을 보면서 감상하는 자신의 기분과 미래를 읽어볼 필요가 있습니다. 알면 아는 대로 모르면 모르는 대로 쳐다보는 감상이 필요합니다.

제목이 없는 미술작품이 너무 많습니다. '무제'랍니다. 미술품과 뒤섞여 사는 관계자들도 현대미술은 어렵다고 말합니다. 아무리 생각해도 현대미술은 어려운 것 맞습니다. 물건을 보고 그리는 것도 아니고, 자기 혼자서 그 무엇인가를 그렸다고 하는데 무엇을 그렸는지 접근조차 어렵습니다. 외국에서 무척 유명한 데미안 허스트라는 예술가가 있습니다. 그는 거대한 수족관을 포르말린으로 꽉 채운 다음 그 속에 상어를 담가둡니다. 상어를 보호하자는 것인지 아니면 돈 많은 것 자랑하는지 알 길 없습니다. 해골 바가지에 수백 억 하는 다이아몬드를 덕지덕지 붙입니다. 900억이 넘는 가격에 팔렸습니다. 그러면서 좋은 예술이라 이야기합니다. 어디쯤에서 어떤 수준에서 미술품을 감상해야 하는지 도저히 알 수 없습니다. 돈 많은 사람 수준인지 그림을 감상하는 인텔리 계층인지 이도저도 아니면 그냥 우리 누님의 입장을 대변해야 하는지 말입니다. 말로는 잘합니다.

"현대미술은 개념이 앞서기 때문에 창작에 대한 이론보다는 사회구조에 대한 접근이 용인되어야 한다." 이거~~!!! 무슨 말입니까? 해놓고도 어렵습니다. 개념은 무엇이며, 사회구조에 대한 용인은 또 무엇인가요? 조금 더 어려운 말을 해볼까요?

"창작의 주체와 원리를 탐구하는 것에서 예술작품 자체에 숨겨져 있는 철학적 정신사적 논지로의 변화이다. 작품의 감상 주체가 인간에서 사회로의 전이로 보인다. 예술 담론과 관련된 이야기 전개 방식의 명확성이나 절대적 선을 추구하는 방식에는 많은 문제점이 지적되고 있다. 사유의 한 방식이거나 조형어법에 있어서의 긍정 혹은 부정의 문제로 귀결된다 할지라도 다양한 형태의 것들로 드러나는 것이 현대미술이기 때문에 스스로의 한계 지점을 목격하고 있는 것일지도 모른다." 이해가 되시나요?

예술작품에 숨겨진 정신성을 찾으라는 것과, 예술작품은 사람이 판단하는 것이 아니라 사회가 판단한다는 것, 무엇인지는 모르지만 사회발전에 대한 비판이나 수용이 있다는 것 정도로 이해는 되는데 이 또한 어렵습니다. 하여간 현대미술에 대한 이론이나 미술표현 방식이 한계에 다다른 것만은 분명한 것 같습니다.

강호성의 작품 「격고(擊鼓)」는 사회와의 소통과 해독에 대한 이야기를 하는 것 같습니다. 탈을 벗고 북을 칩니다. 우리시대의 신문고를 두들기는 현대인과 흡사합니다. 삶의 가치를 확대하기 위한 울림으로 들립니다.

어느 방송국 가수 오디션 프로그램에 심사위원으로 나온 박진영 씨의 말에 수긍이 가더군요. "없던 것을 만들거나 있던 것에 대한 색다른 접근이 중요하다"라고 했습니다. 정확히 기억은 하지 못하지만 비숫한 말이었습니다. 어렵기만 한 현대미술의 종말을 고합니다. 혼자서 말입니다. 여기서 어려움이란 작품에 대한 '해독'을 말합니다. 제목이라도 있었으면 좋겠습니다.

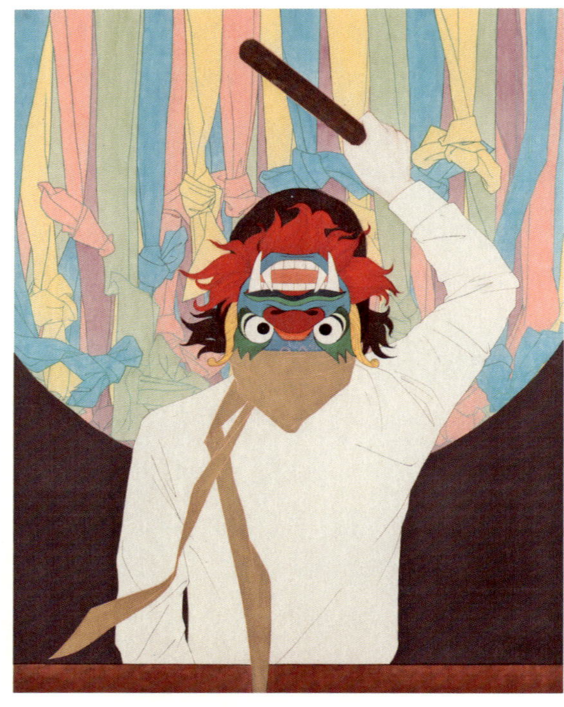

강호성,
격고(擊鼓),
2013,
비단에 채색,
110x85cm,
(갤러리 엘르 소장작품)

41. 미술작품, 볼 것인가 읽을 것인가?

중국 전국(戰國)시대 말기에 살았던 한비자(韓非子)의 "외설저편(外說儲篇)"에는 "그림을 그림에 있어 누구든 보아왔고 알고 있는 개나 말을 그리는 것은 무척 어렵다. 하지만 귀신이나 도깨비는 그 형체를 아는 사람이 없기 때문에 그리기가 가장 쉽다"라는 말이 나옵니다. 형체가 뚜렷하지 않은 것은 작자의 의도에 따라 자유롭게 표현하여도 상관없지만 형체가 분명한 것은 많은 사람들이 알고 있기 때문에 그들의 입장을 좇아야 한다는 것을 말합니다. 우리는 흔히 보이지 않는 것을 그린 그림을 추상화라고 합니다. 그러나 용 그림이나 전설과 신화를 그림으로 옮겨낸 것을 보고 추상화라고 하지 않듯이 보이지 않는 무엇을 그린다고 해서 무조건 추상화가 되는 것은 아닙니다. 많은 사람들이 믿고 있는 어떤 전설 속의 동물은 존재하지 않으면서도 존재하는 특별한 대상입니다.

역사적으로 거의 대다수 예술품은 시대의 이념과 사상, 혹은 통치에 도움이 되는 것들을 화려한 장식을 통해 주목받도록 표현하는 방법을 찾아왔습니다. 당시의 통치 이념과 타협하기도 했습니다. 여기에 반대되는 개념의 예술이 자리합니다. 지배는 피지배가 반드시 필요합니다. 지배이념을 위한 예술이 있다면 피지배에서 벗어나고자 하는 사상과 이념이 있습니다. 결국 지키기 위한 것과 투쟁을 위한 것이 공존한다는 의미입니다.

예나 지금이나 예술작품의 가치가 정신성을 강조하는 척하면서 기득권의 이익 축적을 위한 기호로 넘어갔음을 부인할 수만은 없을 것 같습니다. 때로는 지배층의 입장을 위하여 '이해할 필요 없는' 쾌락과 즐김만의 코드로 연결되기도 합니다.

의미하는 바가 무엇인지 마땅히 궁금해하고 이해를 구해야 하지만 슈퍼영웅의 힘이 너무나 강력해서 이해 이전에 무작정 즐기기를 강요당하고 있습니다. 슈퍼영웅과 슈퍼스타가 등장하는 미술품들이 난무합니다. 슈퍼맨, 베트맨, 엑스맨, 스파이더맨, 여기에 덧붙여져 슈퍼스타 마릴린 먼로와 슈퍼 혁명가 체 게바라, 슈퍼 인민우상 마오쩌둥에 이르기까지 대단히 힘센 이들이 등장하는 작품이 많습니다. 여기에 가끔씩 과거를 회상하는 이들을 위하여 블록버스터급 세계 유명 작품 (고흐, 밀레, 피카소, 볼테로 등)을 보여줍니다.

여기에 볼 것인가 읽을 것인가의 문제가 대두됩니다. 미술작품 감상을 위한 여러 가지 방법 중의 하나를 강요당합니다. 특정한 의미를 지니고 있는 작품에 표현된 색상이나 이미지가 뜻하는 바를 찾아갑니다. 사회 참여를 지향하는 민중미술이 있는가 하면, 고상하고 우아함만을 좇는 철학적 사유에 의한 미술품도 있습니다. 피카소는 전쟁의 참상을 그렸고, 고흐는 자신의 감정에 대한 고통을 표현했으며, 우리나라의 박수근은 서민의 삶을 진솔하게 재현했습니다. 무엇을 표현했는지 도대체 알 수 없는 추상미술이 있는가 하면, 어떤 사물과 거의 흡사하게 그려낸 정밀묘사의 작품도 있습니다.

사실은 보는 것이나 읽는 것이나 그것이 그것입니다. 현대미술을 바라보는 입장이 집단에서 개인으로 전환되었기 때문에 예술작품 감상에는 특정한 법칙도 없고 원칙도 없어 보입니다. 감상자의 입장에서 느낀 감정에 따라 좋고 싫음, 혹은 편함이나 불편함 등과 같은 판단만 유지되면 그만이라고 말합니다. 작품을 바라볼 때 반드시 사회적 입장이나 철학적 견지에서 감상할 필요는 없습니다. 필요한 부분이긴 하지만 그것은 그렇게 보는 사람들의 몫일 뿐입니다. 눈이 편하면 마음도 편합니다. 보거나 읽거나 감상의 시작입니다.

미술작품에는 형이 없는 것을 그리는 것과 형이 있음에도 그대로 그리지 않는 방법도 있습니다. 신종철의 「회전」이라는 작품이 형이 있음에도 그대로 자의적 해석으로 표현한 경향의 작품입니다. 추상화로 보이지만 자세히 보면 지극히 일반적인 조형언어들로 자신의 감정을 표현하고 있습니다. 작품의 우측에는 빈병이 그려져 있습니다. 술병으로 보이는 빈병 아래에는 작은 사람들이 앉거나 서 있고 그림의 우측 가장자리에는 작은 사람들이 그려져 있습니다. 사람들은 술에 취해 세

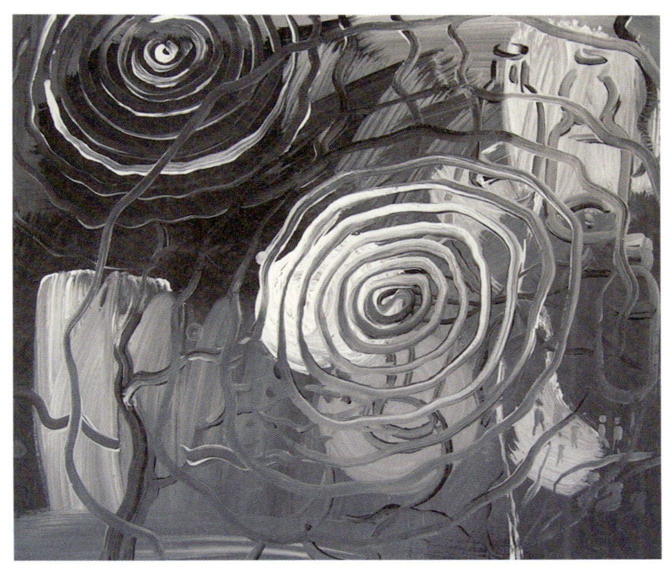

신종철, **회전**, 2009, 캔버스에 아크릴&혼합재료, 45.5x53.0cm

상이 도는 듯한 느낌을 전달합니다. 술을 마신 사람들이 돌고 돕니다. 술이 깨도 숙취에 또다시 회전합니다. "빙글빙글 도는 의자, 회전의자에…"라는 노래처럼 화가에게는 무엇이든 돌고 돌아갑니다. 검은색과 흰색 물감이 캔버스 위에서 섞여 회색을 만듭니다. 고달픈 삶에 대한 한탄과 한숨 소리가 들립니다.

좌측에서는 하늘이 돌고, 나무가 돌고 산이 돌아갑니다. 세상이 다 돌아갑니다. 화가는 회전하는 세상에 자신을 던져버립니다. 어지럼 증과 구토가 일어나도 여전히 돌고 있는 세상의 일부로서 살아가야 하는 자신의 항변을 쏟아내고 있습니다. 그렇다고 아무런 목적 없이 세 상살이에 대한 패배의식을 말하는 것은 아닙니다. 막막하지만 언젠가 찾아올 선구자나 삶의 해방구를 찾아 노력해나가는 우리 시대의 자화 상입니다.

시대의 자화상이란 지금의 현상을 이야기합니다. 어떤 사물에 의미를 담고 그것을 친구처럼 대하기도 합니다. "캐스트 어웨이(Cast Away)"라는 영화를 보면 톰 행크스가 친구처럼 대하는 배구공이 나옵 니다. 배구공에 '윌슨'이라는 이름을 붙여 4년을 동고동락합니다. 영화 의 대사를 위해 배구공에 생명을 준 것은 감독의 몫이겠지만 그것을 생명을 지닌 대상으로 대하는 것은 주인공 '척'이었습니다.

어떤 화가에게 4가지 색의 물감을 주며 그림을 그리게 하였습니 다. 각 색에는 배우자와, 두명의 아이와 자신의 이름을 부여합니다. 색 을 칠할 때마다 배우자가 칠해지고 아이가 칠해집니다. 결론은 아무것 도 그리지 못합니다. 형식에 의미가 부여되면 표현하고자 하는 속 의 미를 드러내지 못하는 경우가 많습니다. 그래서 미술작품은 보는 것이 아니라 읽어가는 것입니다.

세계 어디를 가나 별자리가 있습니다. 하늘의 별의 배열을 보고 그것에 이름을 붙입니다. 그러나 실제 하늘에는 별만 있고 별자리는 없습니다. 선으로 이어진 별과 별 사이에는 상상할 수 없을 정도의 거리가 있을 뿐입니다. 몇 개의 별을 모아 그것과 비슷한 형상을 부여합니다. 곰이 되고 사슴이 됩니다. 이 역시 사람들의 관념과 의식에 존재하는 읽을 거리의 대상입니다.

　미술이라는 범위에는 어떠한 이미지나 수용됩니다. 초등학교, 중학교 미술시간에 만들어본 데칼코마니에는 나비나 잠자리와 같은 좌우 대칭 곤충이 가장 많습니다. 사실 데칼코마니란 일정한 무늬를 종이에 찍은 후 다른 재질의 표면에 옮기는 장식 기법입니다. 우리말로는 전사(轉寫)라고 합니다. 데칼코마니에서 어떠한 상징성과 의미를 찾는다는 것은 매우 우연적인 일일 수밖에 없습니다. 한쪽 면에 다양한 물감을 짠 후 도화지를 반으로 접어 문질렀다 떼어냅니다. 묘한 형상이 만들어집니다. 여기에서 특정의 형이 발견되면 묘한 희열을 느끼는 것입니다. 보는 것이 아니라 읽혀지기 때문입니다.

　이렇듯 미술작품은 있는 그대로를 수용하기보다는 있을 수 있는 것을 표현하는 미래지향적 성격이 강합니다. 지금 무엇을 표현한다는 말은 지금의 정보를 종합하여 정리한다는 것과 같은 뜻입니다. 작은 것에 의미를 담는 것이 아니라 의미를 담기 위해 작은 것도 소홀히 하지 않아야 합니다. 예술은 감각이지만 예술작품은 연출이기 때문입니다.

42. 낙서가 예술이 된다

　　아이들은 틈만 나면 흙바닥을 공책 삼아 이름을 씁니다. 먼지를 뒤집어 쓴 채로 자신이 아는 모든 글자를 그립니다. '쓴다'라는 개념보다는 '그린다'는 접근이 더 온당해 보입니다. 아직 어떤 사물을 흉내내지는 못합니다. 사물에는 닮음이 있지만 글씨에는 닮음이 필요 없습니다. 개인의 성격과 상황이 달라도 맞춤법만 맞으면 의사소통이 가능합니다. 그래서 문자를 그림문자와 소리문자로 구분하기도 합니다. 우리나라의 한글은 소리문자입니다. 소리 모양을 익힌 후에 상호 소통을 이해하기 시작합니다. 모양은 더 많은 의미와 내용을 포함하고 있기 때문에 소통의 연결고리가 지나칠 정도로 큽니다. 반면 글씨는 전달의 의미가 보편적이고 일정하기 때문에 사회활동에 도움이 됩니다. 자의식이 형성되면서 광의적 이미지는 서서히 사라지고 특정한 의미를 지닌 문자가 들어옵니다. 어떤 의미를 지닌 문자가 어떤 모양과 교배를 시작할 때부터 그리기가 점차 무디어지고 스스로 멀어져갑니다. 그래서 "그림 그릴 줄 몰라"라는 말이 나옵니다.

　　아이가 그리는 그림이라는 것은 닮음이 아니라 소통입니다. 소통이 아니라 표현이라고 해야 옳습니다. 머리카락이나 손가락 표현은 그리기 연습이 한참 지난 후에야 가능합니다. 머리와 몸통에 팔다리가 한 획으로 붙어 있기도 합니다. 그러나 아이는 그 그림이 누구를 지칭하는지는 명확히 알고 있습니다. 드로잉의 시작이라 할 수 있습니다.

드로잉이란 소묘 또는 데생 등의 이름으로 불리지만 단순히 말하자면 종이나 어떤 재료 위에 선으로 표현하는 것을 말합니다. 드로잉이란 무엇을 정확하게 따라 그리는 것에 불과한 것이 아닙니다. 그렇기 때문에 스케치나 크로키, 에스키스와는 구분됩니다. 움직이는 동물이나 사람, 순간의 기분 등을 짧은 시간에 스케치하는 것을 크로키(croquis)라고 하며 스케치(sketch)는 어떠한 미술작품을 제작하기 위한 밑그림이나 대상의 요점을 간략하게 그리는 것을 의미합니다. 흔히 구도라고 하는 구성과 배치 등을 중점으로 그리는 작업입니다. 미술용어 중에 에스키스(esquisse)라는 것도 있는데 이는 작품 제작을 위한 밑그림의 의미로 작은 종이 위에 미리 그려보는 '단상 잡기'를 의미합니다.

드로잉은 모양의 간략화가 아니라 개념의 간략화 작업입니다. 스케치는 사물의 외양을 단순화하는 것이지만 드로잉은 사물을 통한 개념의 단순화를 의미합니다. 또한 드로잉은 색채에 의한 면보다는 선에 의한 접근을 사용하는 회화의 한 분야입니다. 시각예술이거나 건축예술이거나 상관없이 드로잉은 모든 형상의 기초 위치를 선점하고 있다는 사실을 이해하는 것이 좋습니다. 이러한 입장에서 보면 드로잉의 역사는 인류의 역사와 같다고 할 수 있습니다. 하지만 드로잉이 온전히 예술의 독립 장르로 인정되는 데에는 많은 시간이 필요했습니다.

신문이나 잡지 등을 보면 연재되는 소설이 있습니다. 연재소설에는 소설의 이해를 돕는 삽화가 들어가 있는데 이것 또한 드로잉의 개념으로 보아도 좋습니다. 그러나 글이 없는 순수 이미지로서 드로잉이란 일러스트와는 또 다른 개념입니다.

예술이라는 것은 자신의 이야기이면서 자기 나라에 대한 수호(守護) 기능도 있습니다. 예술작품이 그러하다면 드로잉에서 한국성을 찾아보는 방법도 좋다고 봅니다. 드로잉은 입체적일 수 없는 시각예술입

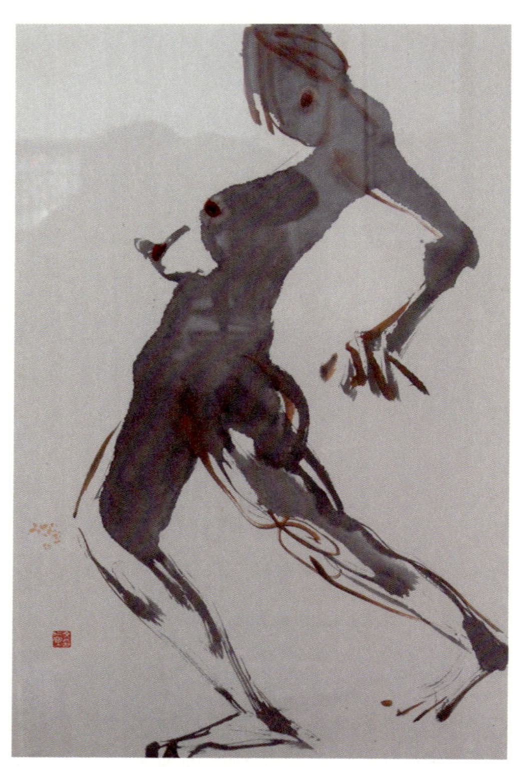

니다. 한마디로 평면이라는 것입니다. 그러나 동양회화의 시각에서 본다면 그것은 충분히 입체적이며 사상의 함의를 충분히 지니고 있습니다. 선을 주로 사용하지만 동양에서의 선은 라인이 아니라 스페이스로 이해되어야 하기 때문입니다. 구획을 정하고 사물간의 경계를 만드는 서양의 선(線)과 달리 동양의 선은 여백과 사유적 개념으로 사용되기 때문에 우린나라 미술인들이 더 즐기는 것일지도 모릅니다. 물론 시각 예술로서 드로잉은 종이나 캔버스 위에 연필이나 물감, 크레용, 목탄 등을 사용한 2차원적 매체를 활용합니다. 때로는 입체로 만들어진 면

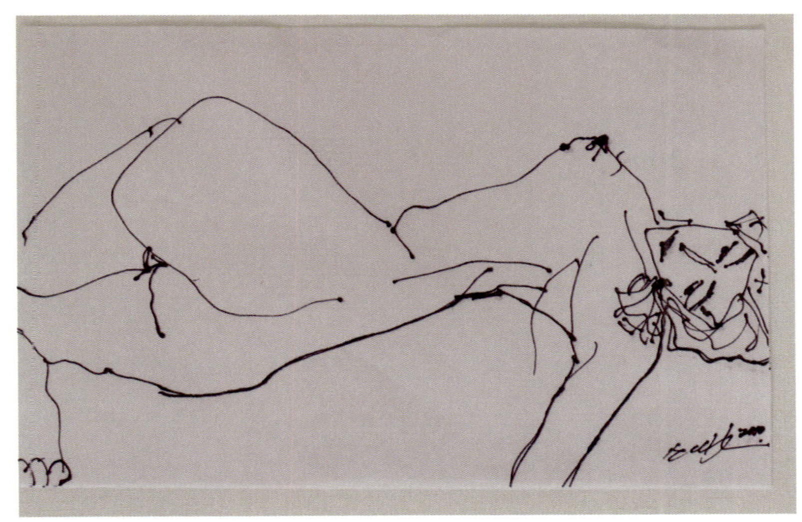

소영란. 드로잉

적에 그리기도 하지만 결국 평면이라는 질료를 벗어나지 않습니다. 가장 일반적으로 종이를 사용하지만 합판이나 가죽, 캔버스 등을 사용하기도 합니다. 간혹 유리나 금속 위에 긁거나 붙이는 방식을 사용하기도 하지만 어떤 방식을 선택하느냐는 시각적 아이디어에 대한 조건 선택일 뿐입니다.

드로잉은 시각예술의 한 부분으로 특별히 그리는 방법을 규정하지는 않습니다. 다만 선을 사용하면서 선과 선의 이어진 부분에 다른 용재로서 칠을 잘 하지 않을 뿐입니다. 많은 이들이 드로잉을 회화작품을 위한 기초 수단이거나 기술 습득을 위한 교육과정으로 오인하고 있습니다. 다양한 장르와 표현양식이 자리하는 현대미술에서 드로잉의 적합한 위치를 고양할 때입니다.

동양회화에서 나타나는 드로잉의 개념을 이해하자면 사물의 의미를 이해하는 범위에서 선을 사용하지만 앞서 말한 바와 같이 라인의 개념보다는 스페이스의 개념으로 파악해야 합니다. 사람이 그려진 그림을 인물화라 합니다. 인물화는 인물이 지닌 정신이나 전달하고자 하는 바에 따른 의미론적 접근과 인물의 외관이나 상황 또는 사건의 소재로서 사람이 등장한 것으로 나눌 수 있습니다. 사람이 그려진 그림을 보고 닮았다고 하는 것은 인물의 외양도 그러하지만 그리는 미술가의 입장에 따라 다른 접근이 필요합니다. 미술가 개인의 관점에서 사건이나 입장의 부분으로 접근할 것인가, 인물 자체의 정신적 개연성이나 인생관 혹은 가치관을 드러낼 것인가의 문제입니다. 그러나 인체 드로잉(특히, 누드 드로잉)은 인물화의 일종이지만 인물과 닮게 그리는 초상화나 풍경의 일부로 등장하는 회화 작품과는 다른 방식의 접근 방법을 찾아야 합니다.

드로잉은 사람이 그려진 인물화이면서 인물화가 아닙니다. 자연의 일부로 자리하는 인간에 대한 개념적 접근이기 때문입니다. 기쁘거나 슬픈, 혹은 어떠한 감정의 요소를 드러내기보다는 개체의 정신적 접근을 더 중요시합니다. 자연의 일부로서, 자연에 속한 인간 그대로를 표현하기 위한 방법으로서 선택된 것이 누드 드로잉입니다.

43. 여자와 남자, 영원한 숙제

구스타프 클림트의 「키스」라는 작품은 세계적으로 대단히 유명합니다. 그래서 우리나라의 카페 곳곳에 벽화나 액자로 장식되어 있기도 하죠. 그림을 보면 꽃밭에서 여성이 지긋하게 눈을 감고 있습니다. 여성의 팔에 목이 감긴 남성의 표정은 보이지 않지만 키스에 최선을 다하는 듯합니다. 너무나 끈적합니다. 조금 더 접근하면 부모님들이 잠시 집을 비운 틈을 타 친구 두서넛이서 함께 보는 야동입니다.

클림트는 연애를 세계에서 가장 잘 그린 화가인 것 같습니다. 「절규」로 유명한 뭉크는 공포를 잘 표현하였고, 달리는 숨겨진 감정과 자신에게서 발생하는 결벽증이나 자학증세를 잘 그렸습니다. 클림트의 제자인 에곤 실레는 스승의 은유적 표현에서 벗어나 노골적인 성애묘사로 이름을 얻게 됩니다.

클림트의 작품에 등장하는 유디트 (Judith)는 구약성경 외경에 나오는 이스라엘의 부유한 과부입니다. 팜므파탈 (femme fatale), 죽음에 이르는 치명적인

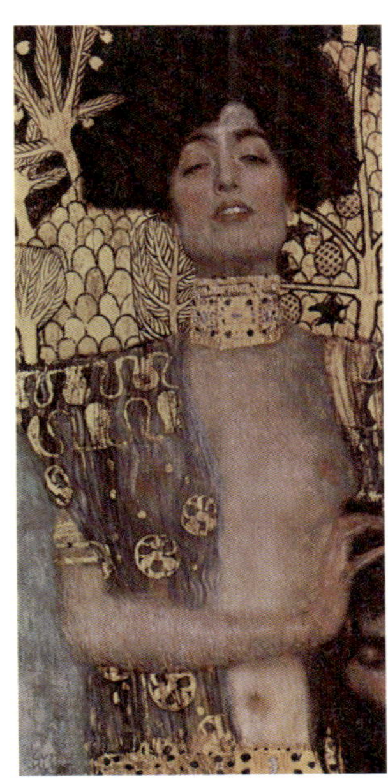

구스타프 클림트, **유디트 1**, 1901, 캔버스에 유채, 84x42cm, 오스트리아 미술관

여인입니다. 클림트는 자신이 살고 있는 시대의 치명적 여인을 보고
유디트를 생각했을 것입니다.

아시리아 군대에 의해 이스라엘이 점령당했을 때 유디트는 매우
유혹적인 모습으로 아시리아의 장군을 찾아갑니다. 이후는 상상에 맡
깁니다. 새벽에 장군의 목은 사라지고 맙니다. 살로메도 있고요, 우리
나라에는 논개도 있습니다.

이런 것을 보면 결국 예술이란 없던 표현을 만들어내는 것이며,
이것이 곧 사회구조에 반영되는 어떤 것 같습니다. 고흐가 친구와 헤
어지면서 느낀 자신의 감정을 그림으로 나타낼 시기의 사회는 귀족들
의 몰락과 함께 개인의 자유가 싹트는 시기라 할 수 있습니다. 새로운
사회구조에 적응하지 못하는 이들이 생겨나고 갈등과 불안, 세기말적
현상이 사회 곳곳을 지배합니다. 뭉크의 「절규」라는 작품이 생겨날 수
밖에 없는 상황입니다.

전화기가 발명되어(1876) 거리감이 사라졌죠, 축음기(1877)가 세
상에 나와 인간의 존엄성과 근접성의 혼란이 야기되고, 에디슨의 백열
전구(1879)로 밤에도 일하는 노동착취가 시작되었고, 1914년에는 마침
내 1차 세계대전이 발발합니다.

엄청난 변화가 오는 시기입니다. 1차 세계대전에서 무수한 남성
들의 생명이 사라집니다. 과거 십자군 전쟁의 끝에 나타나는 여성의
힘이 또다시 나타납니다. 기사가 전쟁에 나가 획득한 노획물은 기사의
생명이 끝남과 동시에 아내의 것으로 귀속됩니다. 그때와는 양상이 다
르지만 여성의 힘이 강화되고 자유로운 연애가 보장됩니다. 이러한 때
에 클림트와 에곤 실레가 힘을 발합니다. 프로이트와 헤겔, 쇼펜하우
어와 같은 철학자들이 정신의 해방을 갈구합니다.

여자 남자 문제도 그런 것 같습니다. 여자와 남자 문제는 앞으로

천년이 지나도 마찬가지일 것입니다. 예술은 이렇게 벗어날 수 없는 사회구조에 대해 언제나 대꾸하거나 삿대질을 합니다. 클림트도 그러했지만 우리나라에서도 남녀간의 성애에 대한 묘사나 사랑이나 연애와 관련된 의미를 다양하게 표현하여왔습니다.

동양의 경우에는 남녀상열지사(男女相悅之詞)와 같은 그림도 많이 제작되지만 세상의 운행과 변화의 원리와 관련된 음양(陰陽)의 이치를 표현하는 철학적 접근의 경우가 더 많습니다. 남성과 여성의 관계를 만물의 이치에 대한 음양오행(陰陽五行)으로 풀어내는 것입니다.『주역』에서는 자연만물이 생겨나고 변하는 것은 음양의 작용에 의한 것으로서, 음과 양은 서로 자유로운 활동을 하지만 숨겨진 규율에 의해 존재한다고 하였습니다. 또한 음과 양은 서로 다른 성질로서 음은 여자와, 양은 남자와 연계시켜 양은 강, 음은 유의 성질을 지니며, 양은 동적이고 음은 정적이라 말하고 있습니다.

'음과 양'이 혼자서 존재하는 법은 없습니다. 막연히 여성은 음이라는 사실은 잘 알고 있습니다. 여성이 있으면 양으로 존재하는 남성이 어디엔가 있을 것입니다. 2000년대로 접어들면서 문화현상은 사람의 가치를 중요시하기 시작합니다. 과거의 예술을 위한 예술, 그림을 위한 그림에서 벗어나 사람다움에 접근합니다. 그림에 등장하는 과거의 여성은 언제나 고고하며 우아하였습니다. 바이올린을 들고 있거나 한가로이 책을 읽는 모습이 그려졌습니다. 예술작품 역시 엿보기나 가벼운 성적 농담과도 같은 희화적 접근보다 스스로 깨어 있는 자신을 돌아보는 여성이 등장합니다.

강유림, 타인의 시선

강유림의 작품에 등장하는 여성은 혼자의 시간을 즐깁니다. 쇼핑도 혼자 하고 혼자서 지나는 사람들과 데이트를 즐깁니다.

남들의 시선은 이미 익숙해진 후라 별 의미가 없습니다. 혼자는 무엇이든 가능한 독립의 공간을 지닙니다. 은밀한 상상을 해도 상관없습니다. 여기에 현대성에 대한 담론이 존재합니다. 돌아선 모습이라 할지라도 현실을 외면하는 타자이고 싶지는 않습니다. 그렇다고 혼자만 살아가는 존재로 취급받고 싶지도 않습니다. 골드미스라는 말이 절로 생각납니다. 현대미인은 자신만의 공간과 타인과의 공동공간을 각기 독립적으로 운용하고 있습니다. 그림에 나타난 미인은 현대인이며 우리 자신입니다. 인간의 가치임과 동시에 삶을 지탱해주는 정신의 축으로서의 여성입니다.

작품에 등장하는 여성은 언제나 자유를 꿈꾸는 '차도녀'입니다. 차가운 도시의 여성입니다. 여인은 여인이 아니라 현대 도시를 살아가는 여성의 대변인이 됩니다. 비굴하지 않은 수줍음과 내숭이 아닌 겸손, 누군가에 의지하지 않는 당당함이 있습니다. 그러는 한편으로는 세상과 적당한 간극을 유지합니다. 작품의 주인공은 언제나 도회적입니다. 차갑고 냉철해 보입니다. 외로움이 묻어납니다. "커피 한 잔……"이라는 말이라도 건네고 싶은데 차갑게 거절당하는 기분이 싫어 말을 못 붙입니다.

무엇인가에 대한 집착으로 최선을 다하는 이의 모습입니다. 사람에 대한 사랑과 집요성이 손동작과 자그마한 기물에 표현됩니다. 예술작품이 연출이듯이 작품의 여성은 사랑의 결실을 위한 연출을 시작합니다. 우리 사회가 요구하는 여성성에 대한 반발이 아니라 묵묵한 바라봄입니다. 맹목적 사랑을 하는 사람이 있듯이, 맹목적으로 바라보는 현대 여성의 마음을 그려냅니다.

현실에 대한 철저한 고증과 연출, 우연을 가장한 인연, 상대가 싫어하지 않는 범위에서의 지속적 집착, 상대가 오해하지 않을 정도의 신체적 접촉과 말로서의 고백이 연결되어 있습니다. 드라마나 영화에 나오는 사랑의 기술은 연출자가 만들어내듯 강유림은 현대 여성의 현재를 대변하는 주인공을 탄생시킵니다.

새가 그려진 옷을 입고 쪼그려 앉은 그녀는 편안한 표정의 가면을 쓰고 있습니다. 자신과 자신을 에워싼 세상을 관망합니다. 속을 알 수 없는 표정으로 무심한 듯 세상을 바라봅니다.

여기에 강유림의 첫 번째 속내가 있습니다. 머릿결에는 컴퓨터 모니터나 아날로그 텔레비전에서 봄직한 줄눈이 그어져 있습니다. 느린 속도의 인터넷에서 마우스 볼을 돌리면 나타나는 세로 줄 눈입니다. 도시변화에 민감한 척하면서도 아날로그적 상상에 그쳐 있는 도시여성의 대표선수입니다.

두 번째 속내는 오른손에 잡은 듯한 새 문양입니다. 참새로 보이는 듯한 새는 날 수 없는 무늬새입니다. 진짜 새를 그린 것이 아니라 자신을 대변하는 타인의 시선으로서의 자신입니다. 타인이 자신을 바라보는 것에 대한 눈속임입니다. 자신은 스스로 해방을 꿈꿉니다. 해방은 타인으로부터의 자유로움입니다. 남들이 바라보는 시선과 자신이 바라보는 시선의 일치는 불가능해 보입니다. 그래서 그녀의 작품은 지금을 이야기합니다. 지금을 살아가는 여성의 가치를 만들어내고 있습니다.

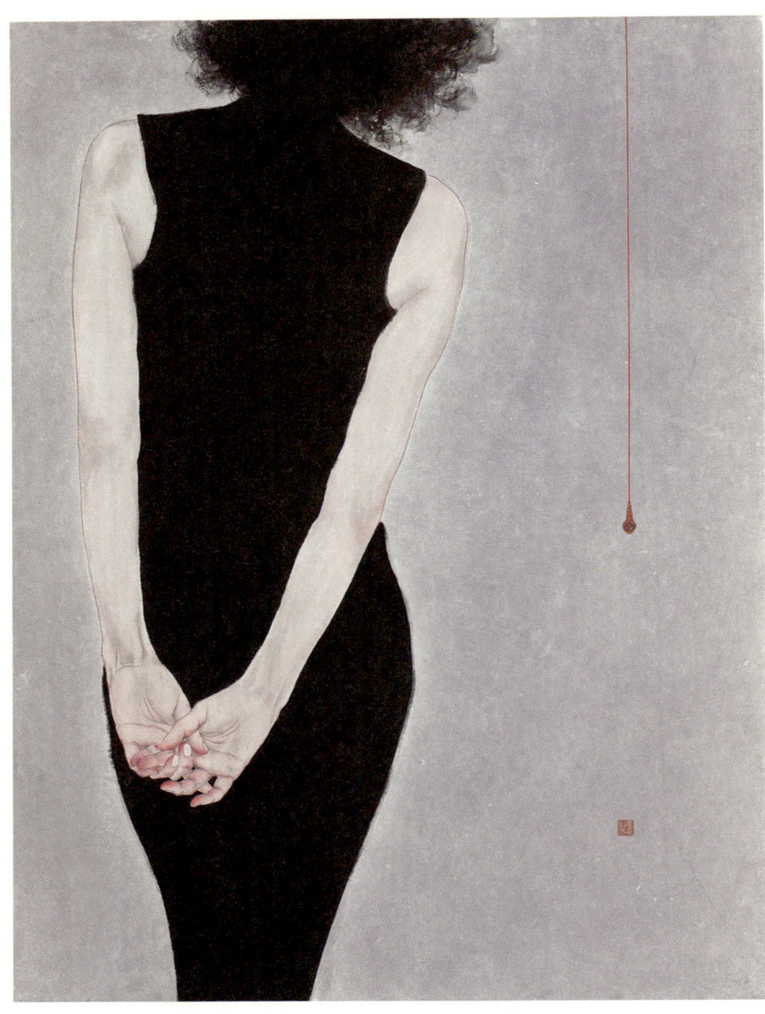

강유림

강릉원주대학교 예술체육대학 미술학과, 세종대학교 대학원, 단국대학교 미술학 박사. 개인전 8회,
강원아트페어, ART VISION 21, 춘추아트페스티벌, 2009 Seoul Art Collection, 2009 Salon des Arts Seoul,
Asian Art Top Show—2009' Art Fair, 센트럴시티 아트로드 페스티벌, 춘추회 기획 등 그룹전 200여 회.
강원미술대전 운영위원 및 심사위원, 신사임당 미술대전 운영위원, 도솔미술대전 심사위원 등 역임.
현재 한국미술협회, 서울미술협회, 춘추회, 세원전, 화강회, 임란회, 한국화 여성작가회, 강릉여류작가회,
강원미술대전 초대작가, 강원현대한국화회 회원으로 활동중.

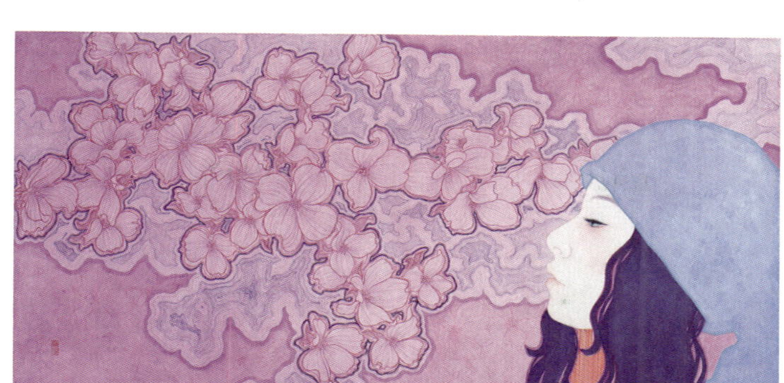

강유림,
타인-관조,
2013,
장지, 채색,
50x100cm

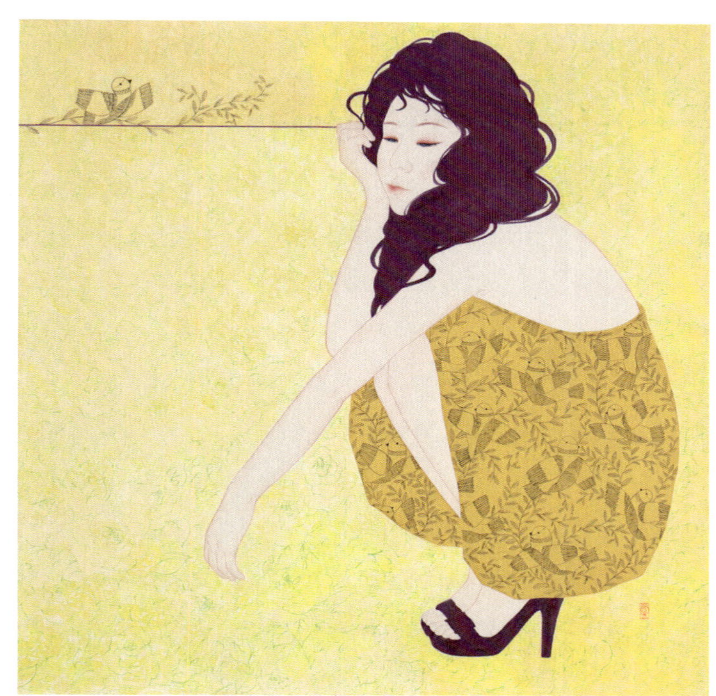

강유림,
타인-관조,
2013,
장지, 채색,
100x100cm

309

44. 특별함을 볼 수 있는 눈

　　화가들은 세상의 모든 물건은 작품의 소재라고 이해하면서 살아갑니다. 예전에 어떤 이는 정액으로 그림을 그리고 어떤 이는 인분을 말려서 그림의 도구로 삼았습니다. 이들은 어떤 이벤트로서, 혹은 대중의 관심을 끌기 위해 이러한 일을 한 것이 아닙니다. 이들은 인간의 본능으로 배설된 소변이나 정액이나 인분은 어떠한 인공성이 가미되지 않은 순수 인간본성의 기초라 믿었기 때문입니다.

　　마르셀 뒤샹이라는 화가는 남성들의 소변기를 전시회에 출품하면서 「샘(fountain)」이라는 제목을 붙였습니다. 그가 변기에 자신의 이름을 서명하고 전시장에 선보인 이후 현재에 와서는 그것이 위대한 예술품이라 칭송이 자자합니다. 화가가 아닌 보통사람이 이러한 행위를 했다면 웃음거리가 되었거나 아무런 관심도 두지 않았을 것입니다.

　　어느 남성이 광화문 광장에서 옷을 벗기 시작합니다. 세종대왕상이 있는 앞으로 뛰어갑니다. 거기서 노래를 부릅니다. 경찰이 뛰어옵니다. 그 남성은 경범죄 처벌을 받습니다. 그 남성이 이번에는 인사동에 나타났습니다. 인사동 네거리에서 옷을 벗고 노래를 부릅니다. 경찰이 달려옵니다. 몇 마디 이야기를 나누더니 그냥 갑니다. 행위예술이랍니다. 광화문 광장은 안 되고 인사동은 됩니다. 이것은 평범함과 비범함의 차이입니다. 평범과 비범은 보기 나름입니다. 다만 누가 보느냐에 따라 달라집니다. 인사동에는 초상화나 캐리커처를 그리는 이

들이 있습니다. 지나는 시민들은 신기해합니다. 그러나 이곳을 왕래하
는 예술인들의 눈에는 평범하게 보입니다.

화가는 특별한 능력과 재능을 지니고 있어야 합니다. 아무것도 없
는 곳에서 특별한 무엇인가를 만들어야 하는 사람들입니다. 예술가는
눈으로 세상을 바라보기보다는 생각으로 바라봅니다. 감성이 묻어 있
다 말하고, 새로운 창의성이 존재한다고 믿습니다. 자연의 풍경을 그
림으로 옮기거나, 생각을 표현하거나 특정한 물건을 통해 쉴 새 없이
자신과의 대화를 시도합니다.

대중이 원하고 대중의 삶이 평범하다는 말을 합니다. 평범함을 주
요 덕목으로 삼는 대중이라는 것은(사실은 집단도 아니지만) 사회적 지
의나 재산, 학벌, 계급을 벗어난 불특정 다수의 집합체입니다. 단순히
집합일 뿐이지 집단이나 조직도 아닙니다. 어떤 경우에는 특정한 누구
도 아닌데 여기에 예술이 존재한다고 말을 합니다. 평범한 예술이 있
다고 믿는 이들도 있습니다. 글쎄요. 평범한 대중예술이 어디 있는지
잘 모르겠습니다. 불특정 다수가 즐기는 예술이 과연 존재할 수 있을
까요? 말 그대로 대중이라는 꼬리표에 의해 예술이 농락당하고 있는
지도 모릅니다. 예술은 그 자체가 비범함을 평범으로 삼습니다. 비범
하지 않으면 예술이 될 수 없기 때문입니다. 흔히 알고 있는 '대중예
술', 다시 말하면 '팝아트'는 아주 많은 사람들이 잘 알고 있는 이미지
를 차용하거나 직접적으로 사용하는 예술 활동의 한 경향입니다. 불특
정 다수를 이해시키거나 그들의 입장을 의미하는 '대중문화'와는 별개
의 것입니다.

예술은 태생이 귀족적입니다. 귀족이 되고 싶으면 예술 하면 됩니
다. 그런데 귀족이 자본과 미디어에 의해 서민으로 농락당하고 있습니
다. 아무나 예술 할 수 있다고 주장합니다. 물론 아무나 할 수 있습니

다. 그러나 누구나 하는 품목은 아닙니다. 선택받은 사람들이 하는 일도 아닙니다. 최선을 다해 평범이 아니라는 사실을 보여주어야만 합니다. 정보 장사꾼들은 비범한 이들을 평범한 사람들에게 보이면서 '당신들도 비범해질 수 있다'는 사실을 유포합니다. 이 꾼들은 비범의 예술가를 조명하는 것이 아니라 보통의 인물에게서 특이한 사실을 찾아냅니다. 그것이 예술이라 우깁니다. 보통의 정보일지라도 특별한 정보로 변환시켜 불특정 다수에게 구매를 강요합니다. 예술은 절대 가볍지 않습니다. 가벼운 예술작품이 생산되어 가벼운 가격으로 대중 속에 침투된다면 예술에서 대중문화로의 전환이며 변화입니다.

미디어에 대한 항변이 필요합니다. 비범한 눈으로 말입니다. 한편으로 어떤 화가는 미디어에 의해 현혹당하는 허구성을 비범한 눈으로 바라봅니다. 과거에는 창호가 떨어지면 글씨가 쓰여진 한지를 바르기도 했습니다. 현대에 와서는 과거의 아련한 기억을 자극하기 위하여 한지에 글씨를 인쇄하여 판매합니다. 전통을 표방한 주점에 가면 훈민정음이 인쇄된 벽을 간혹 본 일 있을 것입니다.

완성된 작품은 감상자와의 소통을 목적으로 감상자를 작품에 끌어들입니다. 이러한 작품은 소통의 문제에까지 관여할 필요가 없습니다. 비범한 눈이 되고자 노력해볼 필요만 있습니다.

드라마나 가요가 히트하면 주인공은 스타의 반열에 오르지만, 미술품이 아무리 인기를 얻어도 화가 자체가 반열에 오르지는 않습니다. 대중 스타는 몸 자체가 하나의 작품이지만 예술가는 몸과 작품이 따로 분리되는 경우가 많습니다. 연극이나 무용 또한 배우의 연기도 중요하지만 이를 위한 대본이나 극본, 무보 또한 중요합니다. 예술품과 예술가는 같으면서 다른 행동양태를 지닙니다. 비록 예술품이 대중과 호흡이 맞는다 할지라도 예술가의 예술 활동은 개별의 특성이 유지되는 고도의 정신활동입니다. 대중스타가 생산하는 노래나 연기는 보편의 기준과 법칙을 따르지만 예술가에 의해 생산된 미술품이나 연기는 보편을 뛰어넘는 특수한 관계로 형성됩니다.

　대중예술은 어디에 있을까요? 대중예술이 있기는 합니까? 미디어에 의해 예술이 가벼워지고, 돈의 가치와 예술의 가치가 같다는 등식이 형성되어갑니다. 팝아티스트라 주장하는 어느 여성은 미디어를 적극 활용하면서 자신의 가치를 만들어갑니다. 그렇지만 미디어는 예술과 함께 놀지 못합니다. 예술의 언저리를 배회하다가 어느 순간 히트를 칩니다. 예술은 대중과 같이 놀지 않습니다. 다만 예술작품이 그들의 정서를 대변하거나 한 호흡을 유지할 수도 있을 뿐입니다.

　어느 전시장에서 젊은 예술인이 말합니다. "저희 어머님은 제가 어떤 물건과 똑같이 그린 그림을 보여드리면 감동하십니다. 하지만 저는 손으로 물건을 복사하는 기술자이고 싶지는 않습니다." 대중예술은 대중의 예술이 아니라 대중의 기호를 이해하는 정신입니다.

45. 그림 백화점, 아트페어

　　사실 보통사람이 미술전시를 본다는 것은 큰 맘 먹어야 가능한 일입니다. 인사동이라는 곳 한번 가려고 해도 분주하기 그지없습니다. 또 막상 인사동에 가보면 전시장이 많다고는 하지만 우리 같은 범인들이 쉽게 문 열고 들어가도 되는지 주눅이 듭니다.

　　하지만 이것저것 눈치 안 보고 입장권만 끊으면 수백 수천의 작품을 관람할 수 있는 곳이 있습니다. 바로 미술품 견본시장이라는 아트페어입니다. 우리나라는 땅이 좁아도 거의 매달 아트페어가 열립니다. 그냥 인터넷 검색해서 찾아가면 됩니다. 온갖 종류의 그림과 온갖 가격대의 작품을 맘껏 볼 수 있습니다. 눈치 볼 사람도 없습니다. 전시장에는 문도 없습니다.

　　'아트페어'는 정기적으로 열리는 대규모 미술시장입니다. 말하자면 정해진 날에 개설되는 미술의 장날 같은 것입니다. 일정한 날짜와 기간을 정해놓고 작가와 화랑 등의 참가자들이 그림 판매의 장을 엽니다. 미술 행사장에는 수많은 사람들이 다녀갑니다. 미술시장의 호황기라고 했던 2007년의 한국국제아트페어에서는 그림 매출만 170억이 넘었다고 합니다. 그것도 5일 만에 말이죠. 지금도 그렇기는 하지만 아트페어가 끝나고 나면 몇십 억, 몇백 점 판매되었다는 발표를 합니다. 다 믿을 수는 없지만 그래도 잘 되고 있다고 자랑하고 싶은가 봅니다. 지금부터 미술품 견본시장에 나들이나 가볼까요?

매년 2월이나 3월경이면 화랑미술제가 열립니다. 장소는 때마다 다릅니다. 예술의 전당이거나 코엑스이거나 부산이거나 그러합니다. 한국화랑협회 회원 화랑들이 중심이 되어 개최됩니다. 1979년에 시작되었으니 우리나라 아트페어의 시작이라고 볼 수 있습니다. 1986년에 미술견본시장으로서 본모습을 찾았습니다.

3, 4월에는 대규모 아트페어보다는 소소한 행사가 많습니다. 호텔에서 열리는 호텔 아트페어가 몇 개 있습니다. 호텔 아트페어는 말 그대로 호텔 객실을 전시장화하는 아트페어입니다. 호텔을 방문하는 이들과, 호텔 객실을 사업장으로 삼는 이들, 호텔의 주요 고객들, 시민들, 미술 애호인들을 비롯한 모든 사람이 고객이 됩니다. 호텔 아트페어는 처음 방문하기가 어색하지만 한번만 길을 뚫어 놓으면 나름 매력이 있습니다. 국내는 아니지만 '아트파리 아트페어(Art Paris, Art Fair)'가 프랑스의 그랑 팔레에서 열립니다. 우리나라 화랑들도 참여하는 아트페어입니다.

5월이면 서울 오픈 아트페어(Seoul Open Art Fair)가 강남 코엑스에서 열립니다. 보통 소아프(SOAF)라고 줄여서들 부릅니다. 화랑 사업자가 있으면 자유롭게 참여할 수 있습니다. 매년 80~100여 개의 화랑이 참여하는 행사입니다. 5월에는 또 아시아 미술시장의 중심으로 급부상하고 있는 홍콩에서 '아트 바젤 홍콩'이 열립니다. 세계 유명 화랑들의 참여로 대단한 열기를 띱니다. 들리는 얘기로는 수천억 원의 미술품이 거래된다고 합니다. 한국에서 진출한 뱅크아트페어도 같은 시기에 열립니다.

6월에는 예술의 전당에서 크고 작은 아트페어가 열립니다. 규모면에서는 그리 크지 않지만 알찬 작품들을 감상하기에는 충분합니다.

9월이면 예술의 전당에서 '마니프서울국제아트페어'가 개최됩니

월	아트페어	개최 국가	지역
1월	런던 아트페어	영국	런던
	서울 아트페스티벌	한국	서울
	로스엔젤레스 아트쇼	미국	LA
	싱가포르 아트페어	싱가포르	싱가로프
2월	인도 아트페어	인도	뉴델리
	아르코 아트페어	스페인	마드리드
	인터내셔널 파인아트 아트페어	미국	뉴욕
	화랑미술제	한국	서울
3월	스코프 뉴욕	미국	뉴욕
	아트쇼 뉴욕	미국	뉴욕
	아모리쇼	미국	뉴욕
	볼타 뉴욕	미국	뉴욕
	아트 두바이	아랍에미레이트	두바이
	파리 아트페어	프랑스	파리
4월	쾰른 아트페어	독일	쾰른
	중국 국제화랑박람회	중국	베이징
	시카고 아트페어	미국	시카고
5월	서울 오픈 아트페어	한국	서울
	레드닷 아트페어	미국	뉴욕
	아트 바젤 홍콩	중국	홍콩
	뱅크 아트페어	한국	홍콩
6월	바젤 아트페어	스위스	바젤
	아트쇼 부산	한국	부산
9월	브리티시 아트페어	영국	런던
	마니프 국제아트페어	한국	서울
	아트 모스크바	러시아	모스크바
	아트 경주	한국	서울
10월	비엔나 아트페어	오스트리아	비엔나
	서울 국제아트페어(KIAF)	한국	서울
11월	도어즈 아트페어	한국	서울
	대구 아트페어	한국	대구
12월	바젤마이에미 아트페어	미국	마이에미
	아트 아시아	한국	서울

다. 1995년에 시작된 작가 참여형 미술품 견본시장입니다. 경주에서는 '아트 경주'라고 해서 전국 화랑들과 작가들의 작품들을 관람할 수 있는 아트페어가 진행됩니다.

10월에는 (사)한국화랑협회가 주최하는 한국 국제 아트페어(KIAF)가 코엑스에서 열립니다. 키아프는 2002년에 시작된 미술품 견본시장으로서 우리나라에서 제일 규모가 큰 페어입니다. 11월에는 대구 아트페어가 있습니다. 2008년에 시작되어 지방에서 자리 잡은 아트페어입니다. 12월에는 아트아시아가 있습니다. 2012년에 처음 시작되었지만 점차 영역을 확보해나가고 있습니다.

이러한 아트페어는 각자 규모는 달라도 상황은 거의 비슷합니다. 주최자들은 나름의 특색과 품질을 유지하려고 애를 씁니다. 미술품 견본시장에서 가장 중요한 것은 누가 뭐래도 작품 판매량입니다. 두 번째가 관람객이며, 세 번째가 행사 홍보입니다. 이 세 가지가 아트페어의 품질을 좌우한다고 해도 과언이 아닙니다. 셋 중 하나만 잘되면 다 잘됩니다. 아트페어가 한 번 열리고 나면 미술계 전체가 시끄럽습니다. 다소 차이는 있겠지만 엄청난 자금이 몰렸다는 소문은 여전히 일어날 것입니다.

이외에도 수백 개의 아트페어가 더 있습니다. 아무 부담 없이 아트페어에 가보세요. 마트 구경, 백화점 구경과 다르지 않습니다.

　도무지 정신없이 지나갑니다. 어디에서 출발하여 어디로 갈지 혼란스럽기도 합니다. 선배들 말씀이 "나이 50이 가까우면 시간이 어디 있는 줄 모른다"더니 요즘 제가 그 말을 실감하고 있습니다.

　도서출판 BmK의 안광욱 대표는 저로 하여금 글질(?)의 맛을 보게 한 은인입니다. 커피숍이나 술자리에서 왁자한 수다로 날아다니던 저의 이야기가 글로, 책으로 정리될 수 있게 제 옆구리 찔러준 사람이 바로 안 대표입니다. 그리 넓지 않은 미술 출판 시장 한 켠에 자리 잡게 해준 안 대표에게 고맙다는 말을 먼저 합니다.

　그리고 '약은 약사에게'의 현실을 알게 해준 상현숙씨에게도 고마움을 표합니다. 글의 맥락을 잡아주고, 나름 최선을 다한 원고를 과감하게 날려버리는 편집자의 감독(?)이 책을 더 빛나게 함을 알게 해주었습니다. 전문가의 손길은 할머니나 엄마의 약손과 같습니다. 꾀병을 부리거나 진짜 아프거나 상관없이 약손은 배를 쓸어줍니다. 상현숙씨의 손길이 무척 달달했습니다.

　책이 출간되어도 그림 파는 남자는 여전히 필드에서 그림과 함께합니다. 그러면서 미술시장에서 일어나는 갖가지 일들과 마케팅을 이야기할 것입니다.

　돈 잘 버는 방법보다는 돈 잘 쓰는 방법을 찾아갑니다. 아트 마케팅은 써야 할 돈이기 때문입니다. 구매자에게는 이사 갈 때 버리지 않을 미술품을 이야기합니다. 돈 되는 미술품 권하기는 힘들지만 버리지 못할 미술품은 잘 알고 있기 때문입니다.

다시 새로운 시간입니다. 책을 통해, SNS를 통해 많은 분들과 미술시장에 대해 이야기할 수 있기를 기다려봅니다. 늘 이야기하듯 문화예술은 미래사회의 자산입니다. 고맙습니다.